# Der Kuckucksfaktor®

Raffinierte Frauen?
Verheimlichte Kinder?
Zweifelnde Väter?

Gennethos Verlag

## Der Kuckucksfaktor®

Dieser Begriff steht für ein Phänomen, das in den letzten Jahren mehr und mehr in den Medien, Familien, Selbsthilfegruppen und Web-Foren zum Gespräch geworden ist: Die Tatsache der verschleierten Vaterschaft und der verheimlichten Seitensprünge. Durch die Technik der DNA-Analyse kann heute die Vaterschaft mit einer Genauigkeit von 99,9% bestimmt werden. Jede betroffene Mutter, jeder betroffene Vater – oder «Nicht-Vater» – und jedes betroffene Kind haben heute die Möglichkeit, Zweifel über die wahre Vaterschaft auszuräumen.

Hildegard Haas, Claus Waldenmaier
(Herausgeber)

# Der Kuckucksfaktor®

Raffinierte Frauen?
Verheimlichte Kinder?
Zweifelnde Väter?

Gennethos Verlag

© Gennethos e.K. Verlag, 83209 Prien

Erste Auflage 2004

Gesamtherstellung: Helmut W. Rodenhausen, Meggen-Luzern

Gesetzt in Quadraat und Quadraat Sans

Illustrationen: Grafikatelier Jung & Jung, Luzern

Druck und Bindung: Kösel GmbH & Co. KG, Altusried-Krugzell

Gedruckt auf umweltfreundlichem, chlorfrei gebleichtem Papier

ISBN 3-938321-00-8

# Die Herausgeber

Dr. biol. hom. Hildegard Haas (Jahrgang 1961) ist Humanbiologin und Spezialistin für DNA-Analysen und genetisches Spurenmaterial. Sie war 16 Jahre lang Mitarbeiterin an den Instituten für Rechtsmedizin der Universitäten Köln und Gießen, unter anderem war sie im Rahmen ihrer kriminalanalytischen Ausbildung Gastwissenschaftlerin beim FBI in Quantico, Virginia. Durch die Einführung von Spurenmaterialien in die Untersuchung von Abstammungsfragen hat sie als Wegbereiterin die Voraussetzungen geschaffen, dass Betroffene auf privater Ebene eine Antwort auf ihre individuellen Fragen durch die DNA-Analyse erhalten. Heute ist sie Vorstandsvorsitzende und Laborverantwortliche der Genedia AG, Biotec Services und Products, wo unter anderem Abstammungsuntersuchungen durchgeführt werden.

Dr. med. Claus Waldenmaier (Jahrgang 1941) ist Facharzt für Kinderheilkunde und für Humangenetik. Er hat sich 1978 in München als Kinderarzt und Genetiker niedergelassen und damals ein genetisches Labor in der ärztlichen Praxis etabliert. Dadurch wurde er Pionier einer neuen Entwicklung, denn bis dahin war die genetische Diagnostik eine Domäne der Universitätsinstitute. Im Mittelpunkt seiner praktischen Tätigkeit stehen Paare und Familien, die Kinder planen, die fragen, ob sie gesunde Kinder bekommen und Menschen, die ihre Verwandtschaftsverhältnisse klären wollen. Im Umgang mit den Betroffenen verfolgt er eine ganzheitliche Betrachtung und hält eine interdisziplinäre Zusammenarbeit mit anderen Fachärzten, Psychologen, Psychotherapeuten und Juristen für erforderlich.

# Die Koautoren

Prof. Harald A. Euler, Ph. D.,Evolutionspsychologe, Kassel; Dr. Christian Huber, Rechtsanwalt, München (Deutsches Recht); Alp Göçmen, Rechtsanwalt und Notar, Zug (Schweizerisches Recht); Dr. Günter Tews, Rechtsanwalt, Linz und Wien (Österreichisches Recht); Dr. med. Jutta Jancso, Ärztin und Psychotherapeutin, Kolbermoor. – Eine ausführliche Biografie der Koautoren finden Sie vor den jeweiligen Kapiteln.

# Vorwort

Es geht um Millionen: Millionen von Kuckuckskindern, die derzeit in Deutschland leben. Selbst wenn exakte Zahlen fehlen, es bleiben Millionen Menschen, die (noch) nicht wissen, dass der, zu dem sie «Papa» sagen, nicht ihr leiblicher Vater ist oder nicht wissen, dass sie irgendwo auf der Welt weitere Geschwister haben.

Es geht unter anderem auch um Millionen von Euro, die gefordert werden könnten: von Tausenden von Männern, die jahrzehntelang für ein Kind aufkamen, das nicht das ihre war. Oder von Kindern, die sich unerwartet als weitere Erben vorstellen, von denen aber bislang niemand etwas wusste.

Es geht auch um die Millionen bei Einschaltquoten, die TV-Anstalten erzielen, wenn Sendungen mit den brisanten Themen von Seitensprung, Kindesunterschiebung und Vaterschaftstests auf dem Programm stehen.

Das sind nur einige Aspekte, die wir unter den Begriff «Kuckucksfaktor» stellen. Wir haben diesen Begriff geprägt, um allen Auswirkungen und Folgeerscheinungen, die sich aus einem Kuckuckskind ergeben, einen übergeordneten Namen zu geben. Der Begriff beinhaltet sowohl die Auseinandersetzung mit der Häufigkeit von Kuckuckskindern als auch mit der Triebfeder ihres Entstehens. Weiterhin zählen die psychologischen Auswirkungen dazu: auf das Kind, den Mann, aber auch die Frau. Und schließlich gehört der gesamte juristische Fragenkomplex dazu.

Genau genommen ist die Bezeichnung Kuckuckskind nicht ganz zutreffend. Denn der Kuckuck, von dem sie abgeleitet ist, hat ein anderes Verhalten. Die Kuckucksmama schiebt nicht dem Kuckucksmann ein fremdes Ei unter, sondern sucht sich quasi «Leihmütter». Ihre Eier legt sie in die Nester von Gartenrotschwanz, Bachstelze, Rohrsänger und anderen Singvögeln. Dabei hat jede Kuckucksmama ihre bevorzugten Kinderhorte und ihre Kuckuckseier gleichen denjenigen der übertölpelten Zieheltern aufs Haar. Der Rest ist schnell erzählt: das Kuckuckskind, einmal ausgeschlüpft, kippt seine «Stiefgeschwister» eins nach dem anderen aus dem Nest, bis es allein seinen Schnabel zur Fütterung aufreißen kann.

Dennoch, es bleibt die Unterschiebung ohne das Wissen der bzw. des Betroffenen und damit hat der Begriff «Kuckuckskind» den Weg in die Schlagzeilen geschafft. Denn im Laufe der vergangenen Jahre, spätestens seit Becker, Beckham und Bouteuil (eines der Lindbergh-Kuckuckskinder) ist das Thema Seitensprung, Vaterschaft und eben Kuckuckskinder breit in den Medien präsent.

Wir wurden mit dieser hohen Aufmerksamkeit hautnah konfrontiert, seit die Verwendung von Spurenmaterial unter anderem auch den privaten Vaterschaftstest für die Betroffenen verhältnismäßig einfach machte.

Die tiefergehende Problematik zeigt sich aber erst jetzt. Es sind nicht die raffinierten Frauen oder die verheimlichten Kinder oder die betrogenen Väter: es sind Hunderte, Tausende, und wie eingangs erwähnt, Millionen von Einzelschicksalen. Jedes ist geprägt durch Lebensumstände, die oft unerklärlich scheinen, z. B. Frauen, die selbst verwundert sind, wie es zum Seitensprung kam, oder die nicht wissen, wer nun der wirkliche Vater des Kindes ist.

Nach unserer Erfahrung können sich Medizin und Biologie hier ideal ergänzen, wenn wirklich übergreifend zusammengearbeitet wird. Diese Kooperation hat uns bei der Bearbeitung des Themas (mit dem jeder für sich schon vor unserem Zusammentreffen konfrontiert war) sehr geholfen.

Nach ersten Medienberichten über unsere Arbeit kamen Vertreter aus anderen Fachgebieten – wie der Gynäkologie, der Evolutionspsychologie und der Juristerei – auf uns zu, um mit uns ihre Sichtweisen zu diskutieren. Dadurch wuchs nicht nur unser Verständnis für die Betroffenen, wir wurden auch in unserer Absicht bestärkt, das Thema zu enttabuisieren und auf eine breitere Diskussionsbasis zu stellen.

Denn wer sich mit dem komplexen Themenkreis Kuckucksfaktor auseinandersetzt, darf nicht einfach nur Zahlen sehen. Er muss bereit sein, sowohl die Fakten nüchtern anzuerkennen als auch die Menschen dahinter vorurteilsfrei anzunehmen. Das zwingt dazu, das Thema von den verschiedensten Seiten her anzugehen: von der wissenschaftlichen, der rechtlichen und der «schicksalshaften», psychologischen Sicht.

Das vorliegende Buch soll Anregung geben, Fragen offen zu diskutieren. Dabei öffnet sich insbesondere für die Forschung ein neues Feld. Beispielsweise über den Zusammenhang von Schwangerschaftsabbrüchen und leiblicher Vaterschaft. Ebenso wichtig wäre es, etwas über die psychischen Folgen der Kuckuckskinder im späteren Leben zu kennen.

Das gleiche gilt für Juristen, weil einige der gesetzlichen Grundlagen in letzter Konsequenz noch auszudiskutieren sind.

Die Frage, ob wir umdenken müssen in unserer Haltung rund um die Themen Liebe, Freundschaft, Beziehung, Eifersucht, zu Kindschaft, Vaterschaft und Mutterschaft, diese Frage wird uns alle in Zukunft vermehrt beschäftigen.

Denn einerseits kann nicht alles, was machbar ist, auch wünschenswert sein, andererseits lassen sich technische Entwicklungen nie rückgängig machen.

Wir wollen Ihnen als Leser Mut machen, sich ehrlich und eigenverantwortlich mit diesen manchmal sehr verworrenen Konflikten auseinander zu setzen. Am Ende geht es nämlich um weit mehr: um unsere ethische Haltung und darum, die Fragen rund um Schuld und Moral mit anderen Augen zu betrachten.

München, im September 2004
Hildegard Haas und Claus Waldenmaier

# Inhalt

### Story 3: Alte Geschichten, neue Verhältnisse

### Story 4: Erbe, wem Erbe gebührt

### Story 5: Letzte Liebeszeichen

### Kapitel 4: Alles, was recht ist

### Kapitel 5: Das Klopfen am Stammbaum

### Kapitel 6: Ein erster Einblick

### Anhang

Dr. biol. hom. Hildegard Haas (Jahrgang 1961) ist Humanbiologin und Spezialistin für DNA-Analysen und genetisches Spurenmaterial. Sie war 16 Jahre lang Mitarbeiterin an den Instituten für Rechtsmedizin an den Universitäten Köln und Gießen. Heute arbeitet sie bei der Genedia AG – Biotec Services and Products – und ist deren Laborverantwortliche (www.genedia.de).

Dr. med. Claus Waldenmaier (Jahrgang 1941) ist Facharzt für Kinderheilkunde und Humangenetik. Er hat sich 1978 in München als Kinderarzt und Genetiker niedergelassen. Bis heute beschäftigt er sich mit der genetischen Diagnostik und widmet sich insbesondere der genetischen Beratung (www.genlab.de).

# Macht die DNA-Analyse alles klar?

Im Zusammenhang mit einer Vaterschaftsklärung lässt sich die Frage im Titel einfach beantworten: mit einem Ja. Die modernen Methoden der genetischen Analyse erlauben mit 99,9% Sicherheit die Vaterschaftszuordnung. Umgekehrt, wenn die Analyse ergibt, dass der getestete Mann nicht als Vater in Frage kommt, beträgt ein möglicher Zweifel daran sogar 0,0%.

Doch alles kann die DNA-Analyse natürlich nicht klar machen: die psychischen Umstände der Betroffenen, die sozialen Problematiken, die rechtlichen Fragen oder die Hintergründe, die zu «ungewollten Vaterschaften» und «Kuckuckskindern» führen. Da sind Antworten weitaus schwieriger.

Wirft man einen Blick auf die Schlagzeilen in den Medien, die rund um den «Kuckucksfaktor» immer zahlreicher werden, dann scheint einen nichts mehr zu erschrecken: Prominente Sportler, die Affären mit allerlei Frauen bekennen, Politiker, die jahrelange Verhältnisse mit ebenfalls verheirateten Frauen hatten oder Kinder, die im Erwachsenenalter plötzlich behaupten, der und der (finanzstarke) Prominente sei ihr Vater.

Doch genauer betrachtet sind diese Themen so alt wie die Menschheit. Und Sicherheit gab und gibt es im Zusammenleben zwischen Frau und Mann in diesem Bereich ohnehin nur bedingt, ganz gleich mit welcher moralischen Weltanschauung man das bewertet. Wie sagt ein spanisches Sprichwort: «De las cosas mas seguras, la mas segura es dudar» – Von den sichersten Dingen das sicherste, das ist der Zweifel ...

Gehen wir einmal den Weg unserer abendländischen Geschichte in Siebenmeilenstiefeln durch: Wie wären wohl viele der antiken Dramen ausgegangen, hätte dort einer der Götter bereits etwas von Vaterschaftstests gewusst? Nehmen wir die grausige Sage von Atreus und Thyestes. Diese Geschichte, deren Ursprung von Sophokles stammt, packt Brudermord, unwissentlichen Inzest und verheimlichte Vaterschaft in ein Drama erster Güte. Kindesunterschiebungen, unwissende bzw. mitwissende Mütter, ahnungslose Ehemänner, falsche Väter und irregeführte Verwandtschaften gab und gibt es, seit es die soziale Form der Ehe und Familie gibt.

### Das Rätsel um Friedrich II.

Auch die Geburt von Frederigo am Weihnachtstag 1194 ist mit vielen Besonderheiten verknüpft. Seine Mutter, die damals 40-jährige Konstanze von Sizilien, war die Tochter des Normannenkönigs Roger. Gegen ihren Willen war sie mit dem zwölf Jahre jüngeren Mann Heinrich VI. (Sohn von Barbarossa) verheiratet worden. Sie hasste ihn und hatte allen Grund: Er führte viele Kriege; auch gegen ihre Familie. Frederigo, angeblich in einem Zelt auf dem Marktplatz von Jesi (in einer «Show-Geburt») zur Welt gekommen, war und blieb Konstanzes einziges Kind. Man sprach ganz offen von Kindesunterschiebung.

### Wo sich Macht und Mätressen paarten

Wenn es dann auch noch um Macht und Besitzansprüche einer Krone geht, wird es erst recht wichtig, wer in welche Ahnengalerie gehört. Ob Heinrich VIII., Philipp der Gute oder Kurfürst Max Emanuel von Bayern: Sie hatten, wie zahlreiche andere Herrscher, mehrere Ehefrauen und einige Mätressen. Ihre unehelichen Kinder waren den leiblichen Kindern teilweise sogar gleich gestellt. Philipp der Gute machte zwei seiner außerehelichen Söhne zu Bischöfen. Johann (1440) erhielt das Bistum Cambrai, David (1451) das Bistum Therouanne.

### Höfisches und Höhnisches

Recht merkwürdig war später (1638) auch die Ehe der Anna von Österreich mit dem Franzosenkönig Ludwig XIII. Nach zwei unglücklichen Schwangerschaften und bereits im 23. Jahr ihrer nicht gerade glücklichen Ehe, gebar Anna ihr erstes Kind, den späteren Ludwig XIV. Zwei Jahre später schenkte sie erneut einem Sohn das Leben. War das erste noch mit Erstaunen zur Kenntnis genommen worden, munkelte man beim zweiten ziemlich offen, dass er kaum von Ludwig gezeugt sein könne. Ludwig aber hatte keine Mühe, sich als Vater zu sehen. Die Ehe hingegen blieb so kühl und distanziert wie zuvor.

Richtig bunt ging es ein knappes Jahrhundert später am spanischen Königshof zu. Im 18. Jahrhundert hatte die nicht eben prüde Königin Marie Louise von Parma ihren Karl IV. – ob mit oder ohne sein Wissen – regelmäßig betrogen, sodass mindestens zwei ihrer Kinder als prominente Kuckuckskinder in die Geschichte eingingen: Maria Isabella, die spätere Königin von Neapel und der Infant Francisco von Paula, der später Louise Charlotte von Sizilien heiratete.

### Kuckuckskinder auf den Bühnen und in Schlagzeilen

«Die Ratten» hieß das 1911 uraufgeführte Stück von Gerhard Hauptmann. Es ist wohl das erste deutsche Bühnenstück, das das Thema «Kuckuckskind» derart vielschichtig aufgreift. Frau John nimmt hier heimlich ein uneheliches Kind an, das ihr Dienstmädchen Pauline ebenso heimlich geboren hatte. Herr John dagegen ist unheimlich stolz auf seinen Stammhalter. Doch die Geschichte mit den vielen Lügen endet äußerst dramatisch mit Mord und Selbstmord. Knapp 20 Jahre zuvor hatte Henrik Ibsen sein Stück «Die Wildente» auf die Bühne gebracht. Auch darin geht es um das Aufdecken der Wahrheit und es endet ebenso dramatisch mit dem Selbstmord des Kuckuckskindes Hedvig.

Weniger dramatisch, aber auflagen- und quotensteigernd sind die heutigen Schlagzeilen um prominente Kuckuckskinder. Die Schauspielerin Liv Tyler etwa («Lord of the Rings»), sah bis zum zehnten Lebensjahr den Rockstar Todd Rundgren als ihren Vater an. Der dänische Regisseur Lars von Trier erfuhr 1989 am Sterbebett seiner Mutter, dass sein vermeintlicher Vater Ulf Trier nicht sein leiblicher Vater war. Und die Kinder des legendären Flugpioniers Charles Lindbergh erfuhren vor wenigen Jahren plötzlich, dass sie in Deutschland noch drei Halbgeschwister haben. Ein DNA-Test hatte es bestätigt.

### Die Sexlabors des 20. Jahrhunderts

Etwa seit dem Erscheinen des Kinsey-Reportes bekam Sexualität – und vor allem das Reden darüber – in den Privatgemächern der Normalbürger eine populärwissenschaftliche Färbung. Die Frage, was normal wäre oder ist, wurde öffentlich. Dann, in den 6oer Jahren, führte der deutsche Journalist und Filmproduzent Oswald Kolle mit seinen klinisch-erotischen «Aufklärungsfilmen» vielen Menschen die Libido hautnah vor Augen. Das war ein Steilpass für eine noch breitere Diskussion in Sachen Sexualität. Die Flower-Power-Zeit und die «Freie Liebe» der 68er-Bewegung tat ein Übriges. In der Folge hatte schließlich ein geheimnisvoller Dr. Sommer in der Jugendzeitschrift «Bravo» wohl für Millionen Teenager die Unterhemden und Bettdecken der Erwachsenenwelt weggezogen.

Dann begann eine wahre Wissenschaftsflut: In den 8oer und 9oer Jahren nahmen die Untersuchungen und Publikationen der Professoren und Doktoranden zum Thema Sexualität und Partnerschaft rasant zu. Evolutionsbiologen, Soziologen, Verhaltensforscher, Mediziner und Forscher verschiedenster Fachrichtungen wälzten alle möglichen Fragen, bis hin zu der Überlegung, ob das wartende Ei zuerst da war oder das Spermium auf dem Sprung. Sarah Blaffer Hrdy's «Mother Nature» wurde genauso zum Bestseller wie «Der Krieg der Spermien» des Biologen Robin Baker. Von Fischen und Pavianen, von Ratten und Mäusen, von Pfauen und anderen Vögeln wollte man lernen, was uns Menschen treibt, wenn das andere Geschlecht (oder das eigene) lockt.

### Im Flattern über den Zaun ist er König

Respektive das Zaunkönig-Weibchen ist es, das sich in der Königsdisziplin des Auswärtsflatterns hervortut. Denn um die genetischen Grundvoraussetzungen ihrer Nachkommen zu optimieren, sucht sie sich schon zwischendurch einmal ein stärkeres oder einfach fremdes Männchen zur Begattung aus. Aber grundsätzlich bleibt sie während der Brutsaison mit ihrem Nestbauer zusammen. Aufgrund von DNA-Analysen an den Federn konnten amerikanische Wissenschaftler ihr auf die Seitensprünge kommen. Offenbar tun das auch andere Vögel. Wo man bis vor wenigen Jahren annahm, dass die intensive Brutpflege ein absolut monogames Paarverhalten bedeute, irrte man sich: bei Blaumeisen, beim Bergstrandläufer, beim Flussuferläufer oder dem Seeregenpfeifer. Das Verhalten, das die Forscher als «extra-pair mating» bezeichnen, soll offenbar die genetische Stärke der jungen Küken verbessern.

**Warum sie ihn gut riechen mag**

Auch bei Menschen gibt es diese «genetischen Programme», die z. B. auch dazu führen, dass die meisten Seitensprünge bei Frauen dann passieren, wenn sie ihre fruchtbaren Tage haben.

Die Forscher wollen es genau wissen. Sie stecken ihre Nasen in alles, was nach «Anmache» riecht, wie z. B. Manfred Milinski und Claus Wedekind von der Universität Bern. Sie testeten, wie der Achselschweiß von Männern auf Frauen wirkt. Ihre Frage war, warum Frauen ausgerechnet diesen und nicht jenen Partner wählten. Die an verschwitzten Männer-T-Shirts schnüffelnden Studentinnen bevorzugten jenen Duft am meisten, der ein stark abweichendes Immunitätsprofil zu ihrem eigenen aufwies. Kurz zusammen gefasst läuft das Resultat der Untersuchung darauf hinaus, dass Frauen unbewusst denjenigen Partner auswählen, der die höchste Garantie für einen immunologisch starken Nachwuchs verspricht.

Der Duft des Schweißes wird von so genannten MHC-Genen geprägt. MHC-Gene sind jene Gene, die für Abwehrreaktionen bei Infektionen verantwortlich sind. Je nach Mensch, Rasse, Abstammung usw. verbergen sich hinter den verschiedenen Abwehrreaktionen spezielle Immunitätsprofile, die bei jedem Menschen einzigartig sind. Je verschiedener aber die Profile bei Mann und Frau sind, desto besser für einen gesunden, widerstandsfähigen Nachwuchs. Aufschlussreich beim Test war, dass keines der T-Shirts zwei Mal ausgewählt wurde, jede Studentin empfand also einen anderen Duft als besonders erotisch. Manche Studentin glaubte gar, sie habe ein T-Shirt ihres Freundes vor der Nase.

Merkwürdig erschienen zunächst in diesen Versuchen folgende Feststellungen: Schwangere Frauen bevorzugten den Duft von Männern, die ähnliche MHC-Profile wie sie selber aufweisen. Das gleiche galt für Frauen, die regelmäßig die Pille nahmen. Da dies zu einem erhöhten Östrogenspiegel führt, entsteht ein hormoneller Zustand, der einer Schwangerschaft nahe kommt. Gehen Frauen also nur der Nase nach, wählen sie salopp gesagt starke Kerle in ihrer empfängnisbereiten Zeit. Dagegen suchen sie «fürsorgliche» Männer, sobald es um die Brutpflege geht.

Diese Schlussfolgerungen deckten sich mit den von Milinski und Wedekind zuvor durchgeführten Versuchen an Mäusen. Mäuseweibchen erschnüffeln ziemlich untrüglich, ob ein Männchen mit seinen MHC-Genen einen «Stallgeruch» verbreitet. Ist das der Fall, so bedeutet das, dass dieses Männchen zu ähnlich riecht, um einen widerstandsfähigen Nachwuchs zu zeugen.

### Sind wir nicht allerbestens aufgeklärt?

Wir müssten also, dank so vieler Kenntnisse, sehr gescheit sein in unserem «Paarungsverhalten». Seit rund sechs Jahrzehnten nahm und nimmt das Wissen über Fortpflanzung, Verhaltensweisen, sexuelle Vorlieben oder Gefahren rasant zu. Die Pille nahm uns weitgehend aus der Pflicht, uns um fruchtbare oder unfruchtbare Tage zu kümmern. Das Kondom in der Folge der Aids-Ausbreitung beruhigte uns vor der Gefahr sich anzustecken. In Sachen Sexualität erhielt und erhält jede nachfolgende Generation mehr Informationen, wird durch Schule, Elternhaus und «Selbststudium» noch besser unterrichtet als die vorhergehende. Und trotzdem nimmt das Leid aufgrund von Liebeskummer, Trennung und Scheidung nicht ab. Und trotzdem ist die Zahl der ungewollten Schwangerschaften nicht markant zurück gegangen. Und trotzdem scheint die Zahl der Kuckuckskinder immer noch erstaunlich hoch.

### Die wunderlichen Zahlen über Kuckuckskinder …

Noch immer gibt es keine wirklich aussagekräftigen Untersuchungen über die tatsächliche Zahl der Kuckuckskinder. Die aus anderen Untersuchungen abgeleiteten Zahlen, durchgeführt in den verschiedensten Ländern, schwanken von 1 % bis über 30 % aller neugeborenen Kinder.

Gehen wir davon aus, dass von den 706.721 Neugeborenen, die im Jahre 2003 in Deutschland zur Welt kamen, 10 % Kuckuckskinder wären, würde das pro Tag 194 Kinder ausmachen, die einem Mann untergeschoben werden, der gar nicht der leibliche Vater ist. Diese 194 Babys starten ihr Leben mit dem «falschen» Papa.

**Statistische Zahlen Deutschland\***

|  | 2001 | 2002 | 2003 |
|---|---|---|---|
| Eheschließungen | 389.591 | 391.963 | 382.911 |
| Ehescheidungen | 197.498 | 204.214 | 213.975 |
| Lebendgeborene nicht verheirateter Eltern | 183.816 | 187.961 | 190.641 |
| Lebendgeborene ausländische Staatsangehörige | 44.173 | 41.425 | 39.355 |
| Totgeborene | 2.881 | 2.700 | 2.699 |
| Gestorbene | 828.541 | 841.686 | 853.946 |
| Lebendgeborene insgesamt | 734.475 | 719.250 | 706.721 |
| Schwangerschaftsabbrüche | 134.964 | 130.387 | 128.030 |

\* aktuell verfügbar bis August 2004
© Copyright Statistisches Bundesamt, Wiesbaden 2004

### …und eine gigantische Weiterführung

Eine Generation lässt sich mit 25 Jahren berechnen. Wenn wir bei unserer 10 %-Annahme der Kuckuckskinder bleiben, so wachsen folglich in Deutschland mit jeder Generation rund

1,75 Millionen Menschen als Kuckuckskinder heran. Das sind mehr als doppelt so viele Personen, wie derzeit in Frankfurt am Main leben. Die erwachsenen und älteren Generationen sind dabei noch gar nicht mit eingerechnet.

Warum sich die Zahl der Kuckuckskinder derart hält, ist auch für uns nicht ganz einleuchtend. Denn der Anteil der ehelichen Geburten ist seit 1970 kontinuierlich gesunken.

1965 zählte man 1.248.843 Kinder, die in eine Ehe hineingeboren wurden. Im Jahre 2003 waren es noch 516.083. Auch generell ist die Geburtenzahl gesunken und sinkt verlangsamt weiter. Mit der Zahl der nichtehelich geborenen Kinder steigt auch die Zahl der Verfahren zur Feststellung der Vaterschaft.

| Vaterschaftsfeststellungen Deutschland* | | | | |
|---|---|---|---|---|
| | 1998 | 2000 | 2001 | 2002 |
| Nicht ehelich Geborene | 157.117 | 179.574 | 183.816 | 187.961 |
| Vaterschaft festgestellt | 129.483 | 100.801 | 100.788 | 101.113 |
| durch freiwillige Anerkennung | 120.864 | 93.095 | 93.443 | 93.116 |
| durch Gerichtsentscheid | 8.619 | 7.706 | 7.345 | 7.997 |
| Vaterschaft nicht festgestellt | 6.546 | 4.307 | 3.695 | 3.456 |

\* Die Vaterschaft wird festgestellt, wenn die Eltern des Neugeborenen nicht verheiratet sind.
© Copyright Statistisches Bundesamt, Wiesbaden 2004

### Und die Vaterschaftstests boomen

Genaue Zahlen über die durchgeführten Vaterschaftstests sind zurzeit nicht verfügbar. Insbesondere wird in der Statistik nicht zwischen privaten und gerichtlich angeordneten Tests unterschieden. Weltweit geht man von über 800.000 jährlich durchgeführten Tests aus. In den USA soll die Zahl bei über 250.000 liegen, in Grossbritannien bei 15.000. Für Deutschland liegen keine aussagekräftigen Zahlen vor. Zu beobachten ist allerdings eine Abnahme der gerichtlich durchgeführten Vaterschaftstests.

### Erfahrungen aus Testergebnissen

Wenn wir die Daten aus unserem Labor genauer betrachten, so stellen wir Folgendes fest: Von allen zweifelnden Männern, die durch uns einen Vaterschaftstest durchführen ließen, wurden 25% als Vater ausgeschlossen.

Das heißt einerseits, dass jeder vierte untersuchte Mann nicht der leibliche Vater ist, das jedoch immerhin 75% entgegen ihren Zweifeln als Vater bestätigt werden. Vergleiche mit Ergebnissen aus anderen Testlabors ergeben weltweit die gleichen Zahlen.

In Gesprächen mit Frauenärzten haben wir außerdem immer wieder gehört, dass nach ihren Erfahrungen 10% der Schwangeren nicht sicher sind, wer der leibliche Vater ist. Diese Aussagen sind allerdings nach unserem Wissen noch nicht durch Studien belegt. Wir verfügen aber über Zahlen durchgeführter Schwangerschaftsabbrüche: Im Jahr 2003 wurden dem Statistischen Bundesamt Wiesbaden rund 128.000 Schwangerschaftsabbrüche gemeldet. Auch wenn uns die wahren Gründe, die zum Abbruch führten, nicht bekannt sind, dürfte die Zahl abgetriebener «Kuckucksfeten» überproportional hoch sein...

### Reaktionen, die zu denken geben

Dass hinter all diesen Zahlen Einzelschicksale stehen, erfahren wir in unserer täglichen Praxis. Manchmal ist es die blanke Ausweglosigkeit und die schiere Verzweiflung, z. B. Mütter, die sich ratlos fragen, wie das nur geschehen konnte – mit diesem Mann und mit diesem sexuellen Abenteuer oder Väter und Männer, die mit der für sie entscheidenden Frage respektive der Antwort darauf nicht recht umzugehen wissen. Aber auch Freude und Glück erleben wir.

Wir denken konkret an eine etwa 40-jährige Frau, die als Kuckuckskind aufwuchs und dann zum ersten Mal ihren leiblichen Vater umarmte. Zudem veränderte sich ihr Leben durch die Tatsache, dass sie sich neu mit Halbgeschwistern anfreunden durfte. Ein Fall ist uns sehr präsent, weil er uns stark beeindruckt hat. Es ging um eine junge werdende Mutter, die nicht wusste, wer der mögliche Vater ist, da verschiedene Männer in Betracht kamen. Sie wollte den Erzeuger finden, um finanzielle Unterstützung einfordern zu können.

Dennoch hat diese Frau darauf bestanden, das Kind alleine zur Welt zu bringen und es alleine aufzuziehen. Der Kontakt zu ihrer Familie war von Spannungen geprägt. Von dort wollte oder konnte sie keine Hilfe holen. Wir haben sie eine Zeit lang begleitet, bis durch Nachbarn und Freunde ein einigermaßen stabiles Netz entstand.

Bei den Vätern respektive Putativvätern («putativ», aus dem Lateinischen = «vermeintlich, eingebildet») ist uns eine besondere Reaktion immer wieder aufgefallen: ein großer Schreck, wenn sie aufgrund des DNA-Tests nicht als der leibliche Vater in Frage kommen.

Ihre erste Überlegung kommt dann prompt: Wenn ich nicht der Vater bin, kann ich dann überhaupt je Vater sein? Mit anderen Worten: Bin ich überhaupt zeugungsfähig? Bei einer Familie, die in unser Labor zum Vaterschaftstest kam, wurde der Ehemann mit dem für ihn niederschmetternden Resultat konfrontiert, dass er nicht der Vater sei. Seine erste Reaktion: Er wandte sich an seinen Bruder und forderte ihn auf, ebenfalls seine Vaterschaft zu überprüfen.

In den nun bald 20 Jahren, in denen wir uns mit Abstammungstests und DNA-Analysen beschäftigen, hat uns vieles betroffen gemacht.

### Was ein DNA-Test kann – und was nicht

Ursprünglich sind wir auf die DNA-Testmethode gekommen, weil die Blutentnahme für die Beteiligten, insbesondere für kleine Kinder, ein störender Eingriff ist und viele Umtriebe für sie mit sich bringt. Dann haben wir erkannt, dass die DNA-Tests genauer sind und sich damit komplexere Fragestellungen beantworten lassen. Schnell aber hat sich die technologische Euphorie der 90er Jahre bei uns gelegt und das Bewusstsein, dass wir eine viel größere Verantwortung tragen, ist in den Vordergrund gerückt.

Ein Resultat daraus ist unsere Sorgfalt in der Methodik, indem wir noch genauer vorgehen, noch mehr «Allele» in die Tests einbeziehen (Allele sind Gene, die aufgrund ihrer Anordnung auf homologen Chromosomen Aussagen über Abstammungs-Zusammengehörigkeiten zulassen). DNA-Tests lassen also, mit entsprechend sorgfältiger wissenschaftlicher Datenauswertung und Kontrolle, absolute Sicherheit bei Abstammungsfragen von Mensch oder Tier zu.

Doch die Qualität der Testmethoden und die Qualität in der Ausbildung des Personals sind nur eine Seite des gesamten Themenbereiches. Ein Test und ein dazugehöriges Gutachten sind in erster Linie ein Stück Papier, auch wenn unsere Gutachten grundsätzlich gerichtlich verwertbar sind. Viel entscheidender ist, aus welcher Motivation heraus ein solcher Test in Auftrag gegeben wird und ob die Konsequenzen, die sich für die Betroffenen ergeben, gründlich durchdacht wurden. Doch zunächst soll einmal kurz aufgezeigt werden, was es denn mit dem Vaterschaftstest grundsätzlich auf sich hat.

### Der genetische Fingerabdruck

Was liegt einem DNA-Vaterschaftstest eigentlich zugrunde. Wir wollen hier, ohne allzu ausführlich zu werden, die wichtigsten Abläufe skizzieren. Die DNA steht als Abkürzung von Desoxyribonukleinsäure bzw. für das englische «desoxyribonucleic acid». Das ist die Substanz, aus der die Erbinformation aufgebaut ist. Die DNA ist im Zellkern jeder Körperzelle enthalten. Sie besitzt die Form einer doppelsträngigen Spirale.

In der Genetik geht man von der Tatsache aus, dass sich jedes Individuum in bestimmten Genen von einem anderen unterscheidet. Der chemische Aufbau des DNA-Moleküls hat vier Bausteine: A (Adenin), T (Thymidin), C (Cytosin) und G (Guanin). Diese Bausteine folgen in einer bestimmten Reihenfolge aufeinander, man nennt sie Sequenz. Jeder Mensch hat eine andere Zusammensetzung seiner DNA, er besitzt also wie beim Fingerabdruck ein individuelles DNA-Profil. Nur bei eineiigen Zwillingen ist diese Zusammensetzung gleich.

## Das geeignete Testmaterial...

Geeignetes Zellmaterial für den Abstammungstest gewinnt man von Körperflüssigkeiten wie beispielsweise Speichel, der mit einem Wattestäbchen abgestrichen wird. Da das Zellmaterial schon in kleinster Menge ausreicht, genügen Spuren auf dem Mundstück einer Tabakpfeife oder eines Blasmusikinstrumentes genauso wie Zigarettenkippen, das zuletzt verwendete Trinkglas oder eine gebrauchte Zahnbürste. Zudem können Hautzellen verwendet werden, die sich überall finden lassen: an einem getragenen Uhrenarmband, an einem abgerissenen Pflaster, an einer Rasierklinge usw..

Voraussetzung bei all diesem Testmaterial ist, dass es jeweils eindeutig von der betreffenden Person stammt. Ein Glas, das von mehreren Personen benutzt wurde, ist untauglich.

Im Idealfall verfügt man bei einem Vaterschaftstest über Untersuchungsmaterial von Mutter, Vater und Kind. Die Untersuchung des Materials der Mutter ist jedoch nicht zwingend erforderlich, denn die Sicherheit des Ergebnisses ist auch bei alleiniger Untersuchung der Materialen von Vater und Kind gewährleistet.

## ...und was damit geschieht

Durch die Erstellung des DNA-Profils des Kindes und einem Vergleich mit dem DNA-Profil des Vaters bzw. der Mutter ist eine klare Zuordnung der Abstammung möglich. Die Erbinformation wird von einer Generation auf die nächste übertragen. Jedes Kind erhält von seiner Mutter und von seinem Vater jweils 50% der Erbinformation. Der aufmerksame Vergleich der unterschiedlichen DNA-Profile zwischen den untersuchten Personen lassen dann eindeutig beweisen, ob der Putativvater auch der leibliche Vater ist oder nicht.

Das hier skizzierte Untersuchungsprinzip wird übrigens auch bei der Untersuchung anderer Verwandtschaftskonstellationen angewandt, wie z.B. beim Geschwischafts- bzw. Halbgeschwischaftstest oder Großelternschafts- und Cousinen-/Cousinschaftstests.

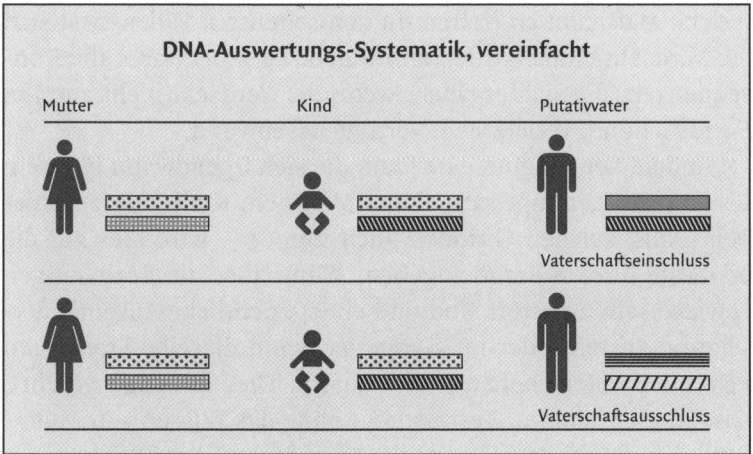

## Wer ergreift die Initiative?

Der viel diskutierte und auch politisch wie juristisch heiß umstrittene Punkt des DNA-Vaterschaftstests ist die Durchführung ohne Wissen von Betroffenen. Hierbei ist es interessant zu wissen, wer sich denn um einen Vaterschaftstest bemüht. Am Anfang unserer Tätigkeit auf diesem Gebiet waren wir überrascht, dass überproportional mehr Frauen als Männer an uns herangetreten sind. Meistens sind es die neuen Lebenspartnerinnen von getrennt lebenden oder geschiedenen Männern, die aktiv werden. Häufig sind es aber auch Mütter oder Schwestern von Männern, die der Schwiegertochter bzw. der Schwägerin nicht ganz trauen. Schließlich ist es die neue Freundin, die erstmals in die Familie eingeführt wird. Sie wird dann stutzig, wenn sie die Mutter und Kinder nebeneinander stehen sieht. Danach kommen jene Frauen, für deren Schwangerschaft mehrere Männer in Betracht kommen oder die auf Unterhalt klagen. Erst am Schluss sind es die Männer selbst, die aufgrund einer Beziehungskrise oder einer Vaterschaftsklage genau wissen wollen, ob sie tatsächlich der Vater sind.

### Mit einem Kaugummi auf Spucke aus

Wenn ein begründeter Verdacht vorliegt, wollen die direkt Betroffenen zunächst Gewissheit haben, bevor sie irgendwelche Maßnahmen treffen. In den seltensten Fällen lässt sich ein Verdacht einfach offen anbringen. Zu groß wären die Konsequenzen, die sich ergäben, wenn der Verdacht nicht zuträfe: Enttäuschung, Verletztheit, Vertrauensschwund.

Andererseits: Kaum eine Frau, die sich irgendwann in ihrem Leben dazu genötigt sah, einem Mann ein Kind unterzuschieben – aus welchen Gründen auch immer –, wird dies auf die erstbeste direkte Frage zugeben. Wenn aber die Beziehungen sowieso schon gestört sind und eine gerichtliche Auseinandersetzung ansteht oder im Gange ist, kann dieselbe Frau einen klärenden Vaterschaftstest verweigern. Dies hat dazu geführt, dass immer häufiger Testmaterial ohne das Wissen von Mutter (und Kind) beschafft und ein Test hinter dem Rücken der Mutter in Auftrag gegeben wird. Nicht selten haben auch erwachsene Kinder Zweifel, wer ihr leiblicher Vater ist und verwenden Testmaterial ohne Wissen der Eltern. Hier spricht man von heimlichen Tests. Das ist eine der großen zu klärenden Fragen innerhalb des «Kuckucksfaktors», bei der sich auch die Gerichte schwer tun.

Im Jahr 2000 hatte z. B. das Oberlandesgericht München in einem spektakulären Fall die Exhumierung eines verstorbenen Mannes zugelassen: gegen den Willen der Witwe. Hintergrund des richterlichen Entscheides war, dass ein 32-jähriger Mann den begründeten Verdacht angemeldet hatte, der Verstorbene müsse sein leiblicher Vater sein. Umgekehrt hat das Oberlandesgericht Celle im Oktober 2003 ein Urteil gefällt, wonach der Kläger, der einen heimlich eingeholten Vaterschaftsnachweis mit Hilfe eines Kaugummis als Beweis beibrachte, abgewiesen wurde. Begründung: Die Beweiserbringung sei ohne Zustimmung der allein sorgeberechtigten Mutter erfolgt.

### Das Hin und Her um Standpunkte

Ganz gleich, wie sich die Juristen – bis hin zur Bundesjustizministerin – um eine klare Rechtslage bemühen, es bleibt ein ungutes Gefühl zurück, wenn Väter oder Putativväter zu den raffiniertesten Tricks greifen müssen, um heimlich an Testmaterial zu kommen. Ebenso unbefriedigend bleibt es, wenn Frauen, die ein Kind untergeschoben haben, ganz alleine entscheiden können, ob sie mit ihrer Lüge weiteren Schaden anrichten wollen oder nicht.

Nicht zu vergessen die Frage, wie ein mündiges Kind vorgehen kann, das berechtigte Zweifel darüber hat, ob sein Vater wirklich der leibliche Vater ist. Die Probematik ist zu umfassend, um vorschnelle Schlüsse ziehen zu können oder um sich einfach auf traditionelle Standpunkte zu versteifen.

Dasselbe gilt, wenn man die Brille des Datenschutzes aufsetzt. Wer soll vor was geschützt werden? Ist es denn nicht schon ein Kampf gegen Windmühlen, wenn man weiß, dass wir mit jedem Mobiltelefon jederzeit zu orten sind? Wir hinterlassen unsere Datenspuren allüberall, und mit jeder neuen technischen Entwicklung geht das noch weiter. Diese Tendenz lässt sich nicht bremsen und Prinzipienreiterei hilft nicht weiter. Aber es lässt sich beeinflussen, wie wir mit diesen neuen Gegebenheiten umgehen. Nur offenes, verantwortungsbewusstes Denken und Handeln wird die Geschicke in die richtige Richtung lenken. Und dazu gehören Wissen und «Lebensweisheit» genauso wie der Wille, die Probleme gemeinsam anzugehen.

### Seitenweise Seitensprünge

Der Kernpunkt hinter dem Thema Vaterschaftstest und den Kuckuckskindern liegt tiefer: im Seitensprung und der moralischen Entrüstung. Wohl verstanden, wir wollen keinesfalls die außereheliche Sexualität propagieren. Es geht um die Doppelbödigkeit. Wer z.B. bei der Internet-Suchmaschine «Google» das Stichwort «Seitensprung» eingibt, dem werden fast 4 Millionen Links angezeigt. Mehr als 700.000 davon beziehen sich auf offene Kontaktangebote. Und dennoch: Der Seitensprung bleibt in Beziehungen der häufigste Trennungsgrund.

### Statistische Seitensprünge

Das deutsche Meinungsforschungsinstitut Marplan veröffentlichte Ende 2003 eine Untersuchung, in welcher nach «unverzeihlichen Verhaltensweisen» beim Partner gefragt wurde. Fast ein Drittel der 2519 befragten Frauen und Männer gaben den Seitensprung an. Deutliche Unterschiede gab es zwischen Frau und Mann: 33% der Männer fanden den Seitensprung als am wenigsten verzeihlich, bei den Frauen waren es 25%. So ist auch der Seitensprung als Scheidungsgrund für den Mann häufiger als für die Frau: 51% der Männer und nur 27% der Frauen gaben bei einer Befragung den Seitensprung als Hauptgrund für die Scheidung an.

Die grundsätzlich andere Haltung zwischen Mann und Frau zum Thema Seitensprung zeigt sich schon in der Beurteilung. Wenn ein Mann erfährt, dass seine Frau oder Partnerin eine Affäre mit einem anderen hat, so ist die erste Frage «Wie oft hattest Du Sex mit ihm?» und die zweite: «Ist er besser als ich im Bett?». Umgekehrt sind die ersten beiden Fragen einer Frau an den fremdgegangenen Mann: «Liebst Du sie?» und «Wie oft seht ihr Euch?».

Für Evolutionspsychologen ist das alles klar begründet: Der Mann will seine Gene weitergeben, die Frau will es auch. Der Mann wählt die Strategie «des breiten Streuens» seiner Gene, die Frau wählt die Strategie des «bestens Spermas», also die Wahl des besten aller verfügbaren Männer.

### Alles nur eine Frage der Gene?

Ähnlich wie in den 60er-Jahren des 20. Jahrhunderts taucht wieder die vereinfacht gestellte Frage auf: Kommen wir «programmiert» oder «Gen-bestimmt» auf die Welt und können wir daran überhaupt etwas ändern? Oder können das Elternhaus, das Lernen und die eigene Lebenserfahrung ebenso entscheidend sein?

Es ist wohl beides. Und glaubt man der modernen Hirnforschung, so ist der Mensch durchaus in der Lage, sich von bestimmten Denk- und Handlungsmustern zu lösen. Wesentlich wird immer bleiben, dass das, was für den einen gut, nicht zwangsläufig auch für den anderen vorteilhaft ist. Wenn wir uns nur vor Augen halten, wie unterschiedlich die Wertmaßstäbe in den verschiedenen Kulturen sind, so werden wir auch in unserer Gesellschaft neue Formen des Zusammenlebens finden müssen, mit Werten, die respektiert werden können und gleichzeitig von Toleranz geprägt sind.

Lassen wir nur kurz ein paar unterschiedliche Weltbilder Revue passieren: Für die Griechen war Sexualität etwas Lebensbejahendes und der menschliche Körper wurde in seiner Schönheit überall gefeiert. Ein besonderes Wort für Keuschheit hatten die Griechen nicht. Nacktheit wurde zelebriert, indem junge Männer unbekleidet sportliche Wettkämpfe ausübten. Bei Festen und besonderen Feiern traten Tänzerinnen und Tänzer ebenfalls oft nackt auf. In den religiösen Anschauungen spielten die Götter und Göttinnen, welche für Fruchtbarkeit und Schönheit standen, eine große Rolle und wurden gebührend verehrt.

Generell waren die Griechen überzeugt, ihre Götter hätten ein lebendiges Liebesleben, dem man nachleben sollte. Der Gott Eros stand für Liebe und sexuelles Verlangen. Er war unberechenbar und konnte überfallartig von jedem Menschen Besitz ergreifen; Widerstand war da zwecklos, ja sogar frevelhaft.

### Andere Völker, andere Sitten

In Tibet lebt heute noch ein Volksstamm, die Mosuo, welcher eine matriarchale Ordnung pflegt. Bei den Mosuo wird die «Besuchsehe» praktiziert, wobei die Frau für eine kürzere oder längere Zeit einen Liebhaber wählt. Die bei uns übliche Form der Ehe gibt es nicht und die Kinder werden gemeinsam von allen Müttern aufgezogen. Als wichtige männliche Bezugsperson für die Kinder gilt in der Regel der Bruder der Mutter.

Bei den Oksapmin auf Papua-Neuguinea werden die Frauen während der Menstruation in weit von den Männern entfernte Menstruationshütten gebracht. Denn das Menstruationsblut gilt den Oksapmin als für den Mann gefährlich.

In alten polynesischen Kulturen wurden Schwangerschaften vor der Ehe als Zeichen der Fruchtbarkeit gewertet. In der polynesischen Großfamilie fand ein zusätzliches Kind leichte Auf-

nahme und die junge Frau galt als begehrenswerte Partie. Trotzdem gab es auch monogame Ehen, die jedoch andere Regeln
hatten. Zum Beispiel hatten männliche Gäste oft das Privileg,
mit der Frau des Hausherrn zu verkehren. Ähnliche Praktiken
kannten auch indianische Stämme.

Doch wir leben hier und jetzt in unserer westlichen Gesellschaft. Wir müssen die Probleme bewältigen, die uns hier gestellt werden.

### Der Kuckucksfaktor ist komplex

Es wird nötig werden, die Fragen des Seitensprunges und
daraus entstehender Kinder offener zu stellen. Gleichzeitig
sollten wir Verständnis für Menschen aufbringen, die nicht der
Norm entsprechen oder die einen «Fehltritt» begangen haben.
Es wird uns durch die Medien oft ein schnelles Urteil vorge-
setzt, was richtig und was falsch ist. Das ist genauso oberflächlich wie es lähmend ist, wenn keinerlei Wertmaßstäbe mehr zur
Verfügung stehen.

Es geht darum, eine ganzheitliche Sichtweise einzunehmen
und nicht nur die Schwarz-Weiß-Zeichnungen zur schnellen
Bewertung gelten zu lassen. Wir sehen immer wieder, dass bei
jedem unserer Klienten andere Fragestellungen im Vordergrund
stehen. Für den einen Mann ist es wichtig, dass er Zugang zu
seinem Kind erhält, für den anderen ist es vordringlich, sein
Erbe in die richtigen Hände weiterzugeben. Für die eine Frau ist
es lebensnotwendig, den Mann ihres Kindes zur Unterhaltszahlung zu verpflichten, für die andere ist es eine Lebensaufgabe
herauszufinden, wer ihr wirklicher Vater ist.

Ein Zuviel an gesetzgeberischen Vorschriften hilft dabei weder der Gesellschaft noch dem Einzelnen. Und ein «zufälliges»,
weil unsicheres Agieren von Gerichten wird noch mehr selbst-
süchtige und geldbesessene Kläger nach sich ziehen.

Es wird von unserer Haltung abhängen, wie sich der Kuckucksfaktor auf unsere Sozialämter, die Gerichte, die therapeutischen Beratungen und auf unsere Kinder, unsere nächste
Generation also, auswirkt.

Die fortlaufend nummerierten Quellen-Angaben im Kapitel 2, die mit hochgestellten Ziffern markiert sind (z. B.$^{51)}$), verweisen auf das Literaturverzeichnis ab Seite 319.

Prof. Harald A. Euler, Ph. D. ist Evolutionspsychologe und Professor an der Universität Kassel. Seine Forschungsinteressen sind die evolutionäre Psychologie von Paar- und Familienbeziehungen, die psychologischen Folgen des Spermienwettbewerbs, die Psychologie der Emotionen und der Aggression sowie die Stottertherapie. Seine bekanntesten Publikationen behandeln die großelterliche Fürsorge und die Pferdeliebe junger Mädchen.

Harald Euler hat vier Kinder, darunter einen Adoptivsohn und ein spastisch gelähmtes Mädchen. In seiner Freizeit widmet er sich der Obstbaum-Kultur und dem Skifahren in Norwegen.

# Genspur aus der Steinzeit

## Psychologie der Vaterschaftsungewissheit

Die Römer wussten es und sprachen von «pater semper incertus» (der Vater ist stets ungewiss), und bei afrikanischen Völkern kursiert der Spruch «Mama's baby, papa's maybe» (Mutters Baby, Vaters «Vielleicht»).

Unter natürlichen Bedingungen weiß die Frau mit Sicherheit, dass das Kind, das sie geboren hat, ihr leibliches ist. Der Vater kann sich jedoch in der Regel nicht hundertprozentig sicher sein, dass er tatsächlich der Erzeuger ist. In der Entwicklung der Menschheit ist es immer wieder vorgekommen, dass der vermeintliche Vater nicht der leibliche war, dass sich also soziale und biologische Vaterschaft nicht deckten. Bei Adoptiv- und Pflegekindern ist dem Vater diese Diskrepanz bekannt, bei den vermeintlich «eigenen» Kindern kann aber Ungewissheit herrschen, die aus nachvollziehbaren Gründen in der Psyche des Mannes störend wirken und die Beziehung zum Kind und seiner Mutter belasten kann.

In diesem Kapitel wird die Psychologie der Vaterschaftsungewissheit erläutert, und es wird aufgezeigt, wie in Familienbeziehungen, in der Partnerschaft und schließlich im Seelenleben des Mannes diese Ungewissheit Einfluss ausüben kann – und manchmal gar ihr «Unwesen» treibt.

Dabei unterlassen wir jeglichen moralischen Fingerzeig, denn Beschreibung und Erklärung von Sachverhalten sollte nicht mit moralischer Bewertung vermischt werden. Die Wissenschaft will erklären, wie ein Sachverhalt so geworden ist, und verstehen, was damit zusammenhängt. Verstehen bedeutet aber nicht gutheißen, genauso wenig wie ein Mediziner eine Virus-Epidemie gutheißt, wenn er versucht, diese zu erklären.

Die gängigen Theorien der Psychologie und der Soziologie geben wenig Auskunft über das Problem der Vaterschaftsungewissheit. Im 20. Jahrhundert gewannen Theorien an Einfluss, die tief liegende biologische Einflüsse auf menschliches Verhalten ignorieren oder gar leugnen. Demnach war menschliches Verhalten durch Sozialisation zu erklären, durch das Wirken eines frei entscheidenden Geistes, durch soziale Rollen, also allein durch kulturelle Einflüsse.

Man glaubte, Geist, Psyche und Persönlichkeit des Menschen würden allein durch individuelle Erfahrung geprägt, und zwischen Mann und Frau gäbe es keine bedeutsamen seelischen Unterschiede. Unsere Empfindungen und Gefühle seien gar «soziale Konstruktionen», d.h., sie seien allein davon abhängig, wie wir sie wahrnehmen und darüber sprechen. Folglich sei biologische Vaterschaft unmaßgeblich; es komme nur auf die soziale Vaterschaft an. Seit einigen Jahrzehnten wird diese einseitige und verkürzte Sichtweise zunehmend in Frage gestellt.[1]

Gezieltere Auskünfte über die Hintergründe von Vaterschaftsungewissheit finden wir heute in denjenigen Wissenschaften, die den Menschen nicht nur als kulturelles Wesen, sondern auch als biologisches Wesen sehen, insbesondere in jenen Wissenschaftsgebieten, in welchen die evolutionären Ursprünge menschlichen Verhaltens erforscht werden. Das betrifft zur Hauptsache die evolutionäre Psychologie und die evolutionäre Anthropologie.

Die Ausgangsüberlegungen zur evolutionären Psychologie und Anthropologie sind für jeden von uns zwingend logisch: Wir alle stammen von denjenigen Vorfahren ab, die sich am erfolgreichsten fortgepflanzt haben. Keiner unserer direkten Vorfahren blieb kinderlos. Körperliche oder psychische Eigenschaften, die ihren Trägern Fortpflanzungsvorteile verschafften, setzten sich durch und hielten sich. Nachteilige Eigenschaften, selbst wenn sie nur auf die Dauer leicht unterdurchschnittlich für den Fortpflanzungserfolg waren, verschwanden in der Evolution, denn die Träger dieser Eigenschaften wurden von Generation zu Generation weniger. Es kam also in der Entwicklung von Lebewesen und so auch in der Entwicklung der gesamten Menschheit darauf an, Gene möglichst wirkungsvoll in die nächsten Generationen zu transportieren.

Dies ist ein archaisches Erbe, dem wir auch heute immer noch folgen. Auch wenn wir durch Verhütungsmittel die Fortpflanzung steuern, wirkt das ursprüngliche Erbe immer noch in unserer Seele. Es ist wie ein Flüstern in uns, manchmal leiser, manchmal lauter, welches unsere Intuitionen, Wahrnehmungen, Neigungen und Vorlieben beeinflusst. Besonders vernehmbar ist das Flüstern, wenn es offensichtlich um Fortpflanzung geht: bei der Partnerwahl, beim Sex, bei der Elternschaft. Oder auch, wenn wir bei heimlichen Wünschen, bei Tagträumen und Fantasien unseren verborgenen Bedürfnissen nachgeben.

Wenn wir also wissen wollen, warum die einen Menschen bestimmte Eigenschaften haben und andere nicht, sollten wir fragen, welchen Fortpflanzungsvorteil diese Eigenschaften in der Evolution des Menschen erbracht haben könnten. Wenn wir die Psychologie der Vaterschaftsungewissheit verstehen wollen, müssen wir der Frage nachgehen, welche Bedeutung in der Naturgeschichte der Menschheit die Vaterschaftsungewissheit bei der zentralen biologischen Aufgabe gespielt hat, nämlich die eigenen Gene in den nächsten Generationen gesichert zu wissen. Dabei zeigt sich schnell, dass die Vaterschaftsungewissheit mit dem Konflikt der Geschlechter zusammenhängt, mit Seitensprüngen und Eifersucht, mit Spermienwettbewerb, mit väterlicher und mütterlicher Fürsorge, mit familiärer Gewalt, mit Familiensinn, mit der Vorstellung der eigenen Unsterblichkeit – und wenn es ums Geld geht.

### Weibliche und männliche Fortpflanzungsstrategien

Gene in die nächste Generation zu bringen, ist eine Aufgabe, die in der Natur auf unterschiedliche Weise gelöst wird. Pflanzen haben andere Möglichkeiten als Tiere, bei denen eine viel größere Vielfalt der Fortpflanzungsstrategien zu finden ist.

Manche Tiere bekommen nur ein einziges Mal in ihrem Leben Nachkommen, andere wiederholt; manche sehr wenige, andere verschwenderisch viele. Die Auster legt innerhalb kürzester Zeit Tausende von Eiern, Menschenaffen haben hingegen ihr Leben lang nur wenige Nachkommen. Manche Tierarten sind lebenslang monogam, andere haben einen regelmäßigen Partnerwechsel oder gar «Gruppensex». Die Vielfalt der Fortpflanzungsstrategien im Tierreich zu kennen ist hilfreich, um die Stellung des Menschen angemessen einzuordnen.[2]

Bleiben wir aber vorerst beim Menschen. Auch hier finden sich unterschiedliche Fortpflanzungsstrategien, wie Gene weitergeben werden können. Die Möglichkeiten, die der Frau zur Verfügung stehen, decken sich nur teilweise mit den Möglichkeiten des Mannes. Dieser Unterschied zieht jedoch weit reichende Konsequenzen nach sich.

Zeitgeistige Theorien in jüngster Vergangenheit haben uns versucht zu erklären, dass sich der Unterschied zwischen Mann und Frau praktisch nur auf den gewissen «kleinen Unterschied» beschränke. In der Tat, der Unterschied der Geschlechtsorgane ist eher unwesentlich. Wesentlich ist hingegen der Unterschied in den geschlechtsspezifischen Möglichkeiten, Kopien des eigenen Bauplans (Gene, oder wissenschaftlich genauer: Allelkonfigurationen) in die nächsten Generationen zu bringen.

Diese Geschlechtsunterschiede haben in der Evolution dazu geführt, dass Mann und Frau verschieden aussehen, ihre Gehirne stellenweise andersartig aufgebaut sind, sie im Mittel unterschiedlich lange leben und so weiter; und vor allem haben diese Unterschiede dazu geführt, dass sie geschlechtstypische Neigungen, Fähigkeiten und Interessen haben.

Die uralte Aufgabe aller Lebewesen, ihre Gene in die nächsten Generationen weiterzugeben, ist wie eine gefährliche Expedition. Eine Teilbotschaft (der in den Genen niedergeschriebene eigene Bauplan) muss mit einer gut zusammenpassenden anderen Teilbotschaft (Gene eines Partners des anderen Geschlechts) vereinigt werden. Dann muss sie eine meist unbekannte Strecke (Entwicklung bis zum erwachsenen Stadium) überwinden, ohne dabei «auf der Strecke zu bleiben», um am Schluss wiederum die Botschaft weitergeben zu können. Dies ist der Zyklus seit Millionen von Jahren.

### Die Gene auf ihrer gefährlichen Expedition

Wie kann man eine solche Expedition Erfolg versprechend vorbereiten? Hierzu gibt es zwei unterschiedliche Möglichkeiten. Stellen wir uns vor, wir haben begrenzte Mittel (z. B. Geld), um eine solche Expedition auszustatten. Wir könnten entweder viele schlecht ausgerüstete Boten schicken, oder nur wenige, die dafür aber sehr gut ausgerüstet sind.

Im ersten Fall würden wir hoffen, dass zumindest ein Bote am Zielort ankommt. Wir müssten allerdings in Kauf nehmen, dass die anderen unterwegs umkommen. So funktioniert die Fortpflanzungsstrategie der Auster. Im zweiten Fall würden wir ebenso hoffen, dass mindestens einer der wenigen Boten durchkommt. Dies ist die Strategie der Menschenaffen, zu denen wir uns bescheidenerweise zurechnen sollten.

Die erste Möglichkeit, also viele Nachkommen in die Welt zu setzen, dafür aber wenig in jeden einzelnen Nachkommen zu investieren, nennen wir Quantitätsstrategie. Der Begriff «Strategie» hat hier weder militärische Bedeutung noch bezeichnet er einen absichtsvollen, bewussten Plan.

Die zweite Möglichkeit, wenige Nachkommen zu haben, dafür in jeden einzelnen viel zu investieren, ist die Qualitätsstrategie. Investition heißt hier jegliche Art von Aufwand, den Eltern für ihre Nachkommen aufbringen; also Zeit, Energie (z. B. Muttermilch), Inkaufnahme von Risiken und – beim Menschen – auch Geld.

Da die verfügbaren Ressourcen der Eltern begrenzt sind, müssen Eltern immer einen Abgleich eingehen, d. h., bei einem Mehr von dem einen, ein Weniger bei dem anderen hinnehmen. Investitionen in einen Nachkommen gehen immer auf Kosten von Investitionen in einen anderen Nachkommen.

Welche Strategie ein Individuum verfolgt, hängt einerseits davon ab, zu welcher Spezies es zählt, andererseits von seinem

Geschlecht und von seinen äußeren Lebensumständen. Bleiben wir in der Folge bei der Spezies Mensch, und schauen wir genauer an, wie die strategischen Unterschiede beim Mann wie bei der Frau auch zu völlig gegensätzlichen Handlungsweisen in der Reproduktion führen.

### Die Frau, die Qualität vor Quantität setzt

Wie kann eine Frau die biologische Aufgabe erfüllen, ihre Gene möglichst effektiv in die nächsten Generationen zu bringen? Im Unterschied zum Mann ist die Frau stärker auf die Qualitätsstrategie festgelegt. Eine extreme Quantitätsstrategie bleibt ihr schon aus körperlichen Gründen verschlossen, denn die Schwangerschaft dauert neun Monate, und unter natürlichen Bedingungen, wie sie in den vielen Tausenden Jahren vor der modernen Zeit vorherrschten, schließt sich an die Schwangerschaft eine längere Stillzeit an.

In der langen Steinzeit, als die Grundlagen für die menschliche Psyche gelegt wurden, gab es keine Nuckelflaschen, keinen Diebstahl von Muttermilch bei anderen Säugetieren, keine Kinderwagen, keine aufwändige Kochkunst. Eine Frau musste das Kind die ersten Jahre seines Lebens stillen. Sie trug es mit sich auf der Hüfte herum und konnte so vielleicht, wenn die Umstände glücklich waren, alle drei oder vier Jahre ein Kind bekommen.

So ist es bis in die Neuzeit mit vorzivilisatorischen Kulturen gewesen: In ihrem ganzen Leben konnte eine Frau nur wenige Kinder in die Welt setzen, kaum mehr als vielleicht zehn, eher weniger. Wollte die Frau also ihre genetische Reproduktion maximieren, so bot sich die Qualitätsstrategie an: wenige Kinder bekommen, sich dafür aber intensiv um jedes einzelne kümmern, damit die Kinder das Erwachsenenalter gesund und gut gerüstet erreichten und ihrerseits die Möglichkeit bekamen, selbst Kinder zu haben.

Diese Strategie stand dem Mann ebenfalls offen. Ein guter, fürsorglicher Vater zu sein, hat immer dem Überleben der Kinder genutzt und half dem Mann, seine Gene weiterzugeben.

**Der Mann, der seine Gene streut**

Im Unterschied zur Frau hat der Mann auch noch die Möglichkeit der Quantitätsstrategie: Je mehr Frauen ein Mann bekommen kann, desto breiter kann er seine Gene streuen. Eine Frau wird kaum mehr Enkelkinder haben, je mehr Männern sie sich sexuell hingibt. Einem Mann sind diesbezüglich aber kaum physiologische Grenzen gesetzt. Wenn er fähig ist, viele Frauen zu erobern, wenn er sich beispielsweise einen großen Harem leisten oder Konkubinen unterhalten kann, wird er viele Enkelkinder haben. Das Fortpflanzungspotenzial des Mannes ist also viel größer und allein durch den sexuellen Zugang zu Frauen begrenzt.

Diese Tatsache markiert einen grundlegenden Geschlechterunterschied, der weitreichende Konsequenzen für die menschliche Partnerwahl, für Konflikte in der Partnerschaft und für elterliche Fürsorge hatte und immer noch hat. So gab es unter unseren Vorfahren logischerweise sehr viel mehr Schürzenjäger als «Hosenjägerinnen», und dementsprechend mehr treu sorgende Mütter als treu sorgende Väter. Wir sind die Nachfahren und haben somit deren psychische Merkmale geerbt.

Die empirische Forschung belegt es unzweifelhaft: Überall auf der Welt suchen Männer nach Gelegenheiten, schnell und unverbindlich Sex mit immer wieder anderen Frauen zu haben, sofern Aufwand und Risiko nur gering genug sind. Frauen sind diesbezüglich viel zurückhaltender.[3]

Männer sind insgesamt recht opportunistische Kopulatoren, auch wenn sie dies zweckmäßigerweise nicht immer gerne zugeben. Nichts fördert Libido und Potenz des Mannes so gut wie die Aussicht, mit einer anderen, einer weiteren, irgendeiner Frau Sex zu haben.

Dieses Phänomen gilt übrigens auch für die verschiedensten Tierarten und hat einen eigenen Namen: den so genannten «Coolidge-Effekt», benannt nach dem 30. Präsidenten der Vereinigten Staaten. Calvin Coolidge, der in den 20er Jahren im Amt war, galt als introvertierter, wortkarger und zurückgezogen lebender Mann.

Er entsprach so gar nicht dem Bild eines Schürzenjägers wie später beispielsweise Bill Clinton. Diese Anekdote wird über Coolidge erzählt: Eines Tages besuchten der Präsident und Mrs. Coolidge ein staatliches Farmgut. Nach ihrer Ankunft wurden sie getrennt über die Farm geführt. Als Mrs. Coolidge bei den Hühnern vorbei kam, fragte sie den für die Hühnerzucht verantwortlichen Mann, ob der Hahn mehrmals täglich kopuliere. «Dutzende Male täglich», war die Antwort. «Sagen Sie dies bitte dem Präsidenten», bat Mrs. Coolidge. Als nun der Präsident später bei den Hühnern vorbei kam und ihm das mit dem Hahn berichtet wurde, fragte er nach: «Jedes Mal dieselbe Henne?» – «Oh nein, Mr. President, jedes Mal eine andere.» Der Präsident nickte langsam und bemerkte: «Sagen Sie dies bitte Mrs. Coolidge.»

### Lieber Vater oder aussichtsreicher Lover?

In der menschlichen Entwicklungsgeschichte hatten und haben Männer immer noch ein höheres Fortpflanzungspotenzial als Frauen, obwohl ihr Fortpflanzungserfolg rein mathematisch im Durchschnitt genau so groß ist wie derjenige der Frauen, da ja jedes Kind eine Mutter und einen Vater hat. Aber die Beteiligung an Fortpflanzung ist unter Männern ungleicher verteilt als unter Frauen. Wenn Männer hundertfach Vater sein können, und in der Vergangenheit einige dies auch waren, dann muss dafür anderen Männern der Zugang zur Vaterschaft verwehrt sein.

In einem Gedankenexperiment können wir dies nachvollziehen: Stellen wir uns vor, ein kommerzieller TV-Sender macht eine verrückte Langzeit-Show und schickt jeweils 100 durch Zufall ausgewählte junge Frauen und Männer auf eine einsame Insel. Dort überlässt er die Teilnehmer einfach sich selbst, ohne jegliche Eingriffsmöglichkeit von außen. Denken wir uns einfachheitshalber, die Sterblichkeit aller dieser Frauen und Männer sei gleich. Nach 25 Jahren gäbe es Nachkommen, und jedes Kind hätte dann einen Vater und eine Mutter. Wäre dann die Zahl der Frauen, die Mütter wären, so groß wie die Zahl der

Männer, die Väter wären? Nein, die Zahl der Mütter wäre wohl größer als die Zahl der Väter. Die attraktivsten Männer hätten Chancen bei verschiedenen Frauen, gleichzeitig oder hintereinander. Einige attraktive Männer würden mehrere Frauen schwängern, manch unattraktiver Mann vielleicht gar keine. Voraussichtlich würden also mehr unattraktive Männer ohne Nachkommen bleiben als unattraktive Frauen.

### Empfängnisbereite Frauen sind rarer

Auf der einsamen Insel gäbe es nun noch eine weitere geschlechtsspezifische Ungleichheit, die sich aus den verschiedenen grundlegenden Fortpflanzungsbedingungen ableiten lässt, aber weitreichende Konsequenzen nach sich zieht. Denken wir uns, es gäbe auf der Insel keine Möglichkeiten der Empfängnisverhütung. Frauen wären den größten Teil ihrer Lebensjahre entweder schwanger oder hätten kleine Kinder. Eisprünge wären deshalb eher selten, weil das Stillen den Eisprung oft unterdrückt. Als Folge wären empfängnisbereite Frauen sehr rar, zeugungsfähige und -willige Männer aber zur Genüge vorhanden.

In der Vergangenheit war dies der normale Zustand: Frauen, mit denen man Kinder haben konnte, traf man selten. Frauen waren etwa drei Jahrzehnte ihres Lebens fortpflanzungsfähig, Männer erheblich länger. Die Frauen, die «mann» traf, waren meistens aus der eigenen Großfamilie, waren schwanger bzw. hatten Babys, oder sie hatten einen Mann, der die Frau eifersüchtig bewachte. Wenn ein Mann dann einmal eine attraktive, reproduktionsbereite Frau antraf, war dies eine seltene Gelegenheit, die er sich nicht entgehen lassen sollte.

Jedenfalls sind diejenigen Männer der Urzeit, die solche Gelegenheiten nutzten, eher unsere Vorfahren als Männer, welche diese Gelegenheiten verpassten. Spuren aus diesen frühzeitlichen Selektionsbedingungen finden sich heute noch in der Psyche der Männer, z. B. in der andauernden und relativ raschen Erregbarkeit des Mannes durch pornografische Darstellungen.

Was den Fortbestand seiner Gene betraf, befand sich der Mann immer wieder in einem Dilemma: Wie soll ich meine begrenzten Ressourcen aufteilen? Soll ich Vaterpflichten erfüllen oder Liebesabenteuern nachjagen? Bringe ich den erbeuteten und begehrten Hasen meinen hungrigen Kindern, oder verführe ich damit die junge Frau aus dem anderen Stamm? Die geforderte Entscheidung ist aber noch komplexer, wie wir gleich sehen werden. Denn neben Elternschaft und amourösen Unternehmungen gab und gibt es noch weitere Möglichkeiten, um den Fortbestand der eigenen Gene zu sichern.

### Die vier Lebensleistungen

Eigene Gene möglichst effektiv in die nächste Generation zu transportieren, ist eine lebenslange Aufgabe und beschränkt sich nicht nur auf Zeugung und Geburt. Der gesamte Lebensplan steht mehrheitlich im Dienst dieser grundlegenden biologischen Aufgabe. Und diese lässt sich in vier reproduktive Einzelaufgaben aufteilen, die ich einfach «Leistungen» nennen möchte.[4]

Die erste und grundlegende Reproduktionsaufgabe wird als «somatische Leistung» bezeichnet. Somatische Leistungen sind unter anderem Essen, Trinken, Schlafen, Gefahren vermeiden, Krankheiten auskurieren, Lernen, Bündnisse schmieden, Status erwerben und soziale Netze aufbauen, also alles, was das Wachsen und Gedeihen unterstützt und fördert.

Damit werden Ressourcen geschaffen, die dann bei den anderen drei Leistungen eingesetzt werden können. Die ersten Lebensjahre sind mit dieser Aufgabe ausgefüllt. Aber auch im erwachsenen Leben sind täglich immer wieder somatische Leistungen zu erbringen.

Ist ein Individuum geschlechtsreif, satt und gesund, kann es eine weitere Reproduktionsaufgabe in Angriff nehmen, nämlich die «Paarungsleistung». Das sind alle Anstrengungen, die schließlich zum Paarungsakt führen sollen: Auf Partnersuche gehen, einen Partner umwerben, ihn oder sie gewinnen und halten.

Paarungsleistungen werden nicht nur erbracht, wenn sich eine Person auf Freiersfüße begibt. Damit ist vielmehr alles gemeint, was dazu dient, das andere Geschlecht zu beeindrucken. Dazu können auch weite Bereiche von intellektuellen oder schöpferischen Leistungen in Wissenschaft, Kultur oder Politik gezählt werden.[5)]

Selbstverständlich kann eine Aktivität mehrere Leistungen gleichzeitig erfüllen. Wenn ein Mann Sport treibt, so kann er dies sowohl aus gesundheitlichen Gründen tun (somatische Leistung) als auch für seine Selbstdarstellung gegenüber dem anderen Geschlecht (Paarungsleistung).

Die dritte Reproduktionsaufgabe ist als «elterliche Leistung» schnell erklärt und offensichtlich: Hier wird in die Nachkommen investiert. Es wurde bereits dargestellt, dass hierzu nicht nur finanzielle Investitionen zählen, die es ja ohnehin erst seit wenigen tausend Jahren gibt, sondern auch Nahrungsenergie (beim Stillen der Nachkommen), zeitlicher Aufwand und die Inkaufnahme von Risiken.

Die vierte Reproduktionsaufgabe, die «nepotistische Leistung», benötigt eine ausführlichere Erklärung. Das aus dem Lateinischen abgeleitete Wort wird heute im Italienischen als «nipote» für «Enkel» und «Neffen» gebraucht; «Nepotisieren» heißt «Verwandte begünstigen». Durch die Unterstützung von Verwandten kann man durchaus sinnvoll dazu beitragen, dass die eigenen Gene in den folgenden Generationen weiter existieren.

Jedes Individuum ist nämlich nicht nur selbst der Träger seiner Gene, sondern die Hälfte genau der gleichen Gene befinden sich in seinen Eltern, seinen Geschwistern und seinen Kindern. Hier sprechen wir ausschließlich von jenen Genen, die das Individuelle im Menschen ausmachen. Aus Sicht dieser Gene ist es gleichgültig, in welchem der möglichen «Transportvehikel», sprich Körper, sie sich befinden: ob im Vater oder in dessen Kind. Man kann also seine Gene in zukünftige Generationen platzieren, indem man selbst Kinder zeugt oder indem man seinen Eltern hilft, weitere Kinder zu bekommen.

Die nepotistische Leistung kann auch darin bestehen, seinen Geschwistern in ihren Reproduktionsaufgaben zu helfen oder indem man seine Enkel unterstützt oder indem man seinen Vettern, Cousinen, Neffen und Nichten etwas Gutes tut. All dies kann im einzelnen Fall direkt oder indirekt dazu dienen, im Genpool späterer Generationen die eigenen Gene wiederzufinden.

Der britische Evolutionstheoretiker John Haldane vermerkte, dass er sein Leben wohl gerne für neun Vettern opfern würde, nicht aber für acht Vettern.[6] Denn acht Vettern sind, aus der genetischen Sicht gerechnet, gerade soviel von einem selbst wie man selbst ist, doch neun Vettern sind genreproduktiv gesehen mehr von einem selbst als man selbst ist. Bei der Evolution kommt es nun mal auf das Überleben der Gene an, nicht auf das Überleben von Individuen oder Arten. Wenn der Genpool überlebt, überlebt auch die Art, die immer wieder neue Individuen hervorbringt. Da immer aus dem annähernd gleichen Reservoir von Genen geschöpft wird, ähneln die Nachfahren ihren Vorfahren.

### Selbstlosigkeit oder genetischer Egoismus?

Die Erkenntnis, dass Verwandtenunterstützung der Weitergabe der eigenen Gene dienen kann, hatte folgenschwere Konsequenzen für die Erklärung von bestimmten Verhaltensweisen, die man sich bis dahin nicht recht erklären konnte. Schon für Darwin selbst, den Begründer der Evolutionstheorie, war uneigennütziges (altruistisches) Verhalten rätselhaft, denn das altruistische Verhalten verschafft einem anderen Individuum einen Vorteil, oft sogar zum eigenen Nachteil. Wie konnte, so wunderte sich Darwin, es überhaupt Altruismus geben, wenn daraus für ein anderes Individuum ein Fortpflanzungsvorteil erwächst? Egoisten, die sich niemals altruistisch verhielten, hätten so über längere Sicht Vorteile in der Weitergabe ihrer Gene. Nach der Überlegung von Darwin müssten die Menschen mit altruistischem Verhalten immer weniger werden, sie würden sozusagen aus dem Genpool verdrängt.

Aber es gibt überall im Tierreich Altruismus. Murmeltiere, die Wache stehen und Warnrufe für ihre Artgenossen ausstoßen, wenn ein Raubfeind naht, setzen sich selbst größerer Gefahr aus. Bei staatenbildenden Insekten kommt sogar Kamikaze-Verhalten vor: Soldatinnen bei Ameisen bekämpfen Eindringlinge bis zum Tod. Bienen stechen, wenn Gefahr für den Stock droht, und sie gehen dabei selbst zu Grunde. Bei staatenbildenden Insekten ist der Verwandten-Altruismus besonders stark ausgeprägt, weil aufgrund ungewöhnlicher Fortpflanzungsmechanismen die Arbeiterinnen Dreiviertel ihrer Gene teilen. Sie sind folglich genetisch enger verwandt als leibliche menschliche Geschwister. Auch aufopfernde elterliche Fürsorge, die bei Vögeln und Säugern weit verbreitet ist, zählt zur Selbstlosigkeit. So täuschen bodenbrütende Vögel oft Verletzungen vor und lenken damit einen Angreifer vom Nachwuchs im Nest ab. Die Erkenntnis, dass mit allen diesen Verhaltensweisen nahe Verwandte unterstützt werden, lieferte die Erklärung für das alte Rätsel: der Verwandten-Altruismus ist im Grunde genetischer Egoismus.

Wie stark der Verwandten-Altruismus sein kann, zeigt sich am deutlichsten, wenn es um einen höheren Einsatz geht, wie bei der Entscheidung um Leben oder Tod. Bei alltäglichen Gefälligkeiten sind wir freundlich und kooperationswillig gegenüber jedermann, sei er oder sie verwandt oder nicht. Wenn jemand nach dem Weg oder um Rat fragt, gibt man gerne Auskunft. Die Auskunft kostet nicht viel, gerade mal ein paar Sekunden Zeit und einen Atemzug Luft.

Bei der Vorstellung aber, in einem bis auf den letzten Platz besetzten Rettungsboot zu sitzen und das eigene Kind kommt noch angeschwommen, dann würde man das eigene Kind um jeden Preis retten wollen, selbst wenn dafür eine unverwandte Person dem Tod überlassen werden müsste.

### Blut ist eben dicker als Wasser
Historische Beispiele von erschütternder Tragik zeigen auf, wie folgenschwer die Bevorzugung naher Verwandter in lebens-

bedrohlichen Situationen für die anderen Personen ohne verwandtschaftliche Unterstützung sein kann. Als im Jahre 1620 die Pilgerväter auf der «Mayflower» von England aus in die neue Welt aufbrachen, überlebten die Überfahrt nur 50 der 103 Passagiere.[7] Unter den Passagieren waren insgesamt 31 Kinder, davon hatten 15 Kinder mindestens einen Elternteil bei sich, die anderen 16 waren ohne Eltern. Von den Kindern mit elterlicher Begleitung starb keines, von den Waisenkindern starben aber acht, also die Hälfte! Die Pilgerväter waren strenggläubige, tief religiöse Puritaner, christliche Nächstenliebe war ihnen also geboten. Doch die verwandtschaftlichen Bande waren letztlich stärker.

Ein weiteres Beispiel ist im Film «Donner Party» eindrucksvoll aufgezeigt: Eine Siedlergruppe um George Donner machte sich im Jahre 1856 von Oregon nach Kalifornien auf und musste notgedrungen im Hochgebirge der Sierra Nevada überwintern. Auch hier überlebte nur die Hälfte der Teilnehmer, und die Überlebens-Chancen waren maßgeblich von gegenseitiger verwandtschaftlicher Unterstützung abhängig.[8] Wer keine engen Verwandten dabei hatte, somit auf sich allein gestellt war, hatte nur geringe Chancen.

Nicht nur in lebensbedrohlichen Notlagen sorgen verwandtschaftliche Bande für Unterstützung, sondern auch im familiären Alltag. Da Vaterschaftsunsicherheit den Zweifel an einem verwandtschaftlichen Band bedeutet, wundert es nicht, dass die väterliche Bereitschaft zur Fürsorge für ein Kind umso geringer ist, je stärker der Zweifel an der Vaterschaft im Vordergrund steht. Auf dieses Thema werden wir auf den Seiten 77 bis 80 noch näher eingehen. Hier soll zunächst die Wirkung von Verwandtenunterstützung bei anderen Verwandtschaftsverhältnissen verdeutlicht werden, nämlich bei Großeltern sowie Onkeln und Tanten.

### Beim Großpapa hört's manchmal auf

Großeltern haben mit der Reproduktion ihrer eigenen Gene noch nicht abgeschlossen, denn Gene zu hinterlassen ist eine

lebenslange Aufgabe, die mit der Elternschaft noch nicht beendet ist. Was nützt eine große Kinderschar für das Weitergeben
der eigenen Gene, wenn diese Kinder dann kinderlos bleiben?
Alle unsere direkten Vorfahren hatten Enkelkinder. Großeltern können also durchaus die Weitergabe ihrer eigenen Gene
fördern, wenn sie ihre erwachsenen Kinder in deren Fortpflanzung unterstützen. Die amerikanische Anthropologin Kristen
Hawkes und ihre Mitarbeiter konnten bei den Hazda, einem
Sammlerinnen- und Jäger-Volk in Tansania, beobachten, dass
die Gewichtszunahme eines Hazda-Babys davon abhängt, wie
viel Zeit die Mutter mit der Nahrungssuche verbringt.

Wenn auch die Mutter der Mutter zusätzlich beim Nah-
rungssammeln hilft, ist die Gewichtszunahme des Babys noch
größer.[9] Da die Großmütter im Schnitt mehr Zeit für die Nahrungsbeschaffung aufbringen als die Mütter, ist die Großmutter für das Gedeihen des kleinen Kindes sogar noch wichtiger
als die Mutter selbst.

Durch die Unterstützung ihrer Töchter konnten in der Vergangenheit die Großmütter dazu beitragen, ihre eigenen Gene
in den nächsten Generationen zu sichern. Auch heute tun sie
dies noch, beispielsweise wenn sie die eigene Tochter bei deren
Mutterpflichten entlasten. Eine verfügbare und bereitwillige
Mutter zu haben, ist für viele Frauen ein gewichtiges Argument,
um einen Kinderwunsch tatsächlich zu verwirklichen.

Großväter könnten ihren Kindern ebenso helfen, die Enkel
groß zu ziehen. Hier hat die Sache aber einen Haken: die Vaterschaftsungewissheit. Denn weil von Großeltern zu Enkeln zwei
Generationen überschritten werden, kommt die Vaterschaftsungewissheit dabei gar doppelt zum Tragen.

Die Großmutter mütterlicherseits kann sich hundertprozentig gewiss sein, dass die Kinder ihrer Tochter tatsächlich ihre
leiblichen Enkel sind. Der Großvater väterlicherseits aber ist
sich doppelt unsicher, ob die Kinder seines Sohnes seine leiblichen Enkelkinder sind. Er kann sowohl seine eigene Vaterschaft als auch die seines Sohnes anzweifeln. Die Ungewissheit
multipliziert sich.

Als Rechenbeispiel: Angenommen, die Wahrscheinlichkeit der Vaterschaft ist 0,90 (1 entspräche der sicheren Vaterschaft, 0 der sicheren Nicht-Vaterschaft), dann wäre die Sicherheit der Großvaterschaft für den Großvater väterlicherseits nur noch 0,81 (0,90 mal 0,90). Der Großvater mütterlicherseits und die Großmutter väterlicherseits haben jeweils eine einfache Vaterschaftsungewissheit.

**Vom lieben Großmütterle und der anderen Oma**

Je geringer die Gewissheit, dass das Kind mit dem Fürsorger wirklich verwandt ist, desto zurückhaltender wird der Fürsorger in der Regel mit seinen Investitionen sein, um Fehlinvestitionen zu vermeiden. Man kann also annehmen, dass sich Großmütter mütterlicherseits am stärksten um ihre Enkel kümmern und Großväter väterlicherseits am wenigsten, während die beiden anderen Großeltern dazwischen liegen. Anhand großer Stichproben haben wir dies überprüft, indem wir Menschen unterschiedlichen Alters befragten, wie sehr sich ihre vier Großeltern in der Kindheit um sie gekümmert haben.[10]

Unser Ergebnis bestätigten auch Wissenschaftler in den USA, in Frankreich und in Griechenland: Am meisten kümmert sich die Großmutter mütterlicherseits, gefolgt von dem Großvater mütterlicherseits, dann der Großmutter väterlicherseits, und abgeschlagen der Großvater väterlicherseits. Auch andere Anzeichen von großelterlichen Investitionen – neben den Bewertungen durch Enkel – widerspiegeln die gleiche Rangfolge zwischen den vier Großeltern, also mit der Großmutter mütterlicherseits auf dem ersten Platz und dem Großvater väterlicherseits auf dem letzten Platz: bei Interaktions- und Besuchshäufigkeiten, bei der Anzahl von gegebenen Geschenken, emotionaler Nähe, favorisierten Großeltern, dem Ausmaß der Trauer beim Tod des Enkelkindes und bei der Bereitwilligkeit zur Adoption des Enkels.

Selbst die Anreden der verschiedenen Großeltern unterscheiden sich. Die Großmutter mütterlicherseits wird vom Enkel viel häufiger mit einem liebevollen und/oder verniedlichenden Namen angeredet als die anderen Großeltern. Beispielsweise ist die Großmutter mütterlicherseits oft das «Omilein» oder das «Großmütterle» oder «die liebe Oma». Die Großmutter väterlicherseits hingegen ist oft nur «die andere Oma», oder «die Oma aus Hannover».[11]

Wo die Familienbande durch Vaterschaftsungewissheit wenig oder nicht in Frage gestellt werden, halten sie fester als dort, wo Vaterschaft ungewiss ist. Dies zeigt sich nicht nur in den Beziehungen zu Kindern und Enkelkindern, sondern auch in Beziehungen zu Neffen oder Nichten.

### Wo der Onkel sich als Vater zeigt

Die Familie neigt dazu, sich um die Kinder der Schwester mehr zu kümmern als um die Kinder des Bruders. Dabei zeigen Frauen diese Bevorzugung deutlicher als Männer. Die Unterschiede zwischen den Tanten und Onkeln mütterlicherseits und denen väterlicherseits widerspiegeln sich auch in traditionellen Verwandtschaftsbezeichnungen. So wurden in früheren Zeiten an manchen Orten die Tante und der Onkel mütterlicherseits als «Muhme» und «Oheim» bezeichnet. Damit wurden ihre besonderen Verpflichtungen gegenüber den Neffen und Nichten betont. Ähnliche Unterscheidungen finden sich auch in anderen Sprachen, z. B. im Serbo-Kroatischen.

In Kulturen, in denen die Vaterschaftsungewissheit besonders hoch ist, geht die Bevorzugung der Kinder der Schwester gar so weit, dass diese gegenüber den Kindern, die man mit der Geschlechtspartnerin hat, bevorzugt werden.

Dieses Verwandtschaftsphänomen ist bei verschiedenen eingeborenen Völkern in Amerika, Afrika und Asien bekannt. Der «Vater» eines Kindes, der die soziale und juristische Stellung einnimmt, ist hier der Bruder der Mutter und nicht der Geschlechtspartner bzw. Gatte der Mutter. Es ist also der Bruder der Mutter, welcher die väterlichen Rechte und Pflichten hat. Es ist im Falle erhöhter Vaterschaftsungewissheit genetisch vorteilhafter, in die Nachkommen der Schwester zu investieren als in die Nachkommen der Ehefrau. Es ist wesentlich wahrscheinlicher, dass die Neffen und Nichten familieneigene Gene in sich tragen als Kinder der eigenen Frau.

### Wenn der Zweifel ganz persönlich wird

Nachdem die vier Lebensleistungen dargelegt wurden, kann differenzierter auf die Rolle der Vaterschaftsgewissheit bzw. Vaterschaftsungewissheit im Familienleben eingegangen werden. Die Vaterschaftsungewissheit kann bei jeder der vier Lebensleistungen einen Einfluss haben. In der Regel wird das sozial gesehen nicht wünschenswert erscheinen, genreproduktiv gesehen ist es aber zweckmäßig.

Zuerst sollte bei der Vaterschaftsungewissheit eine Unterscheidung vorgenommen werden: in eine prinzipielle und in eine individuelle Vaterschaftsungewissheit. Bisher wurde von prinzipieller Vaterschaftsungewissheit gesprochen. Wir haben der Einfachheit halber so getan, als seien alle Männer gleichermaßen ihrer Vaterschaft ungewiss.

Tatsächlich hat man aber von individuellen Unterschieden auszugehen. Wenn der Mann über die Fruchtbarkeitstage – also das Zeitfenster der Empfängnis – seiner Partnerin bescheid weiß und in diesem Zeitfenster kontinuierlich mit seiner Geschlechtspartnerin zusammen war, wird er kaum Zweifel an seiner Vaterschaft hegen; erst recht nicht, wenn das Kind ihm absolut ähnlich sieht, ihm wie aus dem Gesicht geschnitten ist. Bei der Mehrheit der Väter darf dies als gegeben vorausgesetzt werden. Wo aber weder die Beaufsichtigung der Partnerin gegeben war, noch eine Ähnlichkeit zwischen Mann und Kind erkennbar ist, bestimmt die individuelle Vaterschaftsgewissheit das Geschehen, und nicht die prinzipielle.

### Vaterschaftsungewissheit im Laufe des Lebens

Wir haben gehört, dass die somatische Leistung in den ersten Lebensjahren die einzige Reproduktionaufgabe ist. Zum Wachsen und Gedeihen benötigt das Menschenkind ein Ausmaß und eine Dauer an Fürsorge, die im gesamten Tierreich einzigartig ist. Wenn sich außer der Mutter noch andere Personen um das Kind kümmern, kann das Kind besser gedeihen, z. B. indem es mehr lernt, besser mit Gefahren umgehen kann und größere Ressourcen für spätere Lebensleistungen mitbekommt.

Ein Vater ohne jeglichen Vaterschaftszweifel wird eher bereit sein, sich liebevoll um sein Kind zu kümmern als ein Vater, der nicht diese Gewissheit hat. Wie wichtig die Elternschaftsgewissheit für beide Eltern ist, zeigt sich am Los von Stiefkindern. Stiefkinder haben es im Allgemeinen schwerer als leibliche Kinder. Adoptivkinder teilen dieses Los im Allgemeinen nicht. Warum dies so ist, wird später beschrieben.

Vaterschaftsungewissheit spielt auch bei der Paarungsleistung mit, und zwar auf der Klaviatur der Eifersucht. Eifersucht ist nicht nur eine negative Emotion, wie man lange gedacht hat, sondern sie ist integraler Bestandteil romantischer, sexueller Liebe[12]. Wir sind leicht geneigt, nur die extremen Formen von Eifersucht zu sehen und diese als pathologisch und partnerschaftsschädigend zu bewerten. Dabei übersehen wir die viel häufigeren Formen von leichter Eifersucht, die die Evolution dem Menschen für einen bestimmten Zweck gegeben hat, nämlich um Seitensprünge zu verhindern.

Seitensprünge des Mannes sind für die Frau genau so bedrohlich wie Seitensprünge der Frau für den Mann, weswegen beide Geschlechter in etwa die gleiche Neigung haben, Eifersucht zu empfinden. Aber der Anlass zur Eifersucht ist für beide Geschlechter unterschiedlich: Die Frau fürchtet, dass sich ihr Mann in eine andere Frau verliebt, wohingegen der Mann fürchtet, dass seine Frau mit einem anderen Mann Sex hat. Die Frau fürchtet den Verlust der männlichen Zuneigung, weil damit die Unterstützung des Mannes verloren geht. Ressourcen des Mannes waren in der Vergangenheit immer wichtig, um Kinder angemessen großziehen zu können.

Der Mann aber befürchtet, dass seine Frau ohne sein Wissen das Kind eines anderen Mannes gebären könnte, sodass er eine reproduktive Fehlinvestition macht, nämlich die Gene eines fremden Mannes gegen seinen Willen zu fördern.

Der gehörnte Ehemann erleidet gar auf mehrfache Weise Schaden: Er unterstützt nicht nur die Nachkommen eines anderen Mannes, sondern dieser Umstand bringt ihn auch um die Chance, dass seine Frau stattdessen sein eigenes leibliches Kind zur Welt bringt. Zu alledem macht er sich auch noch zum Gespött, wenn andere dies erfahren: sein Ansehen in der sozialen Gruppe und damit seine Reproduktionschancen werden weiter verringert.

### Ähnlichkeit bringt Zuwendung

So hat also die Vaterschaftsungewissheit in der elterlichen Leistung die nachteiligsten Auswirkungen. Väter freuen sich besonders, wenn ihre Kinder im Aussehen oder in bestimmten Wesenszügen ihnen oder den väterlichen Verwandten ähneln, denn dies bestärkt ihre Vaterschaftsgewissheit. Männer machen auch deutlich stärker als Frauen die Zuneigung zu ihren Kindern oder Enkeln davon abhängig, wie viel Ähnlichkeit sie mit sich selbst in dem Kind oder dem Enkel erkennen.

Wenn die Frau ein Kind in die Beziehung mitbringt und dann weitere Kinder geboren werden, neigt der Mann dazu, die leiblichen Kinder dem Stiefkind vorzuziehen, sehr zum Leidwesen der Frau, die ihre Gene ja mit allen ihren Kindern gleichermaßen teilt. Diese Bevorzugung führt häufig zu Erziehungs- und Partnerschaftskonflikten und leider gelegentlich gar zu Misshandlungen des Stiefkindes.

Zu wertvoll und begrenzt sind die männlichen Ressourcen wie Zeit, Geld, Gedanken und Nerven, als dass sie auf «fremde Brut» verschwendet werden sollen, statt sie auf eigene Nachkommen zu verteilen oder alternativ anderen Frauen außerhalb der Beziehung zukommen zu lassen.

Auch in der nepotistischen Leistung, also der Unterstützung der Verwandten, wirkt die Vaterschaftssicherheit als Regulativ. Es wurde schon erwähnt, dass Neffen, Nichten und Enkel mütterlicherseits mehr Unterstützung finden als solche väterlicherseits. Generell gilt, dass sich Verwandtschaftsstrukturen in der Regel auf die mütterliche Linie konzentrieren. Die universale Kernfamilie besteht bei allen Völkern aus Mutter und Kind; und nicht aus Mutter, Vater und Kind.

Vor allem Frauen sind es, welche die Familienbande knüpfen und aufrecht erhalten. Für Frauen sind Familienbeziehungen wichtiger als für Männer. Fragt man eine Person: «Wer bist du?», so werden Frauen häufiger als Männer mit einer Verwandtschaftsbezeichnung antworten, zum Beispiel: «Ich bin die Tochter von ...». Frauen sind darum auch in der Lage, spontan mehr Verwandte aufzuzählen als Männer[13]. Der größere Familiensinn von Frauen im Vergleich zu Männern dürfte auch darin begründet sein, dass die Mutterschaftssicherheit eine höhere Bindung zur Verwandtschaft mit sich bringt.

**Auf welchem Ast am Stammbaum sitzen wir?**

Es gibt noch einen weiteren Aspekt der Verwandtschaft, bei dem Vaterschaftsgewissheit beruhigt und -ungewissheit verunsichert. Überall auf der Welt machen sich Menschen Gedanken über die Herkunft der Menschheit und über ihre ganz persönliche Herkunft. Sie tradieren Mythologien, die beschreiben, wie die Menschheit erschaffen wurde, und sie stellen sich ihre Stammbäume vor, so wie wir es aus dem Alten Testament kennen, wo im Anschluss an die Schöpfungsgeschichte lange Genealogien aufgelistet werden.

In modernen westlichen Ländern ist die Einordnung in Stammbäume vergleichsweise schwach ausgeprägt. In traditionellen Kulturen erzählen Menschen bereitwillig, wer alles zu den eigenen Vorfahren und der gegenwärtigen Verwandtschaft gehört. Die vertikale Familie, der Stammbaum, und die horizontale Familie, die Verwandtschaft, scheinen den Menschen einen Platz und damit eine Sicherheit zu geben. Je älter ein Mensch wird, desto wichtiger wird es meist für ihn, diesen Platz zu wissen.

Wenn die Vaterschaft des vermeintlichen eigenen Vaters in Frage gestellt oder gar verneint wird, fehlt die Hälfte des Stammbaumes und damit der Herkunft. Somit wird auch die Hälfte der Blutsfamilie in Frage gestellt. Dieser Mangel an Geborgenheit kann eine existenzielle Unsicherheit bereiten. Wenn adoptierte Kinder erwachsen werden, wollen sie früher oder später wissen, wer ihre leiblichen Eltern sind und möchten diese kennen lernen.

### Mythologien und Spiritualität

Mythologien beschreiben nicht nur, woher wir kommen, sondern auch, wohin wir gehen werden. Die Ungewissheit darüber, was nach dem Tod mit uns sein wird, beunruhigt so sehr, dass wir bereitwillig die Mythen annehmen, die uns den Weg und das Ziel nach unserem Ableben beschreiben. Die Vorstellung, dass mit dem Tod unser Selbst ohne Spur verlischt wie eine Kerzenflamme, ist nur für die wenigsten erträglich. Wir glauben lieber an eine unsterbliche Seele oder an eine Wiedergeburt. Wer sich selbst in seinen Kindern wiederfindet, das eigene Kind als Teil von sich selbst versteht, hat sich damit zumindest teilweise seiner Unsterblichkeit vergewissert.

Das Kind als Teil von sich selbst zu sehen, ist eine durchaus gerechtfertigte Sicht, denn die Hälfte der individualdifferenzierenden Merkmale werden von Elter – als Einzahl von «Eltern» verwende ich lieber «Elter» (neutr.), statt des ungelenken «Elternteil» – und Kind geteilt.

Dass es in der Tat maßgeblich auf die Gene ankommt, wer wir sind, zeigen übereinstimmend die vielen Zwillings- und Adoptionsstudien aus verschiedenen westlichen Ländern, nach denen Wesensunterschiede zwischen Personen etwa zur Hälfte auf genetische Unterschiede zurückzuführen sind.

Je älter Adoptivkinder werden, desto wesensähnlicher werden sie ihren leiblichen Eltern, auch wenn sie niemals Kontakt mit diesen Eltern hatten. Dies ist auch dann der Fall, wenn sie von deren Existenz nichts wissen.

So kann Vaterschaftsgewissheit mithelfen, gegen Lebensende Trost zu spenden. Andererseits ist es verständlich, dass ein Mann, wenn er erfahren muss, dass er nicht, wie angenommen, der leibliche Vater seines einzigen Kindes ist, eine grundlegende existenzielle Verunsicherung verspüren kann, beson-

ders wenn er keinen Trost in religiösen oder spirituellen Über-
zeugungen findet.

### Jedes zehnte Kind ein Kuckuckskind?

Jedes zehnte Kind sei ein Kuckuckskind, hört man. So wird
es seit Jahrzehnten im Medizinstudium gelehrt. Doch auch wissenschaftliche Lehrbücher sind nicht dagegen gefeit, Mythen,
moderne Märchen und Hörensagen als Tatsachen auszugeben.
Inwieweit stimmt die Behauptung also? Die Frage interessiert
nicht nur Journalisten von Sonntagsbeilagen, sondern auch alle
Wissenschaftler, die sich mit Stammbäumen und Populations-
genetik beschäftigen, weil dort falsche Vaterschaft eine Fehler-
quelle darstellt.

Wie hoch ist also die Häufigkeit von Nicht-Vaterschaft, von
«Vaterschaftsdiskrepanz», also der Prozentanteil derjenigen
Fälle, in denen der angegebene, vermeintlich biologische Vater
doch nicht der leibliche Vater ist? Hier geht es nicht um Vaterschaftsdiskrepanzen bei Pflege-, Adoptiv- und Stiefvätern, denn
diese wissen ja um ihre Nicht-Vaterschaft.

Grundsätzlich gibt es zwei Verfahren, um die Häufigkeit von
Vaterschaftsdiskrepanzen in einer Population zu erheben. Man
kann einmal fehlende Übereinstimmungen zwischen angeblichem Vater und angeblichem Kind direkt feststellen. Dies
kann entweder in der Blutgruppe oder in bestimmten DNA-Ab-
schnitten (siehe Seite 24 bis 25) festgestellt werden. Neben
diesen direkten Messverfahren gibt es auch indirekte Schätzverfahren, in denen berechnet wird, welche genetischen oder
psychologischen Folgen sich aus Vaterschaftsdiskrepanzen ergeben. Dann wird aus dem Ausmaß dieser Folgen die Höhe der
Vaterschaftsdiskrepanz rückgerechnet. Diese Schätzverfahren
sind nicht so genau wie direkte Messverfahren, aber hilfreich,
denn auch die direkten Verfahren sind nicht unproblematisch.

### Genauigkeiten der Testverfahren

Blutgruppenuntersuchungen sind mit dem Problem behaf-
tet, dass nur bei bestimmten, aber nicht bei allen Vererbungs-

mustern die Vaterschaft mit Sicherheit ausgeschlossen werden kann. Wenn beispielsweise der soziale Vater, also der vermeintliche leibliche Vater, die gleiche Blutgruppe hat wie der tatsächliche genetische Vater, bleibt die Diskrepanz unentdeckt.

Dieses Problem hat die moderne Überprüfung der Übereinstimmung des «genetischen Fingerabdrucks» nicht. Bedingung ist aber, dass eine hinreichende Anzahl von Genabschnitten überprüft wird. Aber auch hier besteht immer noch das Problem der repräsentativen Stichprobe. Zahlen aus Labors, die Vaterschaftsgutachten vornehmen, sind nur bedingt aussagekräftig, weil nur bestimmte Leute die Dienste dieser Institute beanspruchen. Es handelt sich also um keine repräsentative Personengruppe. Das Thema ist insgesamt zu delikat und heikel, um für exakte wissenschaftliche Untersuchungen eine repräsentative Stichprobe zu erhalten, oder um überhaupt für eine solche Untersuchung die Genehmigung von der Ethikkommission einer Forschungseinrichtung zu bekommen.

Die besten Daten liefern wissenschaftliche Untersuchungen, die aus anderen Gründen gemacht wurden, z. B. bei vorgeburtlichen Untersuchungen im Zusammenhang mit einer genetischen Beratung, bei der die Feststellung der Vaterschaftsdiskrepanz nebenher anfiel. Allerdings haben diese Untersuchungen einen Haken, der dafür mitverantwortlich sein könnte, dass die berichteten Zahlen doch stark voneinander abweichen. In diesen Untersuchungen werden üblicherweise Genabschnitte des angegebenen Kindsvaters mit den Genabschnitten des Fötus oder des Kindes verglichen. Insofern könnten dabei auch jene Männer erfasst werden, die zwar nicht die leiblichen Väter sind, dies aber wissen oder vermuten und sich dennoch – aus welchen Gründen auch immer – als solche ausgeben. Die Bestimmung der Häufigkeit der Vaterschaftsdiskrepanz ist in solchen Untersuchungen ja nicht das eigentliche Forschungsziel. Da gehörnte Männer an Ansehen verlieren, mag es stillschweigende Übereinkünfte in Partnerschaften und Ehen geben, wo der Mann – wider besseren Wissens – nach außen als leiblicher Vater ausgegeben wird.

## Die Seitensprünge der Sykes-Damen

Die britischen Forscherinnen Sally Macintyre und Anne Sooman haben die zugänglichen Veröffentlichungen bis zu diesem
Zeitpunkt über die Häufigkeit von Vaterschaftsdiskrepanzen ge-
sichtet[14] und kommen auf Prozentzahlen zwischen 1,4% und
30%, je nach Land und Stichprobe. Wenn man sich die einzelnen Werte anschaut, wird es entweder politisch inkorrekt oder
belustigend: Nach einer Untersuchung aus dem Jahre 1963
kommen weiße US-Amerikaner aus Michigan auf 1,4% und
schwarze Amerikaner auf 10,1%.

Die höchsten Werte aus allen Untersuchungen erreichen
Engländer aus einigen Regionen: 20 bis 30%. Dieser Wert ist
irgendwie zweifelhaft und weckt Skepsis, auch wenn der mitt-
lere Prozentwert aus allen Untersuchungen bei 9% liegt und damit zu den besagten 10% passt. Aber 30% bei den Engländern?
Engländer mögen humorvoll und manchmal liebenswert skurril sein, doch dass sie es so wild treiben, scheint unglaub-
würdig. Andere vergleichende Untersuchungen über Sexualverhalten finden nicht solch markante Unterschiede zwischen
westlichen Industrienationen. In der Tat, die beiden Quellen,
die diese hohen Werte für England angeben, gehen auf münd-
liche Berichte auf wissenschaftlichen Tagungen zurück und
sind nicht kritisch überprüfbar.

Wie sieht es mit neueren, gut belegten Untersuchungen aus?
Der englische Genetiker Bryan Sykes hat die Engländer rehabi-
litiert, zumindest seine Namensvettern. Er untersuchte Männer
mit dem Nachnamen Sykes und verglich die Übereinstimmungen auf ihre Y-Chromosomen mit den Übereinstimmungen bei
Männern mit anderem Nachnamen.[15] Dadurch konnte er
feststellen, wie oft die Sykes durch fremde Gene sozusagen auf-
gemischt wurden, also wie oft in den vergangenen 700 Jahren
die Mrs. Sykes sich stiekum (klammheimlich) außereheliches
Genmaterial geholt hatten. Seine Diskrepanzrate lag bei nur
1,3%! Eine andere Untersuchung in England mit einem direkten Testverfahren[16] bestätigte das Ergebnis mit 1,35% bei
Engländern. Ähnlich solide wie die Engländer scheinen die

Schweizer zu sein. In einer großen Stichprobe ergab sich eine Häufigkeit von Vaterschaftsdiskrepanzen von unter 1%, einer der niedrigsten Werte von allen Untersuchungen.[17] Doch auch die Franzosen können sich mit 2,8% sehen lassen.[18]

### Warum so große Unterschiede?

Die Häufigkeit, dass der vermeintlich leibliche Vater nicht der tatsächliche ist, liegt im Schnitt wohl eher deutlich unter den ominösen 10%. Prozentangaben über 10% sind besser mit einer gewissen Skepsis zu betrachten. Aber wieso gehen die Schätzungen – von unter 1% bis 30% – so weit auseinander? Eine mexikanische Untersuchung[19] könnte einen Hinweis geben: Unter 396 untersuchten Daten mit Mutter, Kind und legalem Vater fanden sich nur 36 vermeintlich leibliche Väter. Da mit dem angewendeten Verfahren nicht alle Fälle erfasst werden konnten, schätzen die Autoren die tatsächliche Diskrepanzrate auf 11,8%. Aber es zeigte sich auch Folgendes: Die Diskrepanzrate variierte umgekehrt mit dem sozioökonomischen Status der Eltern.

In den 186 Familien aus der unteren Schicht fanden sich 26 Fälle diskrepanter Vaterschaft, in den 157 Mittelschichtfamilien fünf Fälle und in den 53 Oberschichtfamilien nur ein Fall. Umgerechnet ergibt dies Diskrepanzraten von 19,8% in der unteren Schicht, 4,7% in der Mittelschicht und 2,9% in der Oberschicht. Die Untersuchung wurde in der mexikanischen Provinz Nuevo León durchgeführt, eine Gegend mit vergleichsweise niedrigem sozioökonomischen Status.

Eine andere Untersuchung aus der Hauptstadt Mexico City kommt ebenfalls zum niedrigeren Wert von 2,9%.[20] Die großen Prozentunterschiede zwischen den verschiedenen Untersuchungen gehen wohl zumindest teilweise auf sozioökonomische Unterschiede in den Stichproben zurück.

Auch der Unterschied zwischen weißen und schwarzen US-Amerikanern könnte so «politisch korrekt» erklärt werden. Andererseits ist auch erklärbar, dass der niedrigste Wert überhaupt für jüdische Priester errechnet wurde, nämlich 0,4 bis

1,2 %.[21] Orthodoxe Juden leben ausgesprochen sittsam, und ihr
eheliches Verhalten wird durch eine Vielzahl von strengen religiösen Gesetzen reguliert. Orthodoxe jüdische Priester unter-
liegen zudem besonderer sozialer Überwachung.

### Kuckuckskinder in der Mengenlehre?

Wie schon erwähnt kann die Vaterschaftsdiskrepanz auch
mit evolutionspsychologischen Verfahren geschätzt werden.
Hierbei wird angenommen, dass die Struktur der menschlichen
Psyche, wie sie sich jetzt darstellt, eine Anpassung an vergangene Umweltbedingungen ist. Angenommen, in der langen Vergangenheit der Menschheitsentwicklung wäre jedes zehnte
Kind ein Kuckuckskind gewesen, dann müssten Kinder von
weiblichen Verwandten – z.B. die Kinder der Schwester – 10%
stärker bevorzugt werden als Kinder vergleichbarer männlicher
Verwandten, also Kinder des Bruders. Je stärker also die tatsächliche Vaterschaftsdiskrepanz, desto stärker müsste die
Bevorzugung von Nachkommen aus der mütterlichen Linie
gegenüber Nachkommen aus der väterlichen Linie sein.

Über die Bevorzugung, also die Neigung zur Investition von
Fürsorge in Nachkommen, weiß man, dass diese sich langfristig über viele Generationen dort einpendelt, wo sich eine opti-
male genetische Weitergabe einstellt. Menschen verteilen im
Durchschnitt ihre Investitionen so auf verschiedene Nachkommen, dass für die eigene genetische Reproduktion das beste
Ergebnis herauskommt. Je geringer oder je unsicherer der genetische Verwandtschaftsgrad, desto geringer ist die Investi-
tionsneigung.

In zwei eigenen und drei US-amerikanischen Untersuchungen wurde in der oben beschriebenen Berechnung verfahren.[22]
Die jeweiligen Ergebnisse sind zwar nicht identisch, liegen aber
doch recht nahe beieinander, bedenkt man die mangelnde Genauigkeit solcher Verfahren. Die Prozentwerte liegen insgesamt
zwischen 9% und 20%, also höher als die typischen 1 bis 3%
aus direkten Messverfahren an gut situierten westlichen Be-
völkerungen. Höher sind sie wohl deswegen, weil in der Ver-

gangenheit zumeist Lebensbedingungen vorherrschten, die aus unserer Sicht nicht besonders gutbürgerlich, sittsam und geregelt waren.

Unsere fernen Vorfahren waren nicht nur edle Wilde, die in Harmonie miteinander lebten. Kriegerische Auseinandersetzungen, unstete Lebensbedingungen und Nomadentum war bei unseren Sammlerinnen- und Jäger-Vorfahren eher die Regel als die Ausnahme. Diese Lebensweise hat Eskapaden der Männer außerhalb ihrer festen Partnerschaft begünstigt. Außerdem ist die freie Partnerwahl eine moderne Errungenschaft. Früher wurden Ehen viel öfter aus materiellen oder strengen sozialen Gründen geschlossen; wie heute noch in manchen Kulturen, wo Eltern den Ehepartner aussuchen und bestimmen. Unter solchen Bedingungen sind Seitensprünge häufiger, als wenn Ehen aus Liebe und nach Probezeit geschlossen werden.

Die Psyche des heutigen Menschen ist eine Ansammlung von Anpassungen an vergangene Umwelten, die sich mit Anpassungen an moderne Lebenswelten mischen. Jedenfalls verhalten sich moderne Menschen nach wie vor so, als lebten sie noch in der Steinzeit. Sie reagieren teilweise mit größerer panischer Angst auf steinzeitliche Gefahren (z. B. Schlangen und Spinnen) als auf neuzeitliche (z. B. Elektrizität, Verkehrsmittel), und Männer reagieren auf die Möglichkeit von Seitensprüngen ihrer Partnerinnen so, als gäbe es keine Verhütungsmittel. Die Psyche des Mannes ist in auffälliger Weise darauf ausgerichtet, Seitensprünge der Partnerinnen zu verhindern, zu entdecken und deren Konsequenzen zu korrigieren.

### Von Sprüngen zur Seite und vergnügten Vögelchen

Beim Thema Sex fing man früher unverfänglich bei Bienchen und Blümchen an. Schauen wir uns darum zuerst das Verhalten der Tiere an. Wie oft kommen Seitensprünge bei Tieren vor? Von Seitensprüngen kann man nur reden, wenn man die Einehe, die Monogamie voraussetzt. Von den etwa 4000 bekannten Säugetierarten sind es nur einige Dutzend, die monogam leben: ein paar Fledermausarten, einige Arten aus der

Familie der Hundeartigen, ein paar Arten von Neuweltaffen, bestimmte Antilopen und einige Nager.[23] Unsere nächsten Verwandten im Tierreich leben nicht monogam: Weder Schimpansen noch Zwergschimpansen, weder Gorillas noch die solitär lebenden Orang-Utans.

Bis vor wenigen Jahren galten Vögel als vorbildlich monogam. Wir kennen die Singvogelpärchen aus dem Garten, bei denen sich Vater und Mutter gleichermaßen und ohne Unterlass um das Brüten und die Nahrungsbeschaffung kümmern. Über 90 % aller Vogelarten leben nach altem vogelkundlichem Standardwissen in Einehe.[24] Doch was wir wirklich beobachten ist typischerweise nur eine soziale Einehe; das Sexleben sieht anders aus. Nachdem Wissenschaftler begannen, DNA-Analysen auch in Vogelnestern anzuwenden, stellte sich heraus, dass bei vielen Vogelarten Seitensprünge gang und gäbe sind.[25]

### Naheliegendes zum Thema Fremdgehen

Wie sieht es nun mit Einehe und ehelicher Treue beim Menschen aus? Wir sind geneigt zu denken, Monogamie (Einehe) sei allgemein üblich und Polygynie («Vielweiberei») exotisch. Doch dies ist nur die moderne westliche Sichtweise. Von über 800 menschlichen Gesellschaften, über die Völkerkundler Kenntnis haben, kennt die Mehrheit, nämlich über 80 %, die Polygynie, und nur eine Minderheit von 16 % lebt ausschließlich monogam. Polyandrie, also «Vielmännerei», kommt nur in wenigen Einzelfällen vor.[26]

Allerdings, in der Praxis ist die Einehe fast überall die häufigste Eheform. Denn selbst dort, wo Polygynie durch Recht und Sitte erlaubt ist, können sich nur die reichen Männer mehr als eine Ehefrau leisten, weil nicht nur die Frauen, sondern auch deren Kinder versorgt werden müssen. Doch auch bei uns wird die Monogamie nicht konsequent durchgehalten, wie etwa bei Schwänen, bei denen eine Partnerwahl nur ein einziges Mal im Leben stattfindet und verwitwete Schwäne ehelos bleiben. Zudem gibt es noch Prostitution und andere Seitensprünge, von heimlichen sexuellen Wünschen ganz zu schweigen.

Heute, wo die Wissenschaft das Privatleben bis in letzte Details ausleuchtet, könnte man erwarten, es gäbe klare Antworten auf die Frage, wie häufig Seitensprünge in Ehen oder festen Partnerschaften vorkommen.

Doch aus verständlichen Gründen variieren die Antworten erheblich. Menschen sind zögerlich, diesbezüglich ehrliche Angaben zu machen. In einer Untersuchung gaben am Beginn einer Psychotherapie nur 30% der Befragten an, schon einmal sexuell untreu gewesen zu sein. Während der intensiven Therapie gaben dann aber weitere 30% ebenfalls einen Seitensprung zu.[27]

Viele Personen nehmen erst gar nicht an Untersuchungen teil, wenn sie ahnen, dass nach solchen Intimitäten gefragt wird. Auch sind die Fragestellungen mehr oder weniger geschickt. In manchen Untersuchungen lautet die Frage, ob man während eines bestimmten Zeitraumes untreu gewesen war, andere fragen nach «jemals», und die Ergebnisse sind dann schwerlich vergleichbar. Schließlich ist bekannt, dass Männer eher dazu neigen, diesbezüglich prahlerisch zu übertreiben, während Frauen eher untertreiben.

Doch folgende Befunde sind wohl gesichert: Mehr Männer als Frauen gehen fremd. Sehr viel mehr Männer als Frauen gehen wiederholt fremd: Frauen, die Affären beichten, hatten in der Mehrzahl nur einen einzigen außerehelichen Liebhaber, wohingegen Männer beim Fremdgehen eher Liebschaften sammeln.

In einer Untersuchung von Personen, deren Ehe in die Brüche gegangen war, hatten ein Viertel der Männer, aber nur jede zwanzigste Frau Affären mit drei oder mehr außerehelichen Partnern gehabt.[28] Warum Männer bei Seitensprüngen andere Verhaltensmuster zeigen als Frauen, ist leicht aus den eingangs dargelegten evolutionären Bedingungen erklärbar. Wenn Frauen ihre Gene optimal vererben wollen, müssen sie den besten Partner finden und ihre Kinder bestmöglich aufziehen. Wenn Männer ihre genetische Reproduktion optimieren wollen, können sie das Gleiche tun und sich bestmöglich um die eigenen

Kinder kümmern, oder sie können stattdessen mit möglichst vielen verschiedenen Frauen sexuell verkehren.

So lässt sich auch nachvollziehen, warum Frauen und Männer unterschiedliche Gründe für ihren Seitensprung angeben:[29] Frauen suchen Trost und Bestätigung bei einem anderen Mann, wenn ihr eigener Partner nicht oder nicht mehr gut zu ihr ist. Sie suchen eben den für sie bestmöglichen Partner. Männer aber steigen zu anderen Frauen auch dann ins Bett, wenn sie mit ihrer eigenen Partnerin durchaus zufrieden sind. Sie brauchen nicht immer eine bessere Frau; wenn es nur eine andere ist, können sie schon in Versuchung kommen. Sie will einen Besseren, er eine Andere.

### Was ist der Vor- und was der Nachteil?

Jedenfalls gibt es und gab es immer gute Gründe, warum nicht nur Männer, sondern auch Frauen Seitensprünge begehen. Da Seitensprünge erhebliche nachteilige Konsequenzen nach sich ziehen können, muss es Vorteile geben, welche die möglichen Nachteile aufwiegen.

Untreue der Frau kann dazu führen, dass ihr Mann sie verlässt oder ihr guter Ruf Schaden nimmt. Vermutete oder tatsächliche Untreue löst Eifersucht des Partners aus, die besonders bei Männern extrem destruktive Konsequenzen haben kann. Immerhin ist Eifersucht des Partners weltweit die häufigste Ursache für die Misshandlung und Tötung von Frauen.[30 & 31] Selbst wenn Frauen aggressiv werden und sogar ihren Partner töten (was anscheinend häufiger geschieht als gemeinhin gedacht), tun sie dies oft aus Selbstverteidigung gegen eifersüchtige, gewalttätige Männer.

Was könnten mögliche Vorteile sein, die Frauen dazu bringen, gefährliche Affären einzugehen und eine eventuelle falsche Vaterschaft mit all ihren Nachteilen in Kauf zu nehmen? Einige Gründe für Seitensprünge der Frau sind vermutlich heute bei uns nicht mehr so bedeutsam, wie sie es in der Vergangenheit gewesen sein können und es in vielen traditionellen Kulturen noch sind.

Die Frau kann beispielsweise materiellen Nutzen aus einem Seitensprung ziehen, wie es für Prostituierte zum Geschäft gehört. Da die männliche Nachfrage nach Sex immer größer war und ist als das weibliche Angebot, bezahlen Männer auch dafür. Wenn die Kinder hungern oder andere finanzielle Nöte auftreten, ist eine Frau vielleicht genötigt, durch sexuelle Gunst zu Geld oder zu Nahrung zu kommen.

In vergangenen Zeiten, als Gewalt ungleich häufiger war als in modernen Zeiten – auch eine Erkenntnis, die von der Allgemeinheit nicht so gesehen wird –, boten zusätzliche Liebhaber vielleicht auch zusätzlichen Schutz. Aber Prostitution beschränkt sich nur auf einen geringen Anteil von Frauen, und der Schutzfaktor ist heute nicht mehr vorrangig.

Im folgenden sollen drei Gründe erläutert werden, die für weibliche Seitensprünge immer noch gültig sind. Der erste betrifft den Reproduktionswunsch: Kinder in die Welt zu setzen ist eine Investition der Frau, die sich, zumindest und immer noch unbewusst, in genetischer Replikation – das heißt mit möglichst vielen Enkelkindern – auszahlen soll.

Bei finanziellen Investitionen wissen wir, wie wichtig es ist, Anlagen breit zu streuen statt alles auf eine Karte zu setzen. Ähnlich ist es mit den Investitionen in Nachkommen. Alle Kinder von einem einzigen Mann macht die Kinder untereinander ähnlicher als Kinder von verschiedenen Männern, und wenn es ungewiss ist, welche Eigenschaften in 30 Jahren gefragt sind, ist es besser, die genetischen Investitionen zu streuen. Vielleicht ist der Mann und Vater der bisherigen Kinder lieb, treu und fürsorglich, aber kein «Frauentyp». Dessen Söhne sind dann eher auch nicht besonders gut «ausgerüstet», um Gene breit weiter zu geben.

### Sexy Sohn bringt Gene weiter

Umgekehrt könnten die Söhne eines Mannes, der Frauen leichter gewinnen kann, die Enkelzahl der Frau zukünftig erhöhen. Diese spezielle Vermutung hat sogar einen eigenen Namen in der Wissenschaft: die Sexy-Sohn-Hypothese. Interessanter-

weise hat eine Studie ergeben, dass Vaterschaftsdiskrepanzen
bei später geborenen Kindern etwas häufiger vorkamen als bei
erstgeborenen Kindern,[32] was die Vermutung stützt, dass zumindest in der langen Vergangenheit Frauen nicht unbedingt
alle Kinder nur vom selben Mann wollten.

Der zweite Grund für Seitensprünge liegt im Beziehungswechsel. Eine sexuelle Partnerschaft ist zumeist eine tiefe Bindung, aus der sich die Partner nicht leicht lösen können, auch
wenn die Beziehung schal geworden ist. Ein Seitensprung kann
helfen, den Absprung endlich zu schaffen. Eine Affäre ist zudem eine gute Gelegenheit, einen potentiellen neuen, besseren
Partner kennen zu lernen. Selbst wenn eine Frau nicht an die
Beendigung ihrer bisherigen Beziehung denkt, kann es nicht
schaden, sozusagen einen Ersatzmann in petto zu haben. Denken wir daran, wie hoch die Sterblichkeit früher war, auch
bei Männern, die immer wieder in kriegerische Auseinandersetzungen hineingezogen wurden. So kann das Wissen, dass es
da einen anderen Mann für die Eventualität des Ablebens des
Ehemannes gibt, eine Beruhigung für die Frau sein, eine Ab-
sicherung aus uralten Zeiten, die nach wie vor in der Psyche der
Frau vorhanden ist.

Viele Kuckuckskinder entstehen gerade bei einem Beziehungswechsel. Sie unterhält noch eine sexuelle Beziehung mit
ihrem bisherigen Partner, aber ein Neuer kommt, den sie eventuell vorzieht. Häufig wird nun der bisherige Partner besonders
besitzergreifend, auch sexuell, wenn er vom neuen Rivalen erfährt. Selbst wenn in der bisherigen Beziehung Sex nicht mehr
vorkam, kann es sein, dass der bisherige Partner nun wieder auf
sexuellen Kontakt drängt. Wenn die Würfel dann schließlich
gefallen sind und sie entweder zum bisherigen Partner zurück-
kehrt oder zum neuen Partner wechselt, sind Vaterschaftsdiskrepanzen vorprogrammiert.

Der dritte Grund für einen weiblichen Seitensprung ist ein
ganz anderer, aber ein psychologisch sehr bedeutsamer: Weil
die Partnerwahl im Leben der Frau eine besonders wichtige Entscheidung ist, wollen die meisten Frauen gut darüber infor-

miert sein, wie hoch ihr Marktwert auf dem Partnermarkt ist, damit sie ihre Vorzüge nicht unter Wert eintauschen. Die Selbsteinschätzung und Verbesserung der eigenen Attraktivität ist, wie wir alle wissen, ein Anliegen, das die meisten Frauen täglich beschäftigt («Spieglein, Spieglein an der Wand...»).

Ihr Seitensprung ist ein Test mit gutem Ergebnis, welches hautnah mitteilt, dass sie noch attraktiv ist. Der Seitensprung kann ihr so ein positives Selbstbewusstsein vermitteln.

**Abwehrmittel gegen Seitensprünge**

Für beide Geschlechter ist Eifersucht das natürliche Mittel gegen Seitensprünge. Beide Geschlechter werden eifersüchtig, aber die Anlässe und die Inhalte der eifersüchtigen Besorgnis unterscheiden sich deutlich für Männer und Frauen. Ich will hier besonders auf die Probleme der männlichen Psyche eingehen, wie sie bei Vaterschaftsungewissheit auftreten können. Die Psyche der Männer ist aber vor allem dort interessant, wo sie sich von derjenigen der Frau deutlich unterscheidet. Daher möchte ich vorab beide Geschlechter vergleichend betrachten.

Seit fast 20 Jahren stelle ich Studierenden des Anfangssemesters schriftlich folgende Frage, die zwei Möglichkeiten offen hält. Es ist eine erzwungene Wahl, denn die Studierenden müssen eine Alternative wählen, das geringere von beiden Übeln:

«Wenn schon, dann wäre mir lieber:

a) mein Partner/meine Partnerin würde mit mir schlafen und dabei in Gedanken und Vorstellungen bei dem/der anderen sein;

b) mein Partner/meine Partnerin würde mit jemand anderem schlafen und dabei aber in Gedanken und Vorstellungen bei mir sein.»

Etwa 80 % der Studentinnen wählen die zweite Alternative, aber nur 60 % der männlichen Studenten. Immerhin 40 % der Männer, aber nur 20 % der Frauen finden es weniger beunruhigend, wenn der Partner nur in Gedanken fremd geht, solange er oder sie im Bett an der eigenen Seite bleibt.

Vergleichen wir diese Ergebnisse mit denen einer anderen Befragung, die viele Male in verschiedenen Untersuchungen mit diversen Variationen wiederholt worden ist:[33]

«Was würde Sie mehr beunruhigen:

a) Ihr Partner bzw. ihre Partnerin hat Sex mit einer anderen Person, ohne dass Liebe mitspielt?

b) Ihr Partner bzw. ihre Partnerin verliebt sich richtig in eine andere Person, ohne dass es zu Sex kommt oder kommen kann?»

In einem Punkt ist der Unterschied zwischen den Geschlechtern besonders deutlich: Männer fürchten, dass die Partnerin Sex mit einem anderen Mann hat; Frauen fürchten, dass sich ihr Partner verliebt. Deswegen ist typischerweise die erste Frage des Mannes, wenn er einen Seitensprung mutmaßt: «Hast du mit ihm geschlafen?»

Die erste Frage der Frau hingegen lautet: «Liebst du mich noch?» Dieser Unterschied wird nicht nur im Kopf und in den Worten, sondern auch in körperlichen Reaktionen sichtbar: Männer werden körperlich aufgewühlt, wenn die Partnerin sexuell fremd geht; Frauen werden körperlich aufgewühlt, wenn er emotional fremd geht.[34] Dies ist auch der Unterschied, der erklärt, warum es für Männer das geringere Übel ist, wenn die Partnerin «nur» in Gedanken fremd geht.

Der evolutionäre Grund für diesen Unterschied ist nun klar: Die Frau befürchtet in erster Linie den Verlust von Ressourcen, also Zuwendung und Liebe des Mannes, weil unsere Vorfahrinnen diese männlichen Ressourcen benötigten, um Kinder gut aufziehen zu können. Wenn der Mann «nur» sexuell fremd geht, ohne dabei viel Zeit oder Geld und Gut aufzuwenden, lässt sich das besser verschmerzen, als wenn er eine andere liebt und sich längerfristig ganz abwendet.

Männer befürchten – wenn auch unbewusst –, dass ihnen ein Kuckuckskind untergeschoben werden könnte. Wenn sie jemanden «nur» liebt – einen entschiedenen Schwulen, einen standhaften katholischen Priester – dann ist seine größte Sorge nicht berührt.

### Acht Indizien, die Männer misstrauisch machen

Die Psyche des Mannes ist seit Urzeiten mit einem Detektor ausgestattet, der Anzeichen von sexueller Untreue schon erkennt, bevor die Partnerin eröffnet, dass da noch ein anderer Mann ist. Dieser Detektor ist so empfindlich eingestellt, dass schon leiseste Anzeichen genügen können, um einen Mann misstrauisch werden zu lassen.

Hier folgt eine Liste von subtilen Signalen, die Männer wahrnehmen, und die ihren Untreue-Detektor ausschlagen lassen können:[35]

1. Sie verändert sich: Sie achtet mehr auf ihre Figur; sie schläft länger; ihre Tagesroutine ist anders.
2. Sie ist unleidlich geworden: Sie wird leicht verärgert, wird kritisch, vergibt weniger schnell, beginnt Streit.
3. Ihre Zuneigung lässt nach: Sie teilt sich nicht mehr so gerne mit; sie redet nicht mehr so gerne über Sex; sie freut sich nicht mehr so, wenn sie ihn sieht; sie ist zu müde für Sex; sie macht sich für ihn nicht mehr besonders schön.
4. Sie zeigt ihm gegenüber neu belebte Liebe: Sie zeigt wieder mehr Lust auf Sex; sie reagiert betroffen, wenn er nun nicht will; sie sagt wieder häufiger «Ich liebe Dich».
5. Sie verliert die Lust am Sex mit ihm: Sie ist nicht mehr so leicht sexuell erregbar; ihr Sex ist mechanisch, nur geduldet; sie ist sexuell nicht mehr unternehmungslustig.
6. Sie zeigt Unzufriedenheit mit der Beziehung: Sie schlägt vor, einen größeren eigenen Bekanntenkreis aufzubauen; sie redet über das mögliche Ende der Beziehung; sie will weniger Zeit mit ihm verbringen.
7. Sie redet auffällig viel über einen anderen Mann.
8. Sie vermeidet, über einen bestimmten Mann zu reden.

### Wo Rauch ist, könnte Feuer sein

Problematisch an dieser Liste ist, dass sowohl bestimmte Verhaltensweisen wie auch deren Gegenteil als Anzeichen von Untreue gedeutet werden können. Ihre Zuneigung lässt nach oder ihre Zuneigung verstärkt sich; das Eine wie das Andere

kann sein Misstrauen wecken. Der Untreue-Detektor des Mannes ist deshalb so empfindlich eingestellt, damit kein Alarmsig-
nal übersehen wird. Wenn ein Fehlalarm nicht kostspielig ist,
ein unentdecktes echtes Alarmzeichen aber hohe Kosten verur-
sacht, ist solch eine Einstellung zweckmäßig, wie bei einem
üblichen Rauchmelder, der auch schon den zu hoch eingestell-
ten Toaster meldet, damit ja kein echter Brand unentdeckt
bleibt.

Der Untreue-Detektor des Mannes ist so empfindlich eingestellt, weil ein Kuckuckskind ihn teuer zu stehen kommen
könnte. In einer amerikanischen Untersuchung gaben knapp
die Hälfte aller befragten Frauen an, sie seien sich sicher, dass
ihr Mann treu sei und eine andere knappe Hälfte, sie seien sich
sicher, ihr Mann sei untreu. Aber nur jede siebte Frau war sich
unsicher.[36]

Von den befragten Männern hingegen war mehr als jeder
Dritte unsicher, ob die Partnerin treu sei oder nicht. Diese la-
tente Unsicherheit lässt manche Männer unter dem Othello-
Syndrom leiden, benannt nach dem krankhaft eifersüchtigen
Charakter in Shakespeares gleichnamigen Drama. Solche ewig
eifersüchtigen Männer machen ihrer Partnerin das Leben
schwer und belasten die Beziehung. Sie leiden darunter, dass
die Evolution sie mit einem Mechanismus ausgestattet hat, der
sie dazu antreibt, ständig die Partnerin zu beaufsichtigen, hinter ihr her zu spionieren, ihre Post zu sichten, sie zu verhören,
statt gelassen zu bleiben.

Wenn die männliche Eifersucht erfolglos ist und ein Seitensprung droht oder passiert ist, bleiben dem Mann zwei weitere
Gegenmittel, um Investitionen in ein untergeschobenes Kind
zu vermeiden. Die «vordere Verteidigungslinie» wäre, den Kontakt der Partnerin mit dem Rivalen zu unterbinden. Wenn diese
Taktik zusammenbricht oder zusammenzubrechen droht, ist
ein «Rückzug der Verteidigungslinie» immer noch möglich.
Das heißt, der Rivale wird weiter hinten «abgefangen»: bei der
Befruchtungsmöglichkeit. Hier wird der Wettkampf in die
«innere Arena» der Geschlechtsorgane verlagert.

## Die Spermien in den Wettkampf schicken

Vergleicht man die männlichen Geschlechtsorgane und das
Kopulationsverhalten von Mensch, Schimpanse und Gorilla,
dann zeigen sich merkwürdige Unterschiede, die auf den ersten
Blick keinen Sinn zu machen scheinen.[37 & 38] Der im Vergleich
zum Menschen kleine Schimpanse hat dreimal schwerere Hoden als der Menschenmann. Der wuchtige Gorillamann hingegen hat kümmerlich kleine Hoden und einen Penis (erigiert)
von nur drei Zentimeter Länge.

Der Mensch schließlich hat im Vergleich mittelgroße Hoden, aber einen recht großen Penis, und besonders auffällig ist
sein Verhalten beim Sex. Bei ihm dauert die Kopulation nicht
ein paar Sekunden wie beim Schimpansen, was zur Spermien-
übergabe völlig ausreichen würde, sondern Minuten, oft viele
Minuten, wobei er endlos wiederholende Beckenstöße ausübt.
Wohl nur, weil wir es nicht anders kennen und so genießen,
kommt uns dies nicht albern vor.

Der Grund für diese Unterschiede zwischen den drei nah
verwandten Tierarten ist der Spermienwettbewerb. Schimpansen betreiben gewohnheitsmäßig Gruppensex. Wenn eine
Schimpansin heiß wird, kopuliert sie mit verschiedenen Männchen ihrer Truppe, manchmal mit einem ganzen Dutzend, und
dies mehrmals täglich, was bis zu 60 Mal am Tag geschehen
kann. Die Weibchen sind nicht sehr wählerisch, und die Männchen stehen sozusagen Schlange.

## Schimpansen haben die Hoden voll

Für eine Befruchtung bedarf es bei Gorillas im Durchschnitt
nur zwei Kopulationen. Beim Menschen ist dafür im Mittel 60
Mal Sex nötig, beim Schimpansen sogar 1500 Mal! Da Schim-
pansenmännchen ihre Rivalen nicht an Kopulationen hindern
können, bleibt nichts anderes übrig, als die Rivalen mit Sper-
mienmasse zu übertrumpfen.

Männchen, die mehrmals täglich eine große Menge an Sperma abgeben können, haben einen Fortpflanzungsvorteil gegenüber weniger spermaproduktiven Rivalen. Das ist der Grund,

warum sich in der Evolution bei Schimpansen riesige Hoden
entwickelt haben. Gorillas leben andererseits in Harems. Der
Silberrücken, das dominante Männchen, hält durch Drohgebär-
den und aggressive Attacken seine Rivalen von der Truppe und
seinen Weibchen fern. Kleinste Sperma-Mengen reichen dementsprechend bei Gorillas zur Befruchtung aus.

Die mittelgroßen Hoden des Menschen deuten darauf hin,
dass der Spermienwettbewerb hier nicht so hitzig abläuft wie
bei Schimpansen, aber dennoch gemäßigt vorkommt.

Im Licht des menschlichen Spermienwettbewerbs machen
dann auch die eigenartige Penisform mit der aufgesetzten Ei-
chel sowie die männlichen Kopulationsbewegungen Sinn: Beides dient dazu, eventuell in der Vagina vorhandene Rivalensper-
mien herauszureiben, bevor die eigenen Spermien deponiert
werden.[39 & 40]

### Was unbewusst die Potenz hebt

In der Psyche des Mannes gibt es noch weitere Einrich-
tungen, die ihm helfen, im Spermienwettbewerb die Oberhand
zu behalten und sicherzustellen, dass seine Spermien und nicht
die seines Rivalen das Ei befruchten. Beispielsweise gibt der
Mann, natürlich völlig unbewusst, seine Spermien genau nach
Bedarf ab.

Je weniger er seine Partnerin in der Zeit vor dem Geschlechtsverkehr beaufsichtigen konnte, desto höher ist die
Spermienzahl in seinem Ejakulat. War er die ganze Zeit seit
dem letzten Sex mit ihr zusammen, gibt er nur wenige Spermien ab. War sie aber nicht unter seiner Aufsicht und damit das
Risiko hoch, dass ein Rivale zum Zug kommen konnte, dann
trumpft der Mann mit einer massiven Spermienabgabe auf, um
gegebenenfalls spermienmäßig den Rivalen auszustechen.[41]

Die ganze Psyche des Mannes scheint darauf eingerichtet zu
sein zu verhindern, dass Spermien von Rivalen bei der eigenen
Frau erfolgreich sind. Drohende Rivalen sexualisieren ihn regelrecht:[42] Dann findet er seine Partnerin besonders attraktiv,
vermutet verstärkt, dass auch andere Männer seine Frau attrak-

tiv finden, hat drängende Lust auf Sex mit ihr und macht schließlich beim Sex übermäßig heftige, schnelle und tiefe Beckenstöße.[43]

Dass der Mann besonders befriedigt ist, wenn seine Partnerin auch einen Orgasmus hatte, ist nur oberflächlich damit zu erklären, dass dies sein Selbstbewusstsein stärkt. Der tiefer liegende, evolutionär bedingte Grund ist wohl, dass ihr Orgasmus die Wahrscheinlichkeit der Befruchtung hebt. Wie sehr Rivalen den Mann sexualisieren, zeigt sich auch an den pornografischen Vorlieben. Wir wissen, dass Männer Bilder von nackten Frauen lieben, von eigenen Harems träumen und Rivalen nicht mögen. Folglich könnte man meinen, dass pornografische Bilder, die einen Mann mit mehreren Frauen zeigen, den Betrachter mehr antörnen als Bilder mit einer Frau und mehreren Männern. Aber genau das Gegenteil ist der Fall.[44]

So lässt sich verstehen, dass Affären, wenn nicht wirkungsvoll verhütet wird, aufgrund der höheren Spermienzahl eher zur Schwangerschaft führen als Routinesex und folglich häufig in Vaterschaftsdiskrepanzen enden.

Wenn Frauen fremd gehen, dann tun sie dies, wiederum ohne sich dessen bewusst zu sein, am ehesten während der Tage des Eisprungs.[45] Wenn der Partner einen Seitensprung vermutet oder davon erfährt, steigt seine Libido und seine Spermienzahl. Libido und Spermienzahl des Lovers dürften ebenfalls potent sein, denn dieser stiehlt sozusagen sexuelle Gelegenheiten, die es auszunutzen gilt. Alle Organismen sind von der Evolution mit Mechanismen ausgestattet, die Gelegenheiten zur Fortpflanzung bestens ausnutzen.

### Wenn fremde Nachkommen im Wege sind

Wenn alle Mechanismen nicht verhindern konnten, dass es Nachkommen eines anderen Mannes in der eigenen Familie gibt, und diese die väterliche Fürsorge ebenso beanspruchen wie leibliche Kinder, dann bleibt dem Mann noch ein letztes Mittel, um Investitionen in fremde Gene so gering wie möglich zu halten, nämlich die offensichtliche Bevorzugung der eigenen

Nachkommen. Dies ist weniger eine Angelegenheit von Unfairness, sondern im Einzelfall eine ganz und gar traurige, schmerzliche und erschütternde Sache. Denn es geht hier nicht nur um Vernachlässigung und familiäre Gewalt, sondern im Extremfall auch um Misshandlung und sogar Tötung.

Konrad Lorenz, der Altmeister der deutschen Tierpsychologie, hatte noch angenommen, dass die Tötung von Artgenossen im Tierreich bestenfalls in Ausnahmefällen vorkommt und als krankhafte Entgleisung anzusehen ist. Er meinte, dass kleine Kinder und Jungtiere sich mit dem so genannten «Kindchenschema», das liebevolle Zuwendung auslöst, davor schützen, von Älteren bedroht oder gefressen zu werden.

Doch Lorenz irrte. Infantizid, wie Zoologen die Kindstötung nennen, ist im Tierreich weit verbreitet und unter bestimmten Bedingungen vorhersagbar. Am besten untersucht ist es bei den Languren, den indischen Schlankaffen, die häufig in Haremsgruppen in Tempelanlagen leben.[46)]

### Languren langen brutal zu

Bei den Languren hat nur ein einzelnes Männchen Sex mit den Weibchen. Junge Männchen werden mit der Geschlechtsreife aus der Gruppe vertrieben und schließen sich umherstreunenden Junggesellengruppen an. Diese Banden machen dann den Haremshaltern das Leben schwer und versuchen, an heiße Äffinnen heran zu kommen, was die Chefs der Harems wachsam und aggressiv unterbinden. Das Leben eines Haremshalters ist so aufreibend, dass seine Regentschaft selten mehrere Jahre dauert und ein Wechsel an der Spitze des Harems recht häufig vorkommt.

Wird der alte Haremshalter durch einen neuen abgelöst, dann geschieht Folgendes: Der neue Chef setzt trächtigen Weibchen zu und traktiert sie so permanent und heftig, dass diese häufig eine Fehlgeburt erleiden. Daneben nimmt er sich die kleinen Äffchen, die noch gesäugt werden, vor. Er attackiert diese solange, bis sie, trotz verzweifelter Gegenwehr von Mutter und Tanten, sterben.

Mit diesen brutalen Maßnahmen erreicht der neue Haremshalter nicht nur, dass die Nachkommen seines Vorgängers beseitigt werden, sondern auch, dass die Weibchen alsbald wieder
heiß werden und von ihm gedeckt werden können, zeitiger als
wenn sie ihre vorhandenen Schwangerschaften austragen bzw.
die Affenbabys entwicklungsgemäß zu Ende säugen würden.
Der neue Chef des Harems macht, einfach gesagt, Platz für
seine Gene und schreckt dabei vor Tötungen nicht zurück.

### Im Namen des Alten Testamentes

Der Mensch mag vernünftig und einsichtig sein, doch die
uralten evolutionären Strukturen des Seelenlebens bestimmen
auch sein Verhalten. Die Vorgehensweise der indischen Tempelaffen, wie sie ihren Genen rücksichtslos freie Bahn verschaffen,
findet sich sogar in einer Anweisung von Moses: Im 4. Buch be-
fiehlt er nach dem Sieg über die Midianiter seinen Hauptleuten:
«So tötet nun alles, was männlich ist unter den Kindern, und
alle Frauen, die nicht mehr Jungfrauen sind; aber alle Mädchen,
die unberührt sind, die lasst für euch leben». Mit diesem Befehl
stellte Moses sicher, dass israelitische Gene sich auf Kosten
midianitischer Gene verbreiten.

### Der genetische Marktwert

Nun brauchen junge Männer nicht – wie Schlankaffen oder
Löwen – fremde Harems zu erobern. Aber sie haben es manchmal ebenfalls mit Kindern von Vorgängern zu tun. Typischerweise geht ein Mann mit einer Frau, die schon ein Kind hat,
eine langfristige Beziehung ein, und das Kind wird zum Stiefkind des Mannes. Hier ist ein genreproduktiver Grundkonflikt
angelegt. Die Mutter ist mit ihrem älteren Kind eng verwandt,
genauso eng wie mit jedem weiteren Kind, das sie mit dem
neuen Partner hat oder haben könnte. Für den Mann aber ist
das Stiefkind etwas, das er in Kauf nimmt, um die Frau zu bekommen. Für das «fremde» Kind investiert er nicht so leicht.
Männer ziehen kinderlose Frauen vor, und Frauen wissen, dass
Kinder ihren Wert auf dem Partnermarkt mindern.

Wenn es um die Anbahnung einer Beziehung zu einer Frau mit Kind geht, wissen Männer intuitiv, dass die Frau am leichtesten über das Kind zu bekommen ist. Wenn sie verspürt, dass er ein guter neuer Vater für ihr Kind sein wird, kann sie ihn lieben. Wenn er ihr Kind ablehnt, wird sie kaum geneigt sein, sich auf Dauer mit ihm einzulassen.

### Eine Buchhaltung der Paarungsleistung

Also bemühen sich Männer, nett zu dem Stiefkind zu sein. Doch kommt diese Nettigkeit von Herzen? Eine Untersuchung aus New Mexico von Kermyt Anderson und Mitarbeitern zeigt, dass das, was wie stiefväterliche Leistung aussieht, tatsächlich Paarungsleistung ist.[47]

Die Autoren verglichen, wie sehr sich Männer aus vier verschiedenen Beziehungskonstellationen mit Geld und Zeit um ihr Kind kümmerten: (1) leibliches Kind mit jetziger Partnerin, (2) leibliches Kind mit früherer Partnerin, (3) Stiefkind mit jetziger Partnerin, (4) Stiefkind einer früheren Partnerschaft.

Die Investitionen in das leibliche Kind mit der jetzigen Partnerin waren am höchsten, weil hier die väterliche Leistung und die Paarungsleistung zusammenfließen. Geringer waren Investitionen in das leibliche Kind einer verflossenen Beziehung und in ein Stiefkind aus der gegenwärtigen Beziehung, aber Investitionen in das gegenwärtige Stiefkind waren nur unwesentlich geringer als Investitionen in das leibliche Kind aus vorheriger Beziehung.

Dies zeigt, dass etwa die Hälfte der Mühen, die Väter für ihre Kinder auf sich nehmen, in Wirklichkeit Partnerschaftsbemühungen sind: Väter sind zum erheblichen Teil gute Väter, weil sie gute Ehemänner sein wollen. Wie sehr aber kümmerten sich Männer um Stiefkinder einer verflossenen Partnerin, wenn Kind und Kindesmutter nicht mehr bei dem Mann wohnen? Hier blieb nur ein kümmerlicher Restposten übrig. In Geld ausgedrückt: Leibliche Kinder aus einer gegenwärtigen Beziehung erhielten im Durchschnitt 2.570 US Dollar an jährlicher Unterstützung, Kinder aus einer vergangenen Beziehung 1.888 US

Dollar, gegenwärtige Stiefkinder 1.861 US Dollar und vergangene Stiefkinder lediglich noch 156 US Dollar.

Die Neigung von Männern, leibliche Kinder zu bevorzugen und Stiefkinder zu vernachlässigen, bleibt nicht ohne Auswirkung auf Frauen, die bewusst, vielleicht auch schon unbewusst, um diese Neigung wissen. Anderson und Mitarbeiter fanden nämlich heraus, dass Väter sich nicht nur weniger um Kinder kümmern, je unähnlicher ihnen die Kinder sind: Die Geburt eines Kindes, das dem Vater wenig ähnelt, trägt nämlich auch zur Wahrscheinlichkeit einer Scheidung bei.

Die Scheidung ist also ein Mittel, mit dem die Männer vermeiden, in einen Nachkommen zu investieren, dessen Vaterschaft nicht sicher ist. Wenn Frauen ihrerseits sich der Vaterschaft nicht sicher sind und erwarten können, dass sie möglicherweise ein Kind gebären, das dem derzeitigen Partner nicht ähnelt, sind sie eher geneigt, die Schwangerschaft durch Abtreibung zu beenden.[48]

### Aschenputtel lebt

Wenn leibliche und nicht-leibliche Kinder in einer Familie leben, sind die nicht-leiblichen Beziehungen benachteiligt. Das Märchen von Aschenputtel, das in vielen Kulturen auf die eine oder andere Weise erzählt wird, beschreibt das Elend des Stiefkindes. Leider ist das Stereotyp der herzlosen Stiefmutter und des unwirschen, oft gewalttätigen Stiefvaters nicht aus der Luft gegriffen, sondern hat einen wahren Kern, wie bestürzende Befunde des kanadischen Forscherehepaares Martin Daly und Margo Wilson zeigen.[49 & 50]

Sie durchforsteten amerikanische und kanadische Kriminalstatistiken und stellten fest, dass das Risiko eines Kindes, misshandelt zu werden, um ein Vielfaches höher ist, wenn einer der Eltern ein Stiefelter ist als wenn beide Eltern leiblich sind. Noch drastischer sieht es bei Kindstötung aus: Das Risiko, durch einen Stiefelter (meist ist es der Stiefvater) getötet zu werden, ist 100 Mal größer als durch einen leiblichen Elter getötet zu werden!

Man darf die Ergebnisse nicht fehlinterpretieren und nun
denken, alle Stiefeltern seien grausam und lebensgefährlich,
denn es handelt sich in jedem Fall um seltene Ereignisse im unteren Promillebereich. Die meisten Stiefeltern bemühen sich
redlich und erfolgreich, nett zu ihren Stiefkindern zu sein.
Wirklich gefährdet ist ein Kind erst, wenn verschiedene
Risikofaktoren zusammenkommen: Wenn etwa der Stiefvater
ohnehin schon eine Neigung zu Gewalt und Jähzorn hat, wenn
Alkohol- oder Drogensucht im Spiel ist, bei erzieherischer Un-
fähigkeit, psychiatrischen Problemen, besonderen Antipathien
oder Stress. Die Probleme der Stiefelternschaft entstehen also
aus einem Konflikt zwischen dem, was der leibliche Elter von
dem Stiefelter an Fürsorge für das Kind fordert und was der
Stiefelter bereit ist zu geben.

**Adoptivkindern geht es etwas besser**
Dieser Konflikt entsteht nicht bei Adoptivelternschaft. Hier
sind typischerweise beide Eltern gleichermaßen unverwandt
mit dem Adoptivkind. Außerdem haben Adoptiveltern meistens
keine alternativen Investitionsmöglichkeiten in eigene leibliche
Kinder. Adoptivkinder sind Wunschkinder, die zurückgegeben
werden können, wenn die Adoptivbeziehung sich nicht günstig
entwickelt. Schließlich werden Adoptiveltern sorgsam ausgewählt. All dies erklärt, dass Adoptiveltern im Unterschied zu
Stiefeltern für Kinder kein erhöhtes Risiko darstellen.
Stiefeltern jedoch haben es schwerer, eine Beziehung zum
Stiefkind aufzubauen, die ebenso belastbar wäre wie die Beziehung zu einem leiblichen Kind. Gefragt, ob sie «elterliche Gefühle» empfinden, bejahte das nur jeder zweite Stiefvater und
nur jede vierte Stiefmutter. Noch ungünstiger sah es aus, wenn
nach «Liebe zum Kind» gefragt wurde.[51] Es erstaunt nicht, dass
Stiefkinder das Elternhaus in deutlich jüngerem Alter verlassen
als leibliche Kinder. Sie flüchten eher, weil die Geborgenheit
geringer ist als in anderen Familien. Auch ist bei Stiefkindern
der Stresspegel deutlich erhöht, wie langfristige Messungen der
Konzentration des Stresshormons Cortisol ergaben.[52]

Wenn Stiefmütter es nicht schaffen, die mütterliche Rolle zu spielen, neigen sie zu Kälte und Ablehnung gegenüber dem Stiefkind. Wenn Stiefväter nicht angemessen väterlich sein können, neigen sie dazu, gewalttätig gegenüber dem Stiefkind zu sein (und einige hegen leider auch inzestuöse Neigungen zur Stieftochter). In Stieffamilien herrscht immer ein Konflikt zwischen leiblichem Elter, Stiefelter und Kind.

### Es müsste mir doch ähnlich sehen...

Folglich verwundert es nicht, dass sich auch fehlende oder zweifelhafte Vaterschaft auf die Beziehung zwischen den Eltern auswirkt. Rebecca Burch und Gordon Gallup untersuchten 55 Männer, die im Staat New York an einem Anti-Gewaltprogramm für prügelnde Männer teilnahmen, genau genommen auf richterliche Anordnung teilnehmen mussten.[53] Die Männer wurden unter anderem gebeten einzuschätzen, wie sehr jedes ihrer Kinder ihnen ähnelte bzw. wie häufig sie von anderen hörten, dass ihnen das Kind ähnlich sei. Erwartungsgemäß berichteten die Männer ein deutlich schlechteres Verhältnis zu ihren Stiefkindern als zu ihren leiblichen Kindern.

Doch das leibliche Kind, das dem Vater nicht ähnlich ist, rückt ebenfalls in Richtung der Kategorie «mögliches Stiefkind». Je geringer die Ähnlichkeit zum Kind, desto belasteter war die Beziehung zum Kind und desto massiver die Verletzungen, welche die Frau durch die Gewalttaten des Mannes hatte erleiden müssen. Die gleichen Zusammenhänge berichteten die Männer auch aus ihrer Herkunftsfamilie: Je weniger sie ihrem Vater ähnlich sahen, desto schlechter war die Beziehung zum eigenen Vater gewesen, desto größer war die Wahrscheinlichkeit, vom Vater misshandelt worden zu sein, und desto häufiger hatte es Gewalt zwischen den eigenen Eltern gegeben.

### Wie reagieren Männer auf negative Tests?

Genetische Vaterschaft ist kein unbedeutendes biologisches Überbleibsel, über das wir moderne Menschen mit unserer vermeintlichen Einsicht und Vernunft erhaben sind. Diese Frage spielt vielmehr in alle möglichen Familienbeziehungen hinein, wo immer es um männliche Investitionen in Nachkommen geht. Die Forschung bietet noch kaum gesicherte Befunde darüber, ob und wie sich die Beziehung zur Partnerin und zum Kind verändert, wenn ein Mann erfährt, dass er nicht, wie er immer dachte, der leibliche Vater des Kindes ist.

Es ist nicht bekannt, ob sich die Beziehungen auf einen Schlag verändern oder erst allmählich, und wie unterschiedlich Männer mit dieser neuen Situation umgehen. Aber angesichts der Zunahme von Vaterschaftstests wird sich die Wissenschaft dieser Frage alsbald zuwenden.

### Das Wiedersehen enger Blutsverwandter

Etwas mehr weiß man über die Reaktion von Menschen, wenn sie plötzlich einen bislang unbekannten nächsten Verwandten kennen lernen. Insbesondere wenn getrennt aufgewachsene eineiige Zwillinge sich im erwachsenen Alter zum ersten Mal treffen, oder wenn erwachsene Adoptivkinder ihre leiblichen Eltern kennen lernen. Eineiige Zwillinge, die wissen, dass sie sich bald zum ersten Mal begegnen werden, sind aufgeregt und sich bewusst, dass ein existenzielles Ereignis bevorsteht. Wenn sie aufeinander treffen, fallen sie sich meist in die Arme, sind hoch erfreut und vergessen für eine Weile völlig ihre Umwelt. Vom ersten Augenblick an empfinden sie eine enge innere Nähe. Sie haben das Gefühl, endlich zueinander gefunden zu haben. Später berichten sie oft, dass dieser Tag einer der wichtigsten in ihrem Leben war.[54] Wenn erwachsene Kinder ihren leiblichen Eltern zum ersten Mal gegenüberstehen, stellt sich ebenfalls oft ein Gefühl von sofortiger innerer Nähe ein.

So müssen wir befürchten, dass im Gegenzug eine Distanzierung eintritt, wenn ein Mann erfährt, dass das Kind, das er jahrelang geliebt und umsorgt hat, nicht sein leibliches Kind ist. Nicht nur war seine väterliche Fürsorge im Nachhinein eine Fehlinvestition, sondern er wurde auch hintergangen, und seine biologisch angelegte Strategie, die väterlichen Investitionen auf eigene Nachkommen zu konzentrieren, wurde durchkreuzt.

## Die Familie als genetisches Unternehmen

Die eigenen Gene in die nächste Generation weiterzugeben, ist der stillschweigende biologische Auftrag, den wir alle in uns tragen und der selbst dann Wirkungen entfaltet, wenn wir uns bewusst gegen eigene Nachkommen entscheiden. Weil wir unsere eigenen Gene auch dadurch weitergeben können, indem wir Verwandten helfen, wird die biologische Aufgabe zu einem Familienunternehmen. In der Tat, wir können die Familie beschreiben als ein Gemeinschaftsunternehmen zum Zweck der genetischen Weitergabe. Eltern opfern sich für ihre Kinder auf, Großeltern sorgen sich um Enkelkinder, Onkel und Tanten kümmern sich um Neffen und Nichten, und wenn sich Geschwister streiten und entzweien, ist dies selten endgültig.

Die Familie ist für alle wichtig, es sei denn, junge Menschen haben ihre Herkunftsfamilie verlassen und noch keine eigene Familie gegründet. Sobald sie aber eine eigene Familie haben, stellt sich machtvoll der Familiensinn ein und bestimmt Wünsche, Hoffnungen und Sorgen. Familienbeziehungen sind in allen Kulturen Gesprächsthema, vermeintliche Vaterschaft gehört überall zum Klatsch und Tratsch. Auf Familienfesten werden Todesfälle bedauert, Neuzugänge werden begrüßt und begutachtet und Ähnlichkeiten im Aussehen kommentiert. Nach Weihnachten, einer Zeit intensiver familiärer Kontakte, steigt die Nachfrage nach Vaterschaftstests dann auffällig an.

Der Mensch will wissen, wo er herkommt und wo es hingeht. Die Familie vermittelt dabei ein gewisses Gefühl der Unsterblichkeit, das die Angst vor dem Tod und dem Danach abmildert. Wer auf Fotos sieht, wie sehr er einem Großelter oder einem anderen Verwandten ähnelt, kann eine Ahnung davon erhalten, dass etwas von seiner eigenen Person in der Vergangenheit schon gelebt hat. Wenn es Nachkommen gibt, kann man die Hoffnung hegen, dass man selbst irgendwie in der fernen Zukunft unter den Nachfahren wieder aufleben kann. Deswegen bereitet alten Menschen die Enkelschar Freude. Und deswegen ist der Tod eines Kindes, zumal wenn es das einzige Kind war, kaum jemals zu verschmerzen.

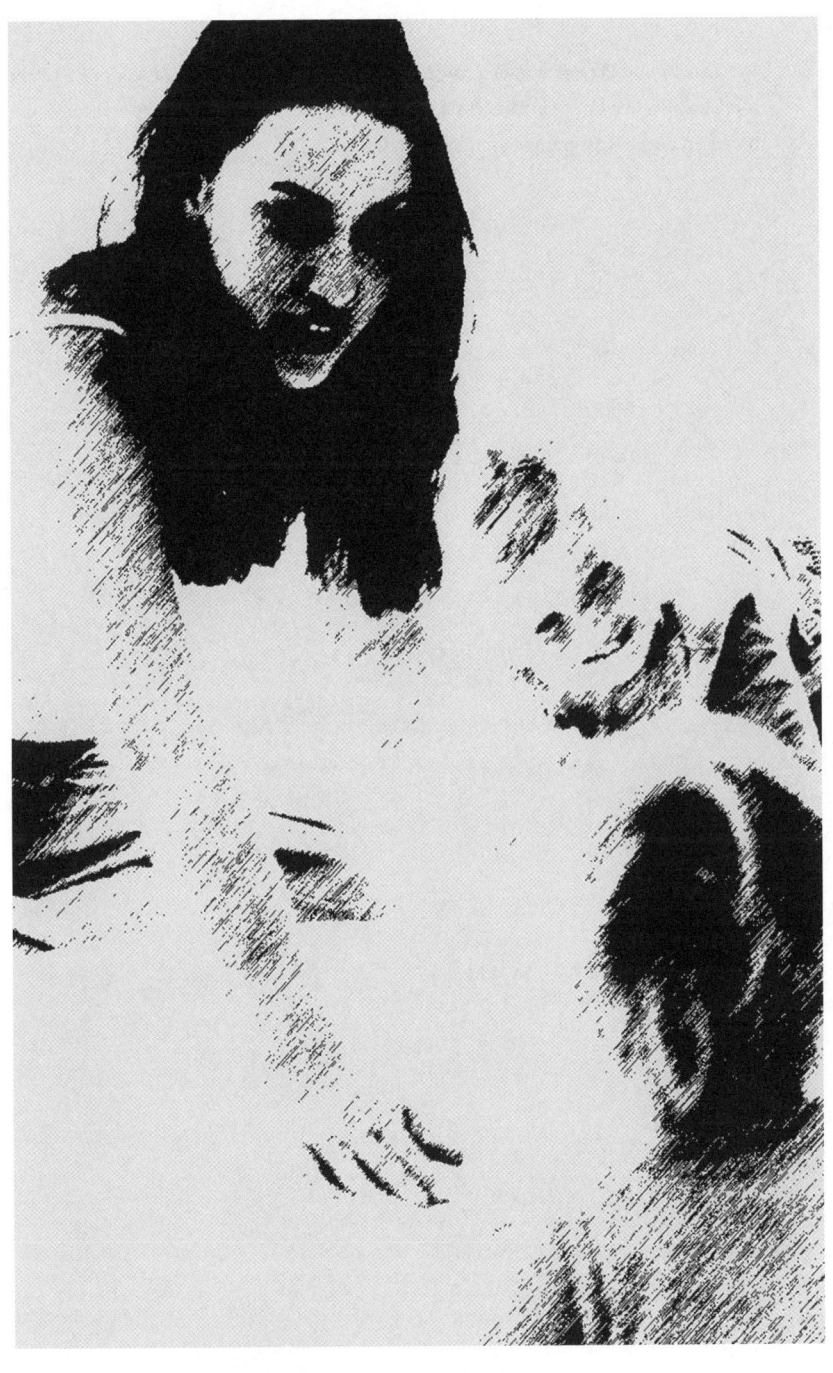

Die Namen und Personen in den folgenden fünf Geschichten sind fiktiv. Ähnlichkeiten mit lebenden Personen sind in keiner Weise beabsichtigt. Die Erzählungen wurden aber inspiriert durch Begegnungen mit Betroffenen.

# Fünf Fallgeschichten

## Sein liebstes Kind

«Hallo Cornelia, könntest du bitte herüber kommen?»
Sylvie klang beherrscht – eben so, wie jemand klingt, wenn
er gerade eine schlechte Nachricht erhalten hat und sich bemü-
hen muss, einen Gefühlsausbruch zu unterdrücken.
«Was ist denn los?»
«Komm einfach rüber, Klaus ist hier. Es geht ihm nicht gut.»
Cornelia legte auf und zog den schweren Wintermantel an.
Wie oft schon hatte sie für Klaus alles stehen und liegen gelassen. Er war eben fast so etwas wie ihr eigener Sohn. Natürlich
war er der Sohn ihrer Zwillingsschwester Sylvie. Aber nachdem
Robert, Sylvies Mann, früh verstorben war, hatte Cornelia sie
unterstützt, wo sie nur konnte – und dabei auch die Rolle einer
zweiten Mutter übernommen. Die beiden Zwillingsschwestern
hatten sich immer gut verstanden, so dass es – anders als bei
den meisten Elternpaaren – nie Schwierigkeiten bei der Erziehung der Kinder gab. Und noch heute, viele Jahre nach der Auflösung der gemeinsamen Wohnung, fühlte sich Cornelia so eng
mit Sylvies vier Kindern verbunden, als wären es ihre eigenen.

Klaus, der Jüngste, war inzwischen 38 Jahre alt. Ein lieber
Bub, fand Cornelia. Vielleicht ein bisschen zu lieb. Erst hatte er
sich zum Sozialarbeiter ausbilden lassen, dann zum Kranken-
pfleger. Im Berufs- wie im Privatleben bemühte er sich, anderen
zu helfen, sie zu verstehen, ihre Last mitzutragen. Das konnte
er, der Sensible, nicht immer gleich gut verkraften.

Klaus war all die Jahre über das große Thema zwischen Sylvie und Cornelia geblieben. Es verging kaum ein Monat, ohne
dass sich die Zwillingsschwestern um ihn Sorgen machen
mussten. Manchmal kam es Cornelia vor, als wäre Klaus nie

richtig erwachsen geworden. Er hatte seinen Weg nicht gefunden, noch immer nicht erkannt, was er wollte. Er haderte mit seinem Schicksal und schien vom Leben überfordert. Und jetzt also wieder ein Anruf. Fast ein Hilferuf.

Cornelia versuchte sich unterwegs vorzustellen, was Klaus diesmal so hatte umhauen können, dass er Trost bei seiner Mutter suchte. Er hat bestimmt wieder Ärger mit Gina, dachte sie. Und hatte damit Recht.

Als Cornelia bei Sylvie eintraf – sie wohnten nur einen Block auseinander –, saß Klaus am Küchentisch. Ein Häufchen Elend. Vor ihm lag ein Berg zerknüllter Papiertaschentücher. Klaus sah seine Tante nur kurz an und senkte wieder den Blick.

«Möchtest du was trinken?» fragte Sylvie ihre Schwester zur Begrüßung.

«Kannst ja mal einen Tee aufsetzen», antwortete Cornelia. «Aber erst will ich wissen, was los ist.»

«Gina», sagte Sylvie nur.

«Was denn diesmal?»

«Sie ist ausgezogen. Mit den Kindern.»

Augenblicklich dachte Cornelia, so weit habe es ja kommen müssen. Doch sie hütete sich, das zu sagen, warf ihren Mantel über einen Stuhl, setzte sich zu Klaus und nahm seine Hand.

«Was ist denn passiert, Klaus?»

Klaus druckste herum. Die Tränen standen ihm zuvorderst, aber er wollte jetzt nicht mehr heulen. Er wollte Verständnis, nicht Mitleid, und dazu musste er Cornelia die ganze Geschichte erzählen.

«Sie kam wieder viel zu spät heim. Wir hatten ausgemacht, dass sie heute Katja und Thomas zu Bett bringen würde, weil sie die Kinder in letzter Zeit ein bisschen vernachlässigt hatte. Aber statt um Sieben traf sie erst kurz nach Acht ein. Das hat mich natürlich geärgert. Es war ja nicht das erste Mal.»

Cornelia streichelte Klaus' Hand. «Ja, ich weiß. Und dann habt ihr euch gestritten?»

«Ich wollte halt einfach, dass sie merkt, so kann sie nicht weitermachen. Seit Monaten hält sie sich an keine Abmachung.

Sie kommt zu spät, vergisst, was wir vereinbart haben, sie vernachlässigt uns alle. Weißt du, wann sie zuletzt mit mir geschlafen hat?»

«Na, es gibt halt solche Phasen», sagte Cornelia. «Das hat nichts zu bedeuten. Meistens.»

«Ja, ja», lächelte Klaus verbittert. «Ich habe ihr darum deutlich gesagt, wir müssten reden. Sie fand, ich wolle immer nur reden. Es gäbe aber nichts zu bereden, sie habe Stress gehabt bei der Arbeit und sei nachher noch kurz einen Kaffee trinken gegangen. Es wäre ja auch in meinem Interesse, wenn sie entspannt und nicht gestresst nach Hause käme. Eine gehetzte Mutter sei nichts für Kinder.»

Klaus schnäuzte sich. «Ich sagte, ich sei manchmal auch aufgewühlt und müsse mich trotzdem um alles kümmern. Man müsse sich halt zusammenreißen können. Da flippte Gina total aus. Sie begann herum zu brüllen, sie wolle sich nicht ständig zusammenreißen müssen. Sie habe es satt, von uns ihr ganzes Leben bestimmen zu lassen. Und wenn ich mich von allen so vereinnahmen ließe, sei das meine Schuld. Sie trage keine Verantwortung dafür wenn ich zu kurz käme, sie habe schließlich schon zwei Kinder, zu denen sie schauen müsse. Da bräuchte sie nicht noch mich als ein drittes.»

Cornelia sagte nichts, sondern presste nur die Lippen zusammen und zog die Augenbrauen hoch.

Klaus fuhr fort: «Na, da gab eben ein Wort das andere. Ich nannte sie verantwortungslos und sie mich ein Weichei. Sie wurde grob, richtig vulgär. Irgendwann sagte ich dann, ich fände es außerdem seltsam, dass sie nie mehr Lust habe mit mir zu schlafen. Dann schrie sie, ich solle mir doch mal überlegen, weshalb sie nicht mehr mit mir ins Bett gehe. Das hat sie wirklich gesagt.»

Sylvie stellte eine Tasse Tee vor Cornelia hin und sagte: «Klaus, die ist primitiv!»

Klaus schaute seine Mutter scharf an. «Ich weiß, dass du nichts von Gina hältst, und du auch nicht, Cornelia. Das habt ihr mir schon oft genug gezeigt. Aber ich liebe sie. Es nützt mir jetzt überhaupt nichts, wenn ihr über sie herzieht. Auch ich habe meine Fehler!»

Sylvie hob abwehrend die Hände. «Schon gut, schon gut. Aber Gina weiß genau, dass sie dich mit solchen Bemerkungen verletzen kann. Und sie hat dich doch verletzt, oder?»

«Ja, schon. Sie fragte, ob ich vielleicht mal darüber nachgedacht hätte, was ich ihr böte. Da bin ich auch ausgerastet und habe gesagt, es gäbe andere Frauen, die an dem, was ich böte, durchaus Gefallen fänden. Sie hat nur gehöhnt, 'das müssen ja tolle Frauen sein'.»

«Tja, und da hat er eben den Fehler gemacht, dass er nicht schweigen konnte», fiel ihm Sylvie ins Wort.

«Das war kein Fehler!» verteidigte sich Klaus. «Jetzt ist es eben raus!»

«Was ist raus?» Cornelia verstand überhaupt nicht mehr, worum es ging.

«Na, weil sie an mir als Mann herum mäkelte, sagte ich Gina, ich hätte eine Affäre gehabt.»

In der Küche wurde es still. Nur das Ticken der Uhr war noch zu hören, dazwischen das Schnäuzen von Klaus.

Gina fasste sich. «Stimmt das? Bist du fremd gegangen?»

«Ja», gestand Klaus leise. «Gina hat mich die ganze Zeit zurückgewiesen. Ich kam mir vor wie ein Stück Dreck. Irgendwie eklig. Ich war einfach am Boden.»

«Und dann?»

«Na, ich muss ja keine Details erzählen, oder? Sie heißt Karin und arbeitet auf der gleichen Station wie ich. Sie ist verheiratet. Es war für uns beide einfach eine Ego-Geschichte.»

«Eine was? Und läuft die immer noch, diese 'Ego-Geschichte'?» fragte Cornelia.

Klaus schaute seine Tante lange an, fast durch sie hindurch. Dann schüttelte er langsam den Kopf. «Du kennst mich doch. Ich hatte ein so schlechtes Gewissen, da ging gar nichts mehr. Und Karin wollte auch nicht mehr, dass wir uns treffen.»

Sylvie stellte sich an den Kühlschrank und nippte an ihrer Teetasse.

«Aber warum hast du Gina überhaupt von Karin erzählt, wenn dir diese Affäre nichts bedeutete?»

«Gina hat mich eben verletzt. Und ich wollte mich nicht mehr verletzen lassen. Ich wollte, dass sie aufhört, mich ein Weichei zu schimpfen. Vielleicht wollte ich auch, dass sie erschrickt, dass sie weint, dass sie sich um mich bemüht.»

«Na, die Rechnung ist jedenfalls nicht aufgegangen», stellte Sylvie trocken fest und wandte sich an ihre Schwester: «Gina hat die Kinder und ihre Siebensachen gepackt und ist gegangen.»

«Was, heute?»

«Ja», fuhr Sylvie fort, «mitten in der Nacht. Sie holte die Kinder aus den Betten, nahm eine Sporttasche und den Wagen. Wir wissen nicht, wohin sie gegangen ist.»

«Sicher zu Verwandten», meinte Klaus. «Zu ihrem Bruder oder so. Sie sagte, ich würde die Kinder nie wieder sehen. Nie wieder. Du hättest sie hören sollen!»

Cornelia fuhr Klaus über die Schulter. «Ach Klaus, sie kann dir die Kinder gar nicht weg nehmen. Vergiss das. Du bist der Vater. Außerdem hast du dich immer großartig um Katja und Thomas gekümmert. Kein Richter wird Gina das alleinige Sorgerecht zusprechen.»

«Jetzt sprichst du schon so, als wäre es aus zwischen Gina und mir!» Klaus sprang auf und stellte sich hinter den Stuhl. Er konnte nicht mehr ruhig sitzen. «Es ist nicht vorbei! Sie ist einfach ausgeflippt. Aber sie wird sich bestimmt besinnen und sich bald bei mir melden. Das ist doch klar.»

Cornelia hatte noch nie verstehen können, dass Klaus so verrückt war nach dieser Gina. Wo die Liebe hinfällt ... Aber vielleicht hatte diese Beziehung gar nicht viel mit Liebe zu tun. Klaus schien in einem Mechanismus gefangen – einem Mechanismus von Anziehung und Abstoßung. Je weniger er von Gina bekam, desto stärker kämpfte er um ihre Anerkennung. Gina hielt ihn ständig unter Strom.

Und er war so sehr damit beschäftigt, ihre Anerkennung zu verdienen, dass er gar keine Zeit zu haben schien, sich seiner

Gefühle für sie bewusst zu werden. Oder zu erkennen, wie sie ihn behandelte.

Cornelia kam eine Comic-Zeichnung in den Sinn, die sie mal in einer Zeitung gesehen hatte: Ein Junge saß auf einem Esel und hatte eine Karotte an einen langen Stecken gebunden. Diese Karotte hielt er dem Esel vor die Nase – und der lief gierig los im sinnlosen Versuch, die Karotte zu erreichen.

Für Cornelia war Klaus der Esel und Gina die Karotte – er konnte sie nie bekommen, so sehr er sich auch abmühte, aber er schien das einfach nicht zu durchschauen.

Cornelia hatte nie einen Hehl daraus gemacht, dass sie Gina nicht besonders mochte. Klaus' Partnerin war ihr einfach zu extravertiert, ein wenig zu laut, zu launisch, zu selbstbezogen. Einerseits imponierte ihr Ginas Art, so ganz aus dem Bauch heraus zu agieren, andererseits stieß sie das aber auch ab. Sicher, in mancher Hinsicht wäre Cornelia gerne wie Gina gewesen: Eine Frau, die sich nichts bieten lässt. Aber Cornelia wußte auch, dass das Leben immer Kompromisse von einem abforderte, wenn man ein einigermaßen beständiges Glück oder wenigstens Zufriedenheit finden wollte. Für einen Kerl wie Klaus was Gina einfach Gift. Sie hätte einen Mann gebraucht, an dem sie ihre Krallen hätte abwetzen können. Klaus war dafür zu weich. Ginas Krallen wurden länger und schärfer, während er versuchte, es ihr recht zu machen.

Außerdem gefiel Cornelia nicht, wie Gina die Kinder behandelte. Gina hatte in Erziehungsfragen eine Art nachlässige Perfektion an den Tag gelegt. Das bedeutete, dass sie Ansprüche an die Kinder stellte, die kaum zu erfüllen waren – wenn sie sich denn mal um die Kinder kümmerte. Cornelia erinnerte sich gut daran, wie die Kinder, als sie kleiner waren, bei einem Weihnachtsessen auf dem Sofa eingeschlafen waren. Und wie Gina sie weckte, damit sie ihre Zähne putzen konnten. Katja und Thomas taten Cornelia damals furchtbar leid, wie sie im Halbschlaf herum gescheucht wurden und versuchten, den Anweisungen der Mutter zu folgen. Klaus stand damals abseits und schwieg. In anderen Situationen konnte Gina ihren Kindern gegenüber völlig gleichgültig sein. Sie ließ sie im Sommer stundenlang in der sengenden Sonne spielen oder setzte sie einfach vor die Glotze um ihre Ruhe zu haben. Nein, eine gute Mutter war Gina nicht. Und auch keine gute Partnerin. Eigentlich überhaupt keine Partnerin.

«Sag mal», platzte es plötzlich aus Cornelia heraus, «ist Gina eigentlich auch schon fremd gegangen?» Cornelia wußte selbst nicht, weshalb sie das in diesem Moment fragte. Mit Sylvie hatte sie derartige Vermutungen schon oft diskutiert. Beide Schwestern waren sich einig, dass Gina sich nichts verbieten lassen wollte – sondern im Gegenteil darauf aus war, Regeln zu brechen und Konventionen zu verletzen. Vielleicht, weil ihr das ein Gefühl von Unabhängigkeit und Aufgeschlossenheit gab.

Klaus reagierte auf diese Frage, wie Cornelia es erwartet hatte: gereizt.

«Was willst du damit sagen?» fuhr er sie an. «Warum verdächtigst du sie? Hast du das Gefühl, sie sei mit mir so unglücklich, dass sie fremd gehen müsse?» Klaus bezog jetzt alles nur noch auf sich selbst.

Sylvie versuchte zu vermitteln: «Das hat doch nicht in erster Linie mit dir zu tun.»

«Womit denn sonst? Wenn Gina mit mir zufrieden wäre, müsste sie ja wohl kaum einen anderen haben.»

«Ja, das kannst du so sehen. Aber vielleicht ist Gina eine Frau, die überhaupt nie zufrieden ist. Die zwar von einem Mann erwartet, dass er sie unbedingt glücklich macht, ihrem Glück aber selbst im Wege steht.»

«Wie meinst du das?»

«Ich denke, sie hat zu hohe Ansprüche. Sie erwartet von den Menschen Dinge, die sie nicht erwarten kann.»

«Du weißt genau, Mutter, ich habe mir mit Gina immer Mühe gegeben.»

«Ja, Klaus, das kann man wirklich sagen. Aber vielleicht spielt es bei Gina gar keine Rolle, wie viel Mühe man sich gibt. Möglicherweise ist das bei ihr wie bei einem Fass ohne Boden, egal was du tust.»

«Okay», sagte Klaus und setzte sich wieder, «ich hab verstanden: Ich hab alles falsch gemacht. Ich habe sie zu gern und muss nun dafür bestraft werden.»

«Jetzt spiele nicht gleich den Beleidigten, Klaus», insistierte seine Mutter, «Wir diskutieren nur, was jetzt das Beste für dich ist. Du siehst ja, wie ernst wir die Sache nehmen. Wir sind beide da für dich.»

«Aber ihr mögt Gina nicht.»

«Ist das ein Wunder? Ich bin deine Mutter und wünsche dir eine Frau, die zu dir hält. Ich glaube nicht, dass Gina dich verdient.»

Klaus sprang wieder auf. «Natürlich verdienen wir einander! Ihr versteht die ganze Sache nicht. Wer ist denn fremd gegangen? Ich! Wie könnt ihr Gina Vorwürfe machen?»

Cornelia lächelte: «Na, den einzigen Vorwurf, den ich dir mache, ist, dass du Gina deine Affäre gestanden hast. Das wäre nicht nötig gewesen. Jetzt hat sie dich emotional wieder im Würgegriff. Dabei hätte doch sie sich erklären müssen. Warum kam sie denn immer so spät nach Hause, Klaus? Du kannst ja nicht wissen, ob sie nicht doch ein Verhältnis mit ihrem Chef hat, diesem Zahnarzt.»

Klaus beruhigte sich. «Na, Cornelia, mach mal 'nen Punkt. Das ist doch lächerlich. Du müsstest den Kerl mal sehen. Ich kann mir schon vorstellen, dass er scharf ist auf sie. Aber dass sie etwas von ihm gewollt hätte? Der Mann ist bald 70!»

«Dann war's halt nicht der Zahnarzt. Soll ich dir mal etwas sagen, Klaus?»

«Klar.»

«Und du wirst nicht wütend?»

«Das weiß ich nicht. Kommt darauf an.»

«Worauf?»

«Ob du mir Anlass gibst, wütend zu werden.»

«Doch, du würdest Anlass haben, glaube mir. Ne, dann sage ich es nicht.»

«Ach, komm, jetzt, wo du schon damit angefangen hast ...»

Sylvie schaltete sich ein: «Cornelia, du meinst ...?»

«Ja, wir haben doch so häufig darüber gesprochen, Sylvie. Jetzt sollten wir das mal mit Klaus zusammen anschauen.»

Klaus gab sich Mühe, gefasst zu erscheinen. Ihn interessierte wirklich, was sich Mutter und Tante ausgedacht hatten.

«Ich verspreche euch, ich werde nicht sauer und höre mir das einfach an. Ehrlich!»

Cornelia räusperte sich und schaute Sylvie fragend an.

«Soll ich? Also gut.» Sie wandte sich an ihren Neffen und fuhr fort: «Klaus, deine Mutter und ich sind uns nicht sicher, ob Katja wirklich deine Tochter ist.»

«Was?» rief Klaus und sprang auf. «Seid ihr verrückt?»

Er hatte mit vielem gerechnet – aber dieser Verdacht war wie ein Hieb in seine Weichteile.

Cornelia wollte Klaus daran erinnern, dass er versprochen hatte, ruhig zu bleiben. Doch jetzt brach es wie aus einem zerborstenen Staudamm aus ihm heraus: Worte, Tränen, Wut.

«Katja soll nicht meine Tochter sein? Was wollt ihr mir noch alles antun? Ich spüre doch genau, wie ihr Gina hasst und euch geradezu herbeiwünscht, dass ich sie verliere. Aber jetzt wollt ihr mir noch meine Tochter wegnehmen! Warum? Warum? Das ist erbärmlich gemein!»

Er riss ein Taschentuch aus der Verpackung und drückte es vor die Augen. Sein Herz klopfte schnell wie ein Presslufthammer – und ebenso laut. Sein Kopf brodelte, so heiß fühlte er sich an. Alles verschwamm vor seinen Augen. Er hatte das Gefühl, Ströme von Wasser würden sich aus ihm ergießen und er müsse jetzt vollkommen austrocknen.

Katja! Sie, die ihm das Wichtigste war auf der Welt. Katja, die ihm die einzige echte Sicherheit von Liebe bot. Die ihn stark machte. Für die er kämpfen konnte, und für die er diese überschäumende Liebe empfand, die ihn sogar jetzt wieder etwas leichter werden ließ, nur schon, weil er an sie dachte.

«Wie kommt ihr nur auf eine so absurde Idee», schluchzte er. «Eine vollkommen blöde Idee!»

Sylvie kauerte sich neben ihn und umarmte ihn. Er legte seinen Kopf an ihre Schulter und heulte. Die Vorstellung, Katja könne nicht seine Tochter sein, haute ihn um. Weinkrämpfe schüttelten ihn. Immer wieder hörte er die Worte seiner Tante: «... nicht sicher, ob Katja wirklich deine Tochter ist!»

Er begann, sich die Konsequenzen auszumalen, wenn sich der Verdacht der Schwestern bestätigen würde: Er würde Katja verlieren. Seine Katja. Seine Tochter! Denn selbst wenn sie tatsächlich einen anderen Vater hätte, Katja würde immer seine Katja bleiben. Und je länger er schluchzte und sich Gedanken über Katja machte, umso stärker spürte Klaus, dass ihn der Verdacht der Frauen nur deshalb so erschüttern konnte, weil er nicht unberechtigt war. Er konnte ihn nicht einfach wegwischen. In diesem Moment wurde Klaus schlagartig bewusst, dass sein ganzes Leben eine große Lüge hätte sein können.

«Ich habe Durst», flüsterte er, ehe ihn wieder Trauer und Selbstmitleid übermannten.

Cornelia erhob sich, holte eine Flasche Mineralwasser aus dem Kühlschrank und stellte sie zusammen mit einem Glas vor ihn hin.

Seine Mutter fuhr ihm über die Haare, gab ihm einen Kuss und flüsterte: «Wir werden alles herausfinden. Wir werden jederzeit für dich da sein, Klaus. Ganz, ganz sicher. Und vielleicht ist ja auch alles anders, als wir glauben. Vielleicht haben wir wirklich ein falsches Bild von Gina.»

«Ich weiß doch auch nicht», wimmerte Klaus, «ihr irrt euch doch nicht einfach so. Vielleicht bin ich einfach blöd. Ein Esel.»

«Komm, trink etwas und putz dir die Nase», sagte seine Mutter liebevoll und hielt ihm ein frisches Taschentuch hin. Er griff danach, schluchzte noch einmal kurz auf, wischte die Tränen weg, schnäuzte sich.

«Wenn Katja nicht meine Tochter ist, bringe ich mich um», flüsterte er. «Ganz sicher.»

Cornelia lachte freundlich. «Ach was, Klaus. Katja wird dich dann erst recht brauchen. Und Thomas ebenso. Nein, nein, zum Sterben hast du noch keine Zeit. Wir alle brauchen dich.»

«Und Gina?» fragte Klaus. Seine Stimme klang wie die eines Kindes.

«Tja, Gina», sagte Cornelia und stand wieder auf. Sie ging hinüber zum Spülbecken und zündete sich eine Zigarette an. «Falls sie dich wirklich hintergangen hat, weißt du wenigstens, woran du bei ihr bist.»

Klaus bekam allmählich wieder einen klareren Kopf. Er war am tiefsten Punkt angekommen. Er hatte sich ausgeheult.

«Wie kommt ihr überhaupt auf den Gedanken, Katja könnte nicht meine Tochter sein?»

Cornelia stippte die Zigarettenasche ins Spülbecken. «Intuition», sagte sie. «Intuition und Indizien. Du hast Gina ja kaum gekannt, da war sie schon schwanger. Und sie hat dir ihren Zustand lange verheimlicht. Das machte uns damals sehr misstrauisch: Die ganze Art, wie sie dich von ihrer Schwangerschaft ausschloss.»

«Vielleicht vertraute sie mir damals einfach nicht!»

«Ja, Klaus, das ist möglich. Wir behaupten ja nicht, Katja sei nicht deine Tochter. Wir sind nur misstrauisch, seit vielen Jahren. Und unser Misstrauen hat sich verstärkt. Die Art, wie Gina Katja behandelt, wenn sie mit ihr allein ist, zum Beispiel. Und dann wieder, wie sie dir ohne großes Drumherum Thomas überlässt. Es ist doch schon seltsam, wie sie immer versucht, die emotionale Bindung zwischen Katja und dir zu unterdrücken, während sie dir bei Thomas überhaupt keine Steine in den Weg legt.»

«Das beweist doch alles nichts», sagte Klaus. Er war schon wieder dabei, Gina zu verteidigen. «Rein gar nichts!»

«Ja, das stimmt», bestätigte Cornelia und nahm einen tiefen Zug aus der Zigarette. «Ich sage ja, es geht um Beobachtungen und Intuition. Wir haben keine Beweise. Aber unser Verdacht ist auch nicht einfach aus der Luft gegriffen.»

«Und was sollte ich Eurer Meinung nach tun, wenn ich herausfinde, dass Katja nicht meine Tochter ist? Soll ich Gina erwürgen?» brummte Klaus sarkastisch.

Sylvie lächelte. «Ach was, du müsstet dir dann eben ein paar Gedanken machen. Gina könnte dir nämlich den Kontakt zu Katja verbieten, wenn du nicht der leibliche Vater wärst. Du müsstest dann vielleicht versuchen, Katja zu adoptieren. Oder so etwas in der Art. Ich verstehe zu wenig von diesen Dingen. Aber eines sag ich dir: Es wäre besser, du wüsstest, woran du bist. Dann kannst du auf alles, was von Gina kommt, reagieren.»

Klaus spürte, dass es ihn verletzte, mit welcher Selbstverständlichkeit seine Mutter und Cornelia davon ausgingen, dass Katja nicht seine Tochter sei.

«Und Thomas?» fragte er.

Cornelias Stirn verdunkelte sich. «Ja, Thomas. Wenn Katja nicht deine Tochter ist, kommst du wohl nicht darum herum, die Vaterschaft auch bei Thomas überprüfen zu lassen.»

Klaus nahm die Flasche Mineralwasser, die noch immer vor ihm stand, und füllte das Glas.

Er war erledigt. Richtig erledigt.

Klaus wußte, seine Mutter und Cornelia hatten Recht: Er musste herausfinden, ob er wirklich der Vater von Katja und Thomas war. Doch er wußte auch, dass er Gina selbst das hätte verzeihen können: Wenn sie ihn jahrelang an der Nase herumgeführt hätte. Was brauchte es eigentlich, damit er sich von dieser Frau lösen konnte?

⋆ ⋆ ⋆

Lara saß im sonnendurchfluteten Café und blickte durch die großen Fenster. Es war ein schöner Wintermorgen voll glitzerndem Schnee und sauberer Kälte. Lara liebte solche Vormittage. Sie konnte sich nie entscheiden, welche Jahreszeit ihr am besten gefiel – vermutlich fand sie es einfach schön, dass es verschiedene Jahreszeiten gab, und konnte jeder etwas abgewinnen.

Von ihrem Fensterplatz aus sah Lara, wie Gina mit kleinen Schritten über die Straße eilte und aufs Café zulief. Wie immer hatte sich Gina leicht verspätet, aber das störte Lara kaum. Sie hatte sich längst daran gewöhnt, dass ihre Freundin unzuverlässig, unpünktlich, aufbrausend und ungerecht war. So lange sie sich nur alle paar Tage zum Kaffee trafen, nahm Lara die negativen Eigenschaften Ginas gerne in Kauf; deren Lebhaftigkeit und die vielen Geschichten, die Gina immer zu erzählen hatte, entschädigten für manches.

Schon oft hatte sich Lara gefragt, wie Gina ihr anstrengendes Leben voller Hochs und Tiefs überhaupt meistern konnte. Die Frau steckte immer wieder mitten im Chaos und kam meistens doch recht unbeschadet wieder heraus.

Ein leibhaftiger Phönix, fand Lara.

Jetzt stand Gina vor ihr. Groß und schön. Die Reife bekam ihr, fand Lara. Gina hatte das Puppenhafte ihrer Jugend abgelegt und attraktive Züge von Lebenserfahrung angenommen. Sie war die schönste Freundin, die Lara neben sich ertragen konnte. Und ertragen konnte sie sie nur, weil sie sie nicht beneidete. Mit Gina wollte Lara trotz allem nicht tauschen.

«Tut mir leid, dass ich zu spät bin», entschuldigte sich Gina. Die Entschuldigung gehörte seit Jahren zum Begrüßungsritual.

«Willst du beim Fenster sitzen?»

«Egal», sagte Gina und ließ sich auf den nächsten Stuhl fallen. «Puh! Ich sag dir, die letzten Tage ...»

«Wegen Klaus?»

«Der ist einfach ein Arsch. Ein Riesenarsch. Echt, ich hätte nie gedacht, dass er so weit gehen würde. Er will mich fertig machen. Dabei gibt es doch keine Garantien in der Liebe, oder? Er hat kein Recht, sich so aufzuführen, nur weil ich nicht mehr mit ihm zusammen sein will.»

Lara nickte.

«Es ist doch mein gutes Recht, ihn nicht mehr zu lieben», fuhr Gina fort und warf ihre Haare zurück. «Wie gesagt, bei Gefühlen kann es keine keine Garantien geben, das muss jeder akzeptieren. Auch Klaus.»

Eine junge Kellnerin erschien. Gina bestellte einen Espresso und zog einen Umschlag aus der Handtasche.

«Jetzt sieh dir das an: Ein Laborbericht. Der spinnt doch! Hat mich überhaupt nicht gefragt, ob er so etwas tun darf. Hat wie immer über meinen Kopf hinweg entschieden, mich ignoriert.

Der meint sicher wieder einmal, er tue etwas Gutes. Das hatte er schon immer an sich. Der hat mich völlig erdrückt mit seinem Besserwissertum. So ein Gutmensch, ich sage dir, den erträgt man nicht. Klaus weiß immer, was sich gehört, damit macht er mich so klein. So klein!»

Gina hielt den Umschlag wie eine Keule in der Hand, als würde sie damit Klaus erschlagen wollen. Es war offensichtlich, dass sie sich emotional noch längst nicht von ihm gelöst hatte.

«Was für ein Laborbericht?» fragte Lara und wies auf den Umschlag. «Davon hast du mir am Montag nichts erzählt.»

«Da wusste ich ja noch gar nichts davon.»

«Sag bloß, das ist ein Vaterschaftstest!» Lara hatte einen Instinkt für solche Situationen. Außerdem war sie seit Jahren überzeugt gewesen, die Sache mit Katja müsse eines Tages auffliegen. Und wenn nicht jetzt, nachdem sich Gina von Klaus getrennt hatte und alle Emotionen hoch gingen, wann dann?

«Bingo!» sagte Gina und verzog ihren schönen Mund zu einer Art bitterem Lächeln. «Du hast ja immer gesagt, damit müsste ich rechnen.»

«Schon. Aber du hast immer behauptet, es sei für ihn nie ein Thema gewesen, dass er ihr Vater ...»

«Ich bin sicher, da steckt seine Mutter dahinter», fiel ihr Gina ins Wort. «Die konnte mich nie ausstehen. Die ist genau so gluckenhaft wie er. Ein tolles Gespann, sag ich dir. Ja, ich bin sicher, auf die Idee mit dem Test ist er nicht selber gekommen.»

«Und jetzt? Oder sag mir zuerst: Wie hat er reagiert?»

«Keine Ahnung, ich habe ihn ja nicht mehr gesehen, seit ich ausgezogen bin. Aber er hat mir in den letzten Tagen wieder etwa 30 Mails geschickt. Ich glaube, er ist total am Boden.»

«Kein Wunder.»

«Warum meinst du?»

«Also, komm, Gina, das ist doch wirklich keine Frage. Er hat immerhin ein Kind verloren, auf gewisse Weise ...»

«Er soll froh sein, dass er so lange ein Kind haben durfte, das gar nicht seines war.»

«Tu nicht so hart, Gina. Das musst du einfach verstehen, dass ihn das umgehauen hat.»

«Klar, ich versteh's ja auch. Ich war mir halt ziemlich sicher, dass diese Sache abgeschlossen ist. Du weißt, eigentlich hatte ich ihm alles sagen wollen, am Anfang. Ich hatte die ganze Zeit Andeutungen gemacht, aber er ging nie darauf ein. Irgendwann dachte ich, wenn er es partout nicht wissen will, dann brauche ich auch nicht konkreter zu werden. Verstehst du?»

«Klar, wenn er Tomaten auf den Augen hat ... Aber er war ein guter Vater.»

«Eben. Ich habe sicher auch Katja zuliebe geschwiegen. Mir hat es wirklich gefallen, wie er mit ihr umging.»

«Und wie oft er sich um sie kümmerte.»

«Ja, aber das war nicht alles – ich fand nicht nur gut, dass er mich entlastete. Ehrlich, mir war wichtig, dass Katja einen Vater hat, der sich um sie kümmert. Es spielt doch keine Rolle, von wem ihre Gene sind, oder?

Lara zog die Schultern kurz hoch. Gina fuhr fort:

«Aber jetzt kann ich so nicht mehr weitermachen – nicht einmal Katja zuliebe. Sie ist ja auch aus dem Gröbsten heraus. Sie braucht Klaus nicht mehr so, wie sie ihn gebraucht hat.»

«Ja, wie steht es denn mit ihr? Hast du ihr jetzt alles gesagt?»

«Dass Klaus nicht ihr Vater ist?»

«Ja.»

«Nein, Lara, das kann ich doch nicht einfach so tun. Ich weiß wirklich nicht, wie ich das machen soll. Im Moment geht es Katja überhaupt nicht gut. Sie versteht nicht, warum Klaus und ich nicht mehr zusammen sind, und sie will ständig zu ihm. Jetzt noch die Wahrheit zu erfahren – das wäre zu viel für sie ...»

Gina hielt kurz inne, ein Gedanke schoss ihr durch den Kopf: «Oder meinst du, es wäre leichter für sie mit der Trennung umzugehen, wenn sie wüsste, dass Klaus gar nicht ihr Vater ist?»

«Nein, das glaube ich nicht», sagte Lara. Die Kellnerin brachte den Espresso. Gina bestellte gleich noch ein Mineralwasser. Das war auch eine ihrer Eigenheiten, dieses ewige Nachbestellen.

«Im Moment wäre Katja mit dieser Nachricht wahrscheinlich überfordert», fuhr Lara fort. «Aber klar, irgendwann wirst du ihr die Wahrheit sagen müssen. Es wäre sicher gut, du könntest dich darüber mit Klaus absprechen ... und du musst damit rechnen, dass Katja einmal wissen will, wer ihr richtiger Vater ist.»

Gina lächelte gequält: «Ja, so wird es sein. Und dann beginnt das Chaos erst richtig. Ihr Vater weiß ja nicht einmal, dass er Vater ist. Und ich habe nicht einmal eine Ahnung, ob er überhaupt noch lebt.»

«Dann tippen wir eben 'mal den Namen seiner Band bei Google ein und suchen ihn.»

«Ach, die Band gibt es längst nicht mehr. Und unter 'Rocksänger Joe' finde ich kaum den richtigen Eintrag. Nein, du, ich glaube nicht, dass es leicht sein wird, ihn zu finden. Und ich habe immer noch keine Lust, ihn zu finden. Das ist doch ein vollkommen fremder Mann aus einer anderen Zeit. Ich habe ein einziges Mal mit ihm geschlafen, sonst verbindet uns nichts.»

«Katja?»

«Nein, auch nicht. Wenn schon, verbindet mich Katja mit Klaus. Wenn schon!»

«Was sagt eigentlich Danilo zu dieser Sache?»

Lara wußte, dass Gina es nicht besonders mochte, wenn sie das Gespräch auf deren neuen Liebhaber brachte. Denn noch war Danilo ein gut gehütetes Geheimnis – Gina wollte erst die Trennung von Klaus sauber hinter sich bringen. Aber Lara hatte das Bedürfnis, mehr über den neuen Mann im Leben ihrer Freundin zu erfahren, von dem sie bisher eigentlich nur wusste, dass er gut zuhören konnte und ein leidenschaftlicher Liebhaber ist.

«Danilo? Der steht voll hinter mir. Ich habe ihm allerdings nicht erzählt, dass Katja nicht von Klaus ist.»

«Du hast wirklich Nerven, Gina. Dabei wäre jetzt die beste Zeit dafür, alles in die richtigen Bahnen zu lenken. Nachher

musst du bloß wieder erklären, warum du ihm nicht von Anfang an die Wahrheit gesagt hast. Jetzt spielt es für ihn doch
keine Rolle, von wem deine Kinder sind.»

«Schon, aber ich will nicht, dass er mehr über Katja weiß,
als Katja selbst. Ich bin mir ja nicht einmal sicher, ob es mit
ihm für mich eine Zukunft gibt.»

Lara musste zugeben, das war ein gutes Argument. Deshalb
wechselte sie wieder das Thema.

«Was will denn Klaus? Was hat er dir geschrieben?»

«Er will immer noch, dass es zwischen uns weiter geht. Und
dass wir weiterhin so tun, als wäre Katja seine Tochter. Er hat
vorgeschlagen, sie zu adoptieren und so wenigstens rechtlich
ihr Vater zu werden.»

«Und?»

«Lara, ich will einfach nicht mehr mit ihm zusammen sein.
Das kommt für mich nicht in Frage. Weißt du, ich bin da vermutlich einfach weiter als er. Schließlich habe ich den Gedanken, ihn zu verlassen, schon jahrelang mit mir herumgetragen.
Wie oft haben wir darüber gesprochen!»

Ja, dachte Lara, das war tatsächlich unser ständiges Thema
gewesen. Und Männer würden wohl auch ihr Thema bleiben.

Gina rührte im Kaffee und sah einen kurzen Moment lang
todtraurig aus. «Ich weiß, es wird sicher eine Weile dauern, bis
Klaus unsere Trennung akzeptiert.»

«Von Danilo ahnt er überhaupt nichts?»

«Nein, er glaubt immer noch, ich hätte ihn wegen seiner
Affäre verlassen.»

«Gina, das ist wirklich hart, dass du ihn in diesem Glauben
lässt.»

«Ich weiß», sagte Gina. Zwischen ihren Augen bildeten sich
feine Falten. «Irgendwie tut mir das echt leid. Aber ich muss
jetzt an mich denken, verstehst du? Ich kann nicht ständig
Rücksicht auf ihn nehmen. Es geht zum Beispiel auch um Thomas. Ich will einfach einen möglichst großen Spielraum haben,
wenn es um die Planung meiner Zukunft geht. Deshalb ist es
besser, Klaus bleibt im Glauben, ich hätte ihn wegen seiner

Affäre verlassen. Dann verhält er sich bestimmt großzügiger. Ich kenne ihn.»

Lara schüttelte den Kopf. «Also das ist schon ziemlich berechnend von dir, Gina. Echt.»

«Ja», gab Gina unumwunden zu, «das ist es. Aber ich bin nun einmal in einer besonderen Situation, verstehst du? Ich habe jahrelang versucht, mit Klaus zu reden, aber es ging einfach nie. Ich habe ihm wirklich viele Chancen gegeben, aber er kam nie aus dem Busch heraus. Das sind doch keine Gespräche, wenn der andere so tut, als würde er alles verstehen und deshalb nicht einmal richtig zuhört – da kann man gleich mit einer Wand reden. Am Ende fühlte ich mich einfach nur noch einsam, verstehst du?»

«Ja, irgendwie kann ich mir das alles gut vorstellen. Klaus ist kein einfacher Typ.»

«Eben. Und jetzt will ich mir alle Optionen offen halten. Aber, dass er diesen Test hat machen lassen, das kann ich einfach nicht fassen. Das passt überhaupt nicht zu ihm. Aber gut, er hat es getan, über meinen Kopf hinweg. Ich kann jetzt deshalb auch kein Theater machen. Das Ergebnis stimmt.»

«Aber was wirst du jetzt tun? Als nächstes?»

Gina nahm einen Schluck aus der Espresso-Tasse und schaute lange aus dem Fenster. Draußen war es merklich düster geworden. Der Wetterbericht hatte ja auch Schneefall angekündigt. Auf der Straße gingen die Leute geduckt auf und ab. Die einen zur Arbeit, die anderen nach Hause oder zum Einkaufen. Alle Welt schien beschäftigt.

«Ich will das Beste aus der Situation herausholen», sagte Gina leise, aber bestimmt. «Für mich. Für Katja und Thomas.»

★ ★ ★

Das Beste herausholen – das bedeutete in diesem Fall für Gina vor allem, eine finanzielle Schieflage zu verhindern. Als Zahnarztgehilfin mit 50-Prozent-Pensum sah sie keine Möglichkeit, eine dreiköpfige Familie zu ernähren. Und von ihrem neuen

Partner Danilo wollte sie sich nicht unterstützen lassen, nicht abhängig werden. Schließlich hatte sie Klaus ja auch verlassen, weil sie sich von ihm so eingeengt gefühlt hatte. Weil sie wieder die Freiheit suchte, die ihr einst gehört hatte. Nur ihr allein.

Es war nicht leicht, das Beste zu bekommen. Viel Geld hatte Klaus ja auch nicht. Er arbeitete schließlich ebenfalls nur Teilzeit. Bislang hatten sein und ihr Gehalt gerade gereicht, um über die Runden zu kommen. Jetzt mussten damit zwei Wohnungen finanziert werden, zwei Stromrechnungen, zwei Haushaltskassen.

Es wurde eng.

Für Klaus war klar, dass er weiterhin für Thomas' und Katja aufkommen wollte. Er hatte auf Drängen seiner Mutter und Cornelia auch testen lassen, ob er Thomas' Vater sei – und wurde in diesem Falle nicht enttäuscht: Thomas blieb sein Sohn und deshalb blieb Klaus mit Gina auf immer verbunden. Ob er das wollte oder nicht.

Und auch mit Katja.

Nachdem beide, Klaus und Gina, ihre Wunden ein wenig geleckt hatten, trafen sie sich in einem Café in der Innenstadt, um ihre Zukunft – keine gemeinsame, aber eine voller Gemeinsamkeiten – zu besprechen. Gina bestand darauf, Klaus auf neutralem Boden zu treffen und nicht in seiner Wohnung, die früher die gemeinsame gewesen war.

Weil Klaus in unzähligen Briefen voller Emotionen immer wieder insistiert hatte, Gina solle doch zu ihm zurückkehren, hatte sie ihm schließlich doch von Danilo erzählen müssen. Seither war Klaus klar, dass sein Wunsch nicht in Erfüllung gehen konnte. Zumindest nicht im Moment.

Doch er hoffte insgeheim, Gina würde zu ihm zurückkehren, wenn sie Danilo überdrüssig geworden sei und er sich als guter Partner erwiesen habe. Deshalb gab sich Klaus alle Mühe, Gina eine faire Lösung anzubieten. Als hätte das ihre Meinung über ihn irgendwie beeinflussen können. Im Gegenteil: Für Gina war alles wie immer. Sie forderte, und er bemühte sich, ihren Forderungen nachzukommen. Es machte sie wütend, dass er sie unausgesprochen dazu zwang, für beide die Verantwortung zu übernehmen. Nicht nur für sich selbst, sondern für alle und damit auch für ihn zu kämpfen. Sie wollte ihn ja nicht zerstören, sondern nur das Beste für sich herausholen.

Doch das, was Klaus ihr zunächst anbot, war für sie nicht das Beste: «Ich schlage vor, wir teilen uns weiterhin die Betreuung der Kinder. Ich werde aber mehr arbeiten müssen. Meine Mutter wird sich dann noch mehr um Thomas und Katja kümmern.»

Gina schüttelte den Kopf. «Nein, Klaus. Katja ist meine Tochter und nicht deine. Das ist die neue Realität, die wir akzeptieren müssen. Ich möchte nicht, dass sie so viel Zeit bei dir verbringt. Sie ist über das Alter hinaus, in dem sie ständig einen Vater um sich braucht. Sie hat ihre Freundinnen, mit denen sie viel unternimmt. Ich will nicht, dass so viel Unruhe in ihr Leben kommt. Ihr könnt euch sehen, klar. Ich will ja nicht, dass sie nach so langer Zeit einfach ohne dich auskommen muss. Aber sie ist meine Tochter, nicht deine.»

«Das hast du schon gesagt.»

«Tut mir leid, aber seit es raus ist, bin ich froh, dass ich es sagen kann.»

«Warum, Gina, warum hast du mir die Wahrheit so lange verheimlicht?»

Gina antwortete schnell und hart: «Das ist jetzt kein Thema, Klaus. Wir wollen hier nicht über solche Dinge sprechen, sonst kommen wir nicht weiter. Ich will nur, dass du weißt: Thomas ist wirklich dein Sohn und ich bin dir dankbar dafür, dass du Katja wie deine Tochter behandelt hast.»

Klaus konnte noch immer nicht recht glauben, was er wieder und wieder hören musste: dass Katja nicht seine Tochter war. Er sah das Kind vor sich, wie es zur Welt kam, aufwuchs, in seinen Armen schlief, wie er es wickelte und ihm das Gehen beibrachte. Er spürte: Eines Tage würde er daran zerbrechen, dass er Katja verloren hatte. Im Moment erschien ihm aber alles nur wie ein einziger grauenhafter Traum. Klaus war meilenweit davon entfernt, die Dinge so zu nehmen, wie sie waren. Er hörte die Stimmen um ihn herum manchmal nur noch von weit her: die seiner Mutter, die von Cornelia oder auch jetzt die von Gina.

Klaus schien nicht mehr von dieser Welt.

«Gut», sagte er, «welche Besuchsregelung schlägst du vor?»

«Ich habe da etwas vorbereitet», sagte Gina, zog ein Stück Papier aus ihrer Handtasche und legte es vor Klaus auf den Tisch. Klaus überflog die Aufstellung, kaum fähig, sich zu merken, was er las. Er sagte nur «Hmm, hmm» und schob das Papier wieder über den Tisch.

«Was heißt das?» fragte Gina. «Was heißt hmm, hmm?»

«Ich weiß es auch nicht. Es ist alles so schwer. Ich weiß nicht, wie das alles gehen soll. Gibt es nicht doch eine Möglichkeit, dass alles wieder ganz gut wird?»

Gina brauste auf: «Klaus, verdammt noch mal, du weißt doch, wie es um uns steht. Ich bin nicht bereit, hier andauernd über die gleichen Dinge zu reden, nur weil du nicht fähig bist, mir wirklich zuzuhören. Wir sind doch hier, um eine Lösung zu suchen, oder?»

Klaus spürte, wie sich ihm im Hals alles zusammen zog. Er nickte. Nur keine Tränen jetzt.

«Ich will Katja wieder sehen», flüsterte er. «Ich habe dich verloren, ich will jetzt nicht auch noch Katja verlieren.»

Eine Zeit lang blieb Gina ganz ruhig. Sie spürte: Dieses Gespräch hatte sie sich zu einfach vorgestellt. Klaus war noch nicht bereit.

«Du wirst Katja wieder sehen», sagte sie jetzt mit deutlich weicherer Stimme. «Ganz sicher. Sie vermisst dich ja auch. Aber sie wird bei mir leben, Klaus. Du hast ja noch Thomas. Ich bitte dich einfach, das zu akzeptieren und mir daraus keinen Strick zu drehen.»

«Wie meinst du das?»

«Mich nicht zu benachteiligen. Finanziell. Ich werde mich hauptsächlich um Thomas kümmern, weil ich es nicht gut finde, wenn er bei seiner Großmutter aufwächst. Du bist doch sicher auch der Meinung, dass ein kleiner Junge zu seinen

Eltern gehört, und wenn du so viel arbeitest, dann hat es doch keinen Sinn, dass du ihn so oft bei dir hast.»

Klaus starrte auf den Tisch. Ihm wurde alles gleichgültig. Er überlegte sich kurz, ob es nicht das Klügste wäre, alle nie wieder zu sehen: Katja, Thomas, Gina. Zu sterben. Oder einfach die Verbindung zu kappen zu dem, was einst seine Familie gewesen war.

«Gut», sagte er fast trotzig, «aber darf ich Thomas am Wochenende haben?»

«Sicher. Ich bringe ihn am Samstagmorgen zu dir, du bringst ihn mir am Montagmorgen zurück. Das wäre doch eine gute Lösung, oder? Du hättest ihn an zwei freien Tagen, ich während fünf Arbeitstagen. Es gäbe viel Konstanz in Thomas' Leben. Er hätte zu beiden ausreichend Kontakt und dennoch genug Ruhe. Die Lösung finde ich gut.»

«Und Katja?»

«Wenn sie nichts anderes geplant hat und damit einverstanden ist, kann sie Thomas meinetwegen jedes zweite Wochenende begleiten. Sie ist jetzt 13. Sie muss jetzt auch Zeit für sich haben.»

Es hatte schon Tage gegeben, an denen Klaus ohne seine Tochter hatte auskommen müssen. Wenn er auswärts auf Weiterbildung gewesen war, oder Katja Ferien bei den Großeltern verbracht hatte. Er hatte das alles überstanden. Aber wie sollte er das hier überstehen? Es schien ihm, seine Katja sei gestorben. Weg, für immer.

Manchmal würde er Besuch bekommen von einem Mädchen, das Katja hieß und wie seine Katja aussah. Aber seine Katja, die war bei den Engeln. War selber ein Engel geworden. Engel Katja.

«Gut», sagte er. «Gut. Mir ist schlecht, Gina.»

Gina verdrehte die Augen. «Das passt ja wieder mal. Ich weiß kaum, wie ich das Essen bezahlen soll, und dir wird es schlecht, wenn wir übers Geld reden.»

«Mir ist wirklich schlecht, Gina. Ich brauche frische Luft.»

«Erst, wenn wir das hier zu Ende geführt haben.»

«Bitte, Gina.»

«Hör auf, so weinerlich zu tun.»

«Lass uns ein andermal weiter machen.»

«Hör mal, Klaus, ich habe gehofft, wir könnten alles allein regeln. Aber du zwingst mich, einen Anwalt zu nehmen. Ins Frauenbüro zu gehen und mir Hilfe zu holen. Willst du das?»

«Was?»

«Dass wir alles über Anwälte regeln. Ich will das nicht.»

«Hmm.»

«Was hmm?»

«Ich möchte raus hier. Ich kann nicht mehr. Bitte, Gina, versteh' doch.»

★ ★ ★

Es dauerte lange, bis Gina verstand. Und es dauerte noch viel länger, bis Klaus verstand. Und als beide verstanden hatten, war es nicht zu spät für alles, aber für vieles. Katja hatte kaum mehr Zeit, Klaus zu besuchen. Sie war 15, voller Träume. Und ohne Vater. Sie hatte bis heute nicht einmal wissen wollen, wer ihr wirklicher Vater war. Katja lebte zwar mit Gina zusammen, doch mit ihrer Mutter sprach sie kaum.

Das fiel Gina allerdings nicht besonders auf. Sie war einfach froh darüber, keine Fragen gestellt zu bekommen, die sie nicht hätte beantworten wollen.

Für Klaus war Katja jetzt kein Engel mehr, sondern nur noch Katja. Schließlich schob sich die Gegenwart auch für ihn wieder über die Vergangenheit – denn er verliebte sich in eine viel jüngere Krankenschwester. Klaus heiratete und wurde noch einmal Vater. Obwohl er wusste, dass er seiner Frau vertrauen konnte, ließ er die Vaterschaft auch diesmal abklären; heimlich.

Er konnte einfach nicht anders.

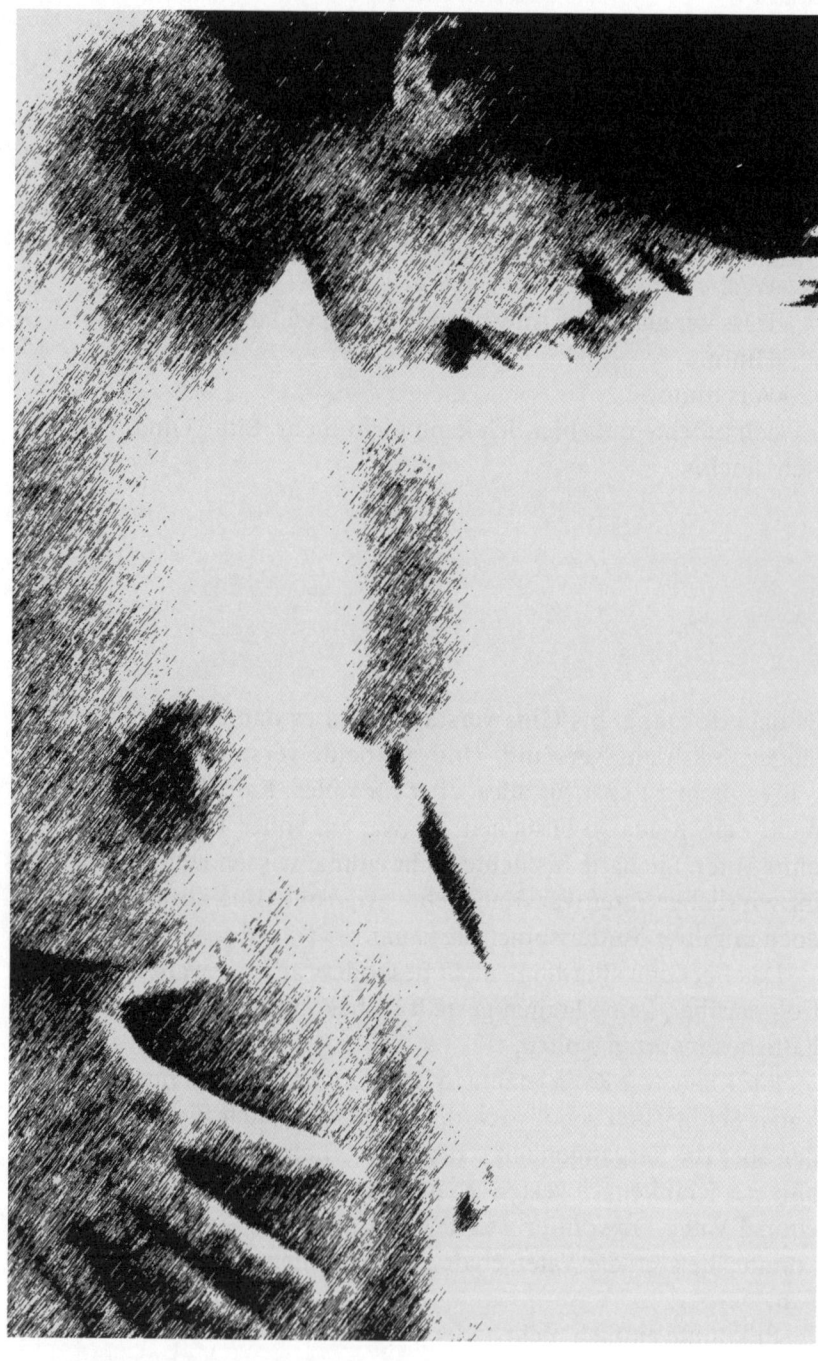

*Montag, 17. November:*
Fast drei Wochen sind seit dem letzten Eintrag vergangen. Es ist kein Wunder, dass ich nicht mehr zum Schreiben kam: Es war so viel los, in der Firma und überhaupt. Antoinette hat heute die neue Kollektion vorgestellt. Ich finde sie ziemlich bescheiden, muss ich sagen; wenn wir so weiter machen, bleibt nicht mehr viel von unserem Stil übrig. Schwerzmann hat natürlich alles toll gefunden, wie immer. Es ist schon fast lächerlich, wie er sich ständig um Antoinette bemüht und überhaupt nicht merkt, wie sie ihm auf der Nase herum tanzt.

Ja, Männer ... Mit Hannes ist es endgültig vorbei. Bevor es richtig begonnen hat. Ich bin froh darüber. Es ist überhaupt keine Trauer in mir drin. Sexuell hat er mich schon sehr angezogen, das muss ich sagen. Aber darüber hinaus gibt es einfach zu wenig, das uns verbindet. Ein Leben mit ihm wäre jedenfalls unmöglich. Irgendwie ist er mir zu chaotisch. Ich bin selber chaotisch genug und brauche keinen, der noch mehr Unordnung in mein Leben bringt. Im Gegenteil. Außerdem hatte ich nie das Gefühl, Hannes sei einer, der zuhören könne und zu einem halte, wenn's schwierig wird. Da war einfach zu wenig Vertrauen.

Eigentlich hätte ich ihm schon vor ein paar Wochen sagen können – und sagen müssen –, dass es keinen Sinn mit uns hat. Aber jedes Mal, wenn wir uns getroffen haben, bin ich in einen Gefühlsstrudel geraten. Ich wollte es einfach nicht wahrhaben, dass es nicht funktionieren kann mit ihm. Sicher empfand ich auch so etwas wie Mitleid für ihn. Oder ich hatte zumindest Angst davor, ihm die Wahrheit zu sagen, und interpretiere das jetzt als Mitleid. Und dann hat es mir ja schon sehr gefallen, mit ihm zu schlafen. Mir war es jedes Mal, als könne er bei mir einfach einen Schalter umlegen. Und dann hat es nichts mehr gegeben, was ich nicht mit ihm getan hätte, wenn er es von mir verlangt hätte.

Ist das nicht doch auch Vertrauen?

Jedenfalls haben wir noch sehr oft miteinander geschlafen in den letzten Wochen. Meistens bei ihm. Ich wollte ihn nicht mehr hier bei mir haben. Gestern brachte ich es endlich raus, sagte ihm, ich fände es besser, wir sähen uns im Moment überhaupt nicht mehr. Das klingt nach Floskel, ich weiß, und er hat mir auch vorgeworfen, mich banal zu verhalten. Aber es ist wirklich so, ich möchte seine Gegenwart im Moment meiden. Ich will es so und muss das so wollen.

Jetzt stresst mich vor allem noch eines: Ich habe zu oft zugelassen, dass Hannes in mir kommt. Ich habe mich immer wieder total vergessen, wenn ich mit ihm zusammen war. Aus Distanz betrachtet war das total verantwortungslos. Ich weiß ja gar nicht, mit wem er sonst noch alles geschlafen hat in den letzten Monaten. Ich bin wirklich blöd. Und ich will nicht sterben.

Oder doch?

Irgend etwas treibt mich ja zu diesem riskanten Verhalten. Ist es mir langweilig im Leben – und ich weiß nichts davon? Ich habe doch auch sonst keinen Hang zur Lotterie. Antoinette sagt immer, ich würde wohl am liebsten auch noch das Wetter planen. Warum muss ich sexuell dann immer wieder an Grenzen gehen? Wem will ich etwas beweisen? Was will ich damit erreichen? Ich weiß ja, die Männer haben nicht weniger Lust auf mich, wenn ich ein Kondom auspacke. Wenn wir schon so weit gekommen sind, spielt das keine Rolle mehr ... Also mit Angst vor Liebesentzug kann das nichts zu tun haben.

Na ja, in den nächsten Wochen wird es mir wohl leichter fallen, mich etwas vernünftiger zu verhalten. Schließlich habe ich gleich doppelt Grund, auf einen Gummi zu bestehen. Frau Dr. Siegwart hat gemeint, meine Schlafprobleme könnten mit der Pille zusammenhängen und ich solle sie mal für zwei, drei

Wochen absetzen, um das zu klären. Also, Linda: keinen mehr ohne Kondome an dich heranlassen! Die nächsten Wochen schon gar nicht. Und nachher auch nicht.

### Freitag, 21. November:

Miese Tage. Antoinette will dieses Jahr Catherine nach Südafrika zum Fotoshooting schicken. Sie fand, Catherine müsse auch einmal Erfahrungen sammeln. Dabei ist sie erst seit vier Monaten als Layouterin bei uns. Die soll zuerst einmal lernen, eine gute Geschichte zu gestalten. Wie die nur schon mit Schriften umgeht! Ich verstehe wirklich nicht, wie Antoinette auf die Idee kommt, Catherine könnte mich mal entlasten. Im Gegenteil – bis jetzt habe ich einfach viel Arbeit mit ihr. Gut, Catherine ist nett und tut wirklich alles, um mir zu gefallen, aber schließlich geht's um den Job und nicht um irgendwelche Mädchenfreundschaften. Manchmal habe ich den Eindruck, für Antoinette ist das Arbeitsklima wichtiger als die Leistung.

Ich will einfach nach Südafrika! Der Job dort unten ist für mich jedes Mal das Highlight des Jahres, das Schönste am Beruf. Außerdem wäre Catherine allein todsicher überfordert. Ich muss unbedingt noch einmal mit Antoinette reden; sie kann ja Catherine für ein paar Tage nachschicken, damit die etwas lernt. Aber der gleich die ganze Verantwortung zu übertragen? Also bitte!

Ich habe noch immer Probleme mit dem Einschlafen. Gestern bin ich bis zwei wach gelegen. Ich glaube nicht, dass die Pille schuld daran ist. Ich war halt schon sehr unter Druck in den letzten Wochen und Monaten ... Hannes, vorher die kurze Geschichte mit Mahmud. Und der Job, das ständige Gefasel von Krise und Sparen überall. Tja, und schließlich noch die ewigen Diskussionen mit Mutter ... Ich muss unbedingt ein bisschen herunter kommen. Aber erst, wenn ich von Südafrika zurück bin – falls ich überhaupt gehen kann. Au weia – dann stehen ja noch Weihnachten und Silvester an. Und ich sollte dringend wieder mal heim! Also wieder nichts mit Ausspannen in diesem Jahr.

Dienstag, 25. November:

Es hat geklappt! Ich habe den Job. Wahrscheinlich war es Antoinette selber ein bisschen mulmig geworden mit Catherine. Es brauchte gar nicht viel Überzeugungsarbeit, damit sie mich schickt. Antoinette weiß genau, was sie an mir hat. Ich meine, vermutlich braucht sie mich mehr als ich sie, was sie aber nie zugeben würde – das Shooting ist so teuer, Antoinette kann sich jetzt wirklich keinen Leerlauf leisten. Nicht einmal bei einem Chef, der so auf sie steht, wie Schwerzmann es tut.

Wahrscheinlich wird Catherine am Donnerstag zu uns stoßen. Genauso, wie ich es mir gewünscht habe. Es ist gut, dass ich ab dann nicht mehr allein bin. Catherine kann ja die Detailaufnahmen überwachen. Wenn wir wieder derart in Rückstand geraten wie letztes Jahr, kann ich wirklich jede Hilfe brauchen.

Aber noch mehr freut mich, dass Brad dieses Jahr auch wieder dabei ist. Ich habe ihn schon fast zwei Jahre nicht mehr gesehen, seit er als Stylist in Marokko dabei war. Er sei noch immer ziemlich schwul, hat Antoinette nach dem Telefonat mit ihm behauptet. Wenn die wüsste: Ich glaube, ich werde in 100 Jahren nicht vergessen, wie es sich mit Brad anfühlte. Mit ihm war damals alles wie in einem Traum. Wie wir da im warmen Sand lagen, das Glitzern des Mondes im Wasser. Fehlte nur noch Musik. Aber die hat es eigentlich gar nicht gebraucht. Nichts hat gefehlt. Ich bekomme augenblicklich wieder Lust auf Brad, wenn ich an diesen Abend denke. Also wenn der schwul ist, dann muss ich mich öfters auf Schwule einlassen. Das war alles so tief damals, irgendwie so vollkommen. Komisch – ausgerechnet bei Brad fühlte ich mich ganz als Frau. Vielleicht hängt das damit zusammen, dass er meistens mit Männern schläft und eine Frau für ihn etwas Besonderes bleibt. Wenn ich nur daran denke, wie er mich massierte... Er ging ganz dabei auf. Der und schwul!

Montag, 8. Dezember:

Endlich im Hotel. Todmüde. Ich bin mit fast zwei Stunden Verspätung angekommen und habe mich darum nicht mit den

anderen zum Nachtessen treffen können. Später war ich noch
kurz in der Hotelbar. Alle sind da gewesen. Brad auch. Er hat
seinen neuen Lover dabei, einen Frisör, Steve. Der sieht ziemlich gut aus. Ein bisschen wie Alec Baldwin. Oder meine ich
William Baldwin? Na, egal. Ich bin schon etwas enttäuscht,
dass Brad nicht allein da ist. Und er scheint sehr an Steve zu
hängen. Aber Brad hat sich offenbar auch gefreut, mich zu
sehen. Jedenfalls hat er mich ganz fest umarmt. Und dabei hat
er sein Becken an mich gedrückt, so, als wäre das ganz selbstverständlich. Manchmal habe ich den Eindruck, der Mann
denkt wirklich nur an Sex. Sein ganzes Leben besteht offenbar
nur aus der Frage, mit wem er es als nächstes machen könne.
Bei anderen stößt mich diese Einstellung ab, bei Brad fasziniert
sie mich irgendwie. Doch jetzt muss ich endlich schlafen. Morgen geht's schon bei Sonnenaufgang um 6 Uhr los.

Donnerstag, 11. Dezember:
Ich bin blöd. Dumm! Dumm! Echt, ich bin einfach beschis-
sen dumm. Aber jetzt will ich zuerst einmal alles ordnen, festhalten, was passiert ist. Vielleicht kann ich es dann verstehen.

Also: Am Dienstag ging das Shooting los. Der Wind machte
ziemlich Probleme, eines der Models flippte deswegen aus,
aber Steve kriegte das mir ihren Haaren gut hin. Mir gefiel, wie
er sie behandelte, ziemlich lieb, aber nicht bevormundend oder
so. Brad blieb den ganzen Tag in meiner Nähe und bemühte
sich extrem um mich. Ich habe gespürt, er hat unsere Nacht am
Strand auch nicht vergessen und ist darauf aus, sie zu wiederholen. Als wir früh kurz allein in der Garderobe waren, kam er
einfach wortlos auf mich zu, sagte Hallo – und drückte mir
seine Zunge in den Mund. Ich war erst perplex, aber es gefiel
mir, seine ganze Lust zu spüren. Er hat mich richtig aufgesaugt
und ich habe gern mitgemacht, konnte mich ganz gehen lassen. Bei Brad spüre ich, alles ist nur Sympathie und Lust und
Vergnügen. Es stellen sich gar keine Fragen nach Konsequenzen. Niemand will irgend etwas, das der andere nicht auch will.
Gibt es etwas Schöneres? Ich bin so weit gegangen, dass ich

ihm zwischen die Beine griff, einfach so, und ihn ein bisschen rieb. Das hat ihm sehr gefallen, er begann tief durchzuatmen. Am liebsten hätte ich ihm gleich die Hosen heruntergezogen, aber da platzte Steve herein.

Ich war sicher, der hatte etwas gemerkt, auch wenn wir hinter den Kleiderständern waren. Er ging jedenfalls sofort wieder raus. Wahrscheinlich war er ziemlich eifersüchtig. Ich meine, es hat nicht viel gefehlt, und ich hätte es mit Brad in der Garderobe getrieben. Das war schon ein ziemlich abrupter Schluss. Ich war auf dem besten Weg, alles um mich herum und mich selbst zu vergessen.

Zunächst befürchtete ich, Brad würde nun auf Distanz zu mir gehen, wegen Steve. Aber ganz im Gegenteil. Er kam wenige Stunden später in einer Pause auf mich zu und flüsterte mir ins Ohr, er liebe meine Zunge. Dann ging er. Steve lächelte mich an diesem Tag immer wieder an – so, als hätte ihn Brad eingeweiht.

Am Abend war ich auf dem Zimmer und wollte gerade unter die Dusche, als es an der Tür klopfte. Ich öffnete: Brad und Steve standen auf dem Flur. Seltsamerweise erstaunte mich das überhaupt nicht. Ich glaube, ich hatte irgendwie mit so etwas gerechnet. Den ganzen Tag über gab es eine knisternde Spannung zwischen uns, ein Flirren – alles deutete auf eine Fortsetzung hin, einen Höhepunkt. Also, ich dachte natürlich nicht an einen SOLCHEN Höhepunkt. Oder doch?

Ich stand da, nur im Bademantel. Die beiden schönen Männer vor mir. Sie fragten mich ganz arglos, ob ich zum Essen runter käme. Ich sagte, klar, aber ich wolle erst noch duschen, sie könnten ja bei mir warten und sich einen Apéro aus der Zimmerbar nehmen. Ich weiß auch nicht, was über mich kam. Ich sah einfach die zwei vor mir und wußte, was sie wollten. Das machte mich alles wahnsinnig neugierig. Und außerdem fühlte ich mich so stark. Ich war wild und es war aufregend. Es lief einfach alles zusammen in einem einzigen Punkt.

Sie kamen ins Zimmer herein. Ich stand in der Mitte, sie lehnten zuerst einfach an der Wand. Niemand sagte etwas.

Dann zeigte ich auf die Zimmerbar, meinte, sie könnten sich bedienen. Steve fragte, ob ich nicht duschen wolle, und ich sagte, wir hätten ja keine Eile. Da trat Brad langsam auf mich zu, blieb einen halben Schritt vor mir stehen – und zog den Gürtel meines Bademantels weg. Steve runzelte die Stirn, so dass ich im ersten Moment ganz unsicher wurde. Doch dann sagte er: «Mann, ist das eine schöne Frau. Wow.»

Dann begann Brad, mich zu küssen. Seine Zunge schmeckte salzig, aber auch vertraut. Er drückte mich an sich, griff meinen Po mit beiden Händen. Plötzlich spürte ich vier Hände. Steve war hinter mir. Er streichelte meine Schultern, meinen Rücken, küsste meinen Nacken. Es war herrlich. Beide rochen so gut. Ich habe den Duft jetzt noch in der Nase. Ihre Hände auf meinem Körper, ihre warmen Hände, ihr Atem an meinen Ohren. Der Atem, der immer schneller ging.

Wir standen nicht lange so da. Sie legten mich aufs Sofa und verwöhnten mich. Ich bin noch nie so verwöhnt worden. Es drehte sich alles nur um mich. Sie nahmen sich jede Menge Zeit. Ich hatte nie das Gefühl, die beiden wollten sich nur austoben. Sie gingen ganz auf mich ein. Dabei spielten sie auch aneinander herum. Aber ich kam mir nie ausgeschlossen vor.

Ich glaube, Brad war zuerst in mir drin. Das weiß ich gar nicht mehr so genau. Sie wechselten einander die ganze Zeit ab. Mir war, als würde mir gleich der Kopf zerspringen, so aufgeregt war ich. Sie aber blieben beide eher ruhig, waren leidenschaftlich und trotzdem entspannt. Fast konzentriert. Das war unglaublich schön. Da gab es nichts Ordinäres. Wir haben einander einfach verwöhnt und uns verwöhnen lassen – nur den Moment genossen. Also zumindest bei mir war das so.

Ich weiß gar nicht, wie lange wir dabei waren. Wir begannen immer wieder von Neuem. Wir probierten alles aus, die beiden waren wirklich fantasievoll. Manchmal wurde es heftig, aber nie hart. Ich fühlte mich wie auf einem Wolkenteppich.

Dann waren wir alle drei ziemlich erschöpft. Wir gingen hinunter zum Essen, zu all den anderen. Ich weiß nicht, ob man uns ansah, was wir miteinander getan hatten. Aber es würde mich erstaunen, wenn die anderen nicht gemerkt hätten, was zwischen uns lief. Ich glaube, ich glühte richtig an diesem Abend. Ich roch bestimmt nach Sex, hatte Sex in den Augen und auf der Haut. Alles fühlte sich so elektrisiert an. Ich konnte kaum die Gabel halten. Dabei hatte ich echt Appetit.

Nach dem Essen war ich müde, aber ich fühlte mich so eins mit dieser ganzen aufgeladenen Atmosphäre, dass ich Steve und Brad ganz selbstverständlich wieder auf mein Zimmer nahm. Wir ließen uns sofort aufs Bett fallen, entkleideten einander gegenseitig. Wir schliefen die ganze Nacht miteinander. Das heißt: Wir nickten ab und zu ein, lagen mal halbwach, dösten. Dann war der eine oder andere wach. Und die Lust war immer gleich wieder da.

Einmal, als ich wieder aufwachte, sah ich, wie Steve Brad auf dem Boden verwöhnte und wie sich Brad Steve hingab. Ich hatte noch nie zwei Männern dabei zugesehen, wenn sie es taten. Sie waren ganz sanft zueinander, sehr still. Ich konnte einfach nicht aufhören, das zu bewundern. Dann kamen sie wieder zu mir hinüber und schenkten mir einen Orgasmus, der so unglaublich tief, rund und vollständig war und fast nicht mehr aufhören wollte.

So gegen Fünf drückte mir Steve einen Kuss auf die Wange. Ich hatte wohl wieder gedöst, denn Brad war schon gegangen, ohne dass ich es gemerkt hätte. Steve verabschiedete sich flüsternd und verließ das Zimmer. Ich schlief sofort wieder ein.

Als ich eine Stunde später aufwachte, fühlte ich mich zuerst wie betäubt. Aber alles andere als unglücklich. Eher so richtig wohlig, halt richtig satt.

Ich ging ins Badezimmer – und dort war es mir, als würde mich plötzlich ein Hammer niederschlagen. Ich sah mich im Spiegel an und mir fiel mit Schrecken ein, dass ich weder gestern Abend noch während der ganzen Nacht einen einzigen Gedanken an Verhütung verschwendet hatte. Beide, Steve und Brad, waren mehrmals in mir gekommen. Die beiden waren ja bisexuell. Die am stärksten von Aids gefährdete Gruppe, so glaube ich. Mir war, als würgte mich eine dunkle Macht. Jetzt bist du tot, schoss es mir durch den Kopf, du bist HIV-positiv, du hast dich angesteckt! Fünf Minuten zuvor war ich die zufriedenste Frau der Welt. Jetzt konnte ich mich vor Atemnot kaum mehr auf den Beinen halten. In den Schläfen pochte es, als würde jemand auf meinem Kopf Schlagzeug spielen. Doch ich hörte keinen Rhythmus, sondern ein dumpfes Rauschen wie von einem bebenden Wasserfall. Und aus dem Rauschen tönte es ununterbrochen: Aids!

Bei all dem hatte ich überhaupt nicht daran gedacht, dass ich die letzten Wochen die Pille abgesetzt hatte. Das fiel mir erst ein, als ich am Frühstückstisch saß. Wie aus heiterem Himmel. Brad und Steve waren nicht da. Sie hatten wohl bereits mit der Arbeit begonnen. Nur der eine Assistent des Fotografen saß noch an meinem Tisch und quasselte ungehemmt drauflos. Als mir das mit der Pille in den Sinn kam, musste ich mich beinahe erbrechen. Schwanger! Und Aids!

Ich fühlte mich wirklich total elend.

Der Assistent merkte dann irgendwann, wie übel mir war und brachte mich aufs Zimmer. Ich hatte Angst, dass ihm auffallen würde, was dort während der Nacht abgelaufen war. Es roch nach Sex, nach Sperma und Schweiß. Mich stieß das so ab, dass ich mich tatsächlich erbrechen musste.

Sicher würde ich jetzt das ganze Shooting ruinieren, dachte ich. Ich hatte ja all die nächsten Entwürfe bei mir. Ich riss mich zusammen und rief den Fotografen an. Zum Glück ist er einer von der Sorte, die nichts mehr aus den Socken haut. Mir gehe es extrem schlecht, sagte ich. Er sagte, er käme schon klar, ich solle mir keine Sorgen machen. Wahrscheinlich war er froh, endlich einmal ohne Grafikerin arbeiten und allein entscheiden zu können.

Ich musste mich an dem Morgen noch mehrmals übergeben und hatte Durchfall. Alles Symptome für eine Aids-Ansteckung. Davon war ich zumindest überzeugt. Und Schwangeren wird es doch auch ständig kotzübel. Na, fein, Linda, dachte ich: Antoinette schickt mich nach Südafrika, weil ich immer so zuverlässig bin, und jetzt habe ich mir den Tod geholt.

Freitag, 12. Dezember:

Gestern Abend musste ich aufhören zu schreiben. Ich konnte einfach nicht mehr. Inzwischen geht es mir ein wenig besser. Mir ist nicht mehr so übel, mein Magen hat sich beruhigt. Am Mittwoch, nach dieser Nacht, hatte ich mich den ganzen Tag auf mein Zimmer zurückgezogen, wollte niemanden sehen. Am Abend kam Brad zu mir. Er spürte sofort, dass etwas nicht stimmt. Ich sagte ihm, wir hätten nicht aufgepasst. Er verstand das zur Hälfte und meinte, Steve und er hätten vor zwei Monaten, als sie sich kennen gelernt hatten, einen Aids-Test gemacht und seien seither monogam geblieben, so weit er das beurteilen könne.

Er meinte, die Chance, dass ich unsere Liebesnacht teuer bezahlen müsse, sei wirklich verschwindend klein. Und er fände es schade, wenn unser schönes Erlebnis solche abwegige Gedanken auslöse und dadurch getrübt werde.

Nun, dass wir nicht nur vergessen hatten, Kondome zu gebrauchen, sondern ich auch die Pille abgesetzt hatte, das erzählte ich Brad nicht. Ich will ihn damit auch gar nicht konfrontieren. Keine Frage, wenn ich schwanger bin, treibe ich das Kind sofort ab. Ich will doch keinen schwulen Amerikaner als Vater meines Sohnes oder meiner Tochter haben.

Außerdem: Ich würde ja nicht mal wissen, wer der Vater ist. Zumal – theoretisch – doch bestimmt auch Hannes noch in Frage käme. Ich habe zwar die Pille erst einen Tag nach dem letzten Verkehr mit ihm abgesetzt, aber Spermien überleben in der Frau ja ein paar Tage lang. Vielleicht hat das gerade gereicht. Hoffentlich, hoffentlich, hoffentlich bin ich nicht schwanger! Hoffentlich.

Wie auch immer: Ich muss mich jetzt aufraffen und wieder voll arbeiten. Ich habe allen gesagt, ich hätte eine Grippe eingefangen. Ich sehe wohl auch nach Grippe aus, aber jetzt muss diese Grippe vorbei sein. Wenn ich das Shooting hier vermassle, bin ich bei Antoinette für immer unten durch. Heute Mittag muss ich wieder am Set stehen. Irgendwann am Nachmittag wird dann Catherine auftauchen. Endlich.

**Samstag, 13. Dezember:**
Ich bin bestimmt nicht schwanger. Ich fühle mich überhaupt nicht mehr schwanger. Gestern war ich wohl einfach in Panik. Ein bisschen viel Gefühl auf einmal – mich hat das alles überfordert. Brad und Steve sind sehr nett zu mir, aber sie machen überhaupt keine Anstalten, unsere Nacht zu wiederholen. Dafür bin ich ihnen dankbar. An Sex will ich jetzt nicht einmal denken.

**Sonntag, 14. Dezember:**
Fürchterliche Träume: Ein Kind, das um Hilfe schreit, die Arme nach mir ausstreckt und verzweifelt heult. Es nennt mich Mama. Mir wird das hier alles zu viel. Sobald es möglich ist, werde ich einen Schwangerschaftstest machen. Ich weiß nicht mehr, was ich fühle. Catherine ist ein Ekel. Sie weiß immer alles besser; und sie weiß tatsächlich alles besser. Ich bin irgendwie überhaupt nicht da, überhaupt nicht präsent. Hätte ich am Dienstag Brad und Steve bloß in die Hotelbar geschickt und wäre allein duschen gegangen!

**Montag, 15. Dezember:**
Rückflug. Ich sitze im Flugzeug, schaue auf die Wolken unter mir, denke nach und drehe mich doch nur im Kreis. Wenn eine Erinnerung an diesen Dienstagabend hoch kommt, kann ich auch wieder darüber lachen, mich daran freuen – aber nur kurz. Dann schnürt es mir den Hals zu, ich bekomme Angst. Bin ich schwanger? Von Brad? Von Steve? Von Hannes? Ich habe mir von allen im Team noch einmal die Telefonnummern geben lassen, damit ich Steve und Brad falls nötig sofort erreiche. Ich will nie wieder, nie wieder nach Südafrika.

Und ich will nie wieder mit einem Mann schlafen.

Ja, ich kenne mich: Wenn dieser Schock überwunden ist und sich alles so klärt, wie ich es mir erhoffe – dass ich nicht schwanger bin –, dann werfe ich meine Vorsätze schnell über den Haufen. Und gehe wahrscheinlich wieder mit einem ins Bett, ohne mich zu schützen. Warum, Linda, warum?

Vielleicht, weil ich tief unten in meinem Bauch spüre: Es kommt immer alles gut. Wie oft hatte ich schon Panikattacken, die sich später als völlig unbegründet erwiesen. Meine Fantasie geht bestimmt wieder einmal mit mir durch, ich spüre es. Und doch kann ich mich dagegen nicht wehren. Sie reißt mich einfach mit. Immer wieder. Ich male mir dann die schlimmsten Zustände aus, sehe die blödesten Zusammenhänge. Aber vielleicht will ich das ja: mich aufregen, mich ängstigen. Damit ich mich und das Leben spüre.

*Donnerstag, 8. Januar:*

Lange nicht mehr ins Tagebuch geschrieben – und dann gleich dies: Ich bin schwanger. Ich bin schwanger. Ich schreibe es, lese es und kann es immer noch nicht glauben. Ich bin schwanger. Ich weiß es seit einer Woche. Ich war so sicher, dass ich nicht schwanger bin, dass ich glaubte, der rote Punkt beim Test bedeute, man sei nicht schwanger. Erst in der Nacht überfiel mich plötzlich Unsicherheit, ich holte den Test aus dem Müll und las noch einmal die Anleitung durch. Seither werde ich Mutter. In dem Moment, als mir Zweifel über den Test kamen, wußte ich, dass ich ein Kind erwarte. Ich hatte mir wohl selber eine Schonfrist eingeräumt, indem ich den Test falsch interpretierte. Damit ich mich langsam mit der Realität anfreunden konnte.

Und was ist das für eine Realität? Mein Gott, Linda, was wird aus dir? Ich kann doch nicht Mutter sein. Was wäre dann mit meinem Job? Ich will nicht Mutter sein, ich will dort, wo ich jetzt endlich stehe, weitermachen. Ich will nicht Windeln wechseln, Kinderkotze wegputzen, jede Nacht aufstehen. Ich will nicht aussehen wie Irene, als sie Luca bekam. Ich will nicht alles ändern. Bin total durcheinander. Was fällt diesem Leben ein, einfach in mich zu kommen? Ich werde besetzt von einem fremden Menschen, der überhaupt nichts mit mir zu tun hat und mir alles ruinieren will, was ich mir aufgebaut habe.

Es ist so gemein. Andere wollen Kinder – und ich kriege welche. Wer hat das alles bloß so eingerichtet?

Montag, 12. Januar:
Verrückt ist: Ich bin verwirrt und durcheinander, aber überhaupt nicht am Boden zerstört. Das war ich nach Südafrika und sicher auch letzte Woche. Entweder habe ich keine Kraft mehr, um mich aufzuregen, oder fühle mich schon verantwortlich für das Leben, das in mir wächst. Mir ist im Moment alles ziemlich gleichgültig, ob ich als Schlampe gelte, ob ich das alles meiner Mutter antun will, ob ich meinen Job verliere (gut, das vielleicht nicht) – wichtig ist jetzt nur, dass ich herausfinde, was ich will. Ob ich dieses Kind will. Als ich erstmals über die Möglichkeit einer Schwangerschaft nachdachte, war ich ganz sicher, ich würde abtreiben. Das bin ich jetzt nicht mehr. Ich sehe beide Möglichkeiten als gleichwertig an: ein Kind zu haben oder kein Kind zu haben.

Letzte Woche habe ich das Kind gehasst. Ich liebe es nicht, jetzt, noch nicht vielleicht, aber ich schäme mich dafür, dass ich es hasste. Es tut mir leid, du da drin.

Ich habe kein Gefühl dafür, wer der Vater des Kindes ist. Seltsam eigentlich; ich hätte gedacht, man spüre das. Aber auch wenn ich noch so tief in meinem Innersten herumwühle, da ist überhaupt keine Antwort auf die große Frage, sondern nur Leere. Es gibt drei Anwärter auf die Vaterschaft, wobei Hannes' Chancen ziemlich gering sind. Ich habe Frau Dr. Siegwart vorgestern die ganze Sache auf den Tisch gelegt, sie meinte, es sei schon sehr, sehr unwahrscheinlich, dass Hannes der Vater sei. Aber für unmöglich hält sie es auch nicht.

Ich muss davon ausgehen, dass entweder Brad der Vater ist – oder Steve. Erst dachte ich, das mache keinen großen Unterschied. Beide sind schwul, etwa 35 Jahre alt, leben in New York, sehen gut aus, arbeiten in einer ähnlichen Branche.

Inzwischen habe ich aber gemerkt, dass es für mich auch viele Unterschiede zwischen den beiden gibt. Ich kenne Brad seit Jahren, und ich kann mir einigermaßen vorstellen, wie er reagierte, wenn er Vater würde – von Steve aber weiß ich gar nichts. Ehrlich gesagt kenne ich seinen Körper besser als sein Denken.

Gut, das gilt wahrscheinlich auch für Brad, aber trotzdem fühle ich mich ihm stärker verbunden. Natürlich kann ich mir nicht vorstellen, einen von den beiden nicht nur biologisch, sondern auch sozial als Vater meines Kindes zu akzeptieren, einen von ihnen in eine allfällige Elternschaft – ich habe noch nichts entschieden! – einzubeziehen. Trotzdem wäre es mir viel, viel lieber, Brad wäre der Vater. Das schreibe ich hier aber nur aus dem Gefühl heraus, ich kann das gar nicht richtig begründen.

Ich weiß nicht einmal, ob es klug wäre, jetzt die Vaterschaft abzuklären – falls ich das Kind überhaupt austragen werde. Aber ich will schließlich nicht, dass irgend jemand Anspruch auf das Kind erhebt. Soll ich einfach schweigen?

Das geht ja auch nicht. Alle werden mich fragen, wer der Vater ist. Und wenn ich einfach sage, ich wüsste es nicht, es kämen verschiedene Männer in Frage? Das brächte meine Mutter ins Grab. Dabei wäre es ja nur die Wahrheit und nichts als die Wahrheit.

Es hätte natürlich schon Vorteile, wenn es für das Kind einen Vater gäbe. Einerseits finanziell. Zum anderen wird das Kind auch wissen wollen, wer sein Vater ist. Irgendwann. Es wäre sicher schrecklich, wenn es von seiner Mutter zu hören bekäme: Es könnte der oder der sein, aber ich weiß es nicht. Das Kind würde wohl alles daran setzen, den Vater ausfindig zu machen. Es wäre sicher viel weniger belastend für uns alle, gäbe es keine Rätsel.

Ein Vater, der als dunkler Schatten über uns schwebt, wäre sicher viel bedrückender als einer, der sich zwar nicht in die Familie einbringt, aber bekannt ist. Ich sehe schon, wenn ich mich entschließe, das Kind auszutragen, werde ich nicht darum herum kommen, die Vaterschaft abzuklären.

Oder geht das schon vorher? Egal, sobald das Kind zur Welt gekommen ist, muss ich mich mit Steve und Brad in Verbindung setzen. Hannes braucht vorderhand nichts zu wissen; der würde sich bestimmt wie ein Vater aufführen wollen, das nervte mich. Am besten kläre ich die Vaterschaft in der Reihenfolge ab, wie sie mir genehm wäre. Zuerst muss ich also Brad zu einem Test auffordern.

Aber was mache ich mir für Gedanken! Ich bin ja noch nicht einmal sicher, ob ich das Kind haben werde. Wenn ich abtreibe, sind alle Probleme gelöst. Na ja. Die Abtreibung selber ist ja auch wieder ein Problem.

So leicht komme ich hier nicht raus, aber ich fühle mich gar nicht so schwer. Es geht mir gut. Das erstaunt mich am meisten. Und jetzt will ich an die frische Luft.

*Samstag, 13. März:*

Die Entscheidung ist gefallen. Ich habe ihn schon zu lange nicht mehr umgestoßen oder bereut. Ich will dieses Kind haben. Es hat sich alles so gut entwickelt. Antoinette und ich haben mit einander eine gute Zeit, ich glaube darum, sie wird auf mich Rücksicht nehmen und mich auch weiter arbeiten lassen, wenn ich Mutter bin. Apropos Mutter: Es ist ja erstaunlich, wie sie alles aufgenommen hat. Sie findet zwar noch immer, ich solle die Vaterschaft nicht abklären, alles so belassen, wie es ist, sie werde mich unterstützen, wo sie könne. Doch mir geht es nicht um Unterstützung. Ich will meinem Kind den Vater nicht vorenthalten. Das war für mich eigentlich von Anfang an klar und ist mir nur noch klarer geworden. Das Kind soll seine Wurzeln kennen. Auch wenn es vielleicht keine Wurzeln sind, auf die es besonders stolz sein kann.

Aber warum soll es auf diese Wurzeln eigentlich nicht stolz sein? Die Männer, die als Vater in Frage kommen, waren alle gut genug, mein Innerstes zu berühren und mich aufzuwühlen. Ich brauche jetzt auch nicht so hochnäsig zu tun, nur weil ich schwanger bin. Ich bin mit ihnen ins Bett gegangen, habe mich mit ihnen vergnügt und selber nichts getan, um eine Schwangerschaft abzuwenden – ich bin verantwortlich für mein Leben und muss auch zu dieser Verantwortung stehen. Bin gespannt, was Brad sagt, wenn er erfährt, dass er zu einem Vaterschaftstest antreten muss. Anne hat mir gesagt, Brad müsse sich testen lassen, da gebe es keinen Ausweg. In den USA würden sie mit solchen Sachen nicht lange fackeln, meinte sie. Sie weiß es – als Anwältin hat sie schließlich dauernd mit solchen Dingen zu tun. Überhaupt hat mich erstaunt, wie gut die meisten Bescheid wissen: Auch Irene und Carla waren gut informiert. Nur ich habe wieder mal keine Ahnung gehabt. Offenbar lese ich nicht die richtigen Zeitschriften.

Ich freue mich so sehr auf dieses Kind. Ganz ehrlich: Es kann ja kaum schlecht kommen, wenn ein Kind mit so viel Lust gezeugt wird wie meines. Davon bin ich überzeugt. Sonst hätte mein Körper nicht mitgespielt, das Ei gar nicht behalten. Und dass der HIV-Test negativ ausgefallen ist, zeigt doch auch: Alles wird gut. Es ist so gekommen, wie es kommen musste. Wie ich es wahrscheinlich wollte.

Ich freue mich auf dich, du kleiner Mensch. Manchmal habe ich das Gefühl, ich kenne dich schon ein bisschen. Du bist ganz mein und irgendwie doch noch so weit weg. So weit! Aber ich bin richtig stolz auf dich, wie du alles hingebogen hast. Und ehrlich gesagt, ich bin auch ein bisschen stolz auf mich, wie ich es jetzt nehmen kann. Also: Ich bin stolz auf uns! Auf uns.

*Freitag, 6. August:*

Noch einen Monat, bis du zur Welt kommst – falls du rechtzeitig kommst. Und du wirst sicher rechtzeitig kommen. Frau Dr. Siegwart hat viel Freude an dir. Alle haben viel Freude an dir. Ich liebe dich so sehr, es reicht mir völlig, nur mit dir zusammen zu sein. Ich bin schon seit Wochen nicht mehr aus gegangen.

Komisch, manchmal habe ich wahnsinnig Lust nach Sex, bin total beckenorientiert und muss sofort masturbieren. Das sind wohl die Hormone, die mich da treiben. Denn Lust auf einen Mann habe ich überhaupt keine.

Ich weiß, du bist auch das Kind eines Mannes, aber ich spüre keinen Mann in unserer Familie. Wir sind die Familie, du und ich. Ich habe dir versprochen, dir zu sagen, wer der Vater ist. Dazu stehe ich. Aber er wird nicht zwischen uns kommen. Niemals.

Es ist so schön, Mutter zu sein. Dass mir das nie gefehlt hat, kann ich heute überhaupt nicht mehr verstehen. Das war doch gar nichts, dieses ewige Herumgerenne ohne Ziel. Jetzt fühle ich mich erstmals richtig stark. Erstmals seit Jahren.

*Samstag, 4. September:*
Ich bin der glücklichste Mensch auf der ganzen Welt. Ann-Sophie ist zur Welt gekommen und ist so gut, so lieb, so schön. Sie ist einfach alles. Bei der Geburt hat sie überhaupt keine Schwierigkeiten gemacht. Wir haben so gut zusammen gearbeitet. Ich hätte nie gedacht, dass es sich so anfühlt, Mutter zu sein – und trotzdem fühlt es sich nicht fremd an. Sondern so, als wäre ich gar nie etwas anderes gewesen als Mutter. Ich liebe dich, Ann-Sophie. Ich werde dich immer, immer lieben. Aber jetzt will ich schlafen. Gleich hier, neben dir. Du bist so süß, wenn du schläfst.

*Mittwoch, 4. Juli:*
Früher habe ich das Tagebuch fast täglich zur Hand genommen, dann immer seltener. Seit Ann-Sophie zur Welt gekommen ist, habe ich nur noch in ihr Babybuch geschrieben. Es hat keinen Raum gegeben für meine eigene Welt, irgendwie hat es auch gar nichts gegeben, was ohne Ann-Sophie gewesen wäre. Alle meine Gefühle, meine Freude, aber auch meine großen Ängste, die ich in den letzten Monaten empfand, sie galten Ann-Sophie oder hängten ganz stark mit ihr zusammen. Aber jetzt muss ich wieder einmal ins Tagebuch schreiben, nur für mich. – Obwohl es ja eigentlich auch wieder um Ann-Sophie geht.

Ich wollte also wissen, wer Ann-Sophies Vater ist. Weil ich mir Brad in dieser Rolle wünschte, forderte ich ihn zuerst zum Test auf. Brad war überhaupt nicht überrascht, als ich ihn im Winter anrief und sagte, ich sei Mutter geworden und er vielleicht Vater. Er sagte mir, er habe schon einen Sohn in Texas. Wir fanden das ziemlich lustig, denn dieser Sohn ist unter recht ähnlichen Umständen gezeugt worden wie Ann-Sophie – falls mir Brad keinen Unsinn erzählt hat. Brad fühlt sich, glaube ich, ziemlich geehrt, dass ausgerechnet er als Schwuler bei Frauen so gut ankommt, dass sie ihn zum Vater ihrer Kinder machen. Er willigte jedenfalls sofort in einen Test ein.

Weil wir uns nicht entscheiden konnten, wo der Test durchgeführt werden soll, entschlossen wir uns, gleich zwei Tests zu machen, obwohl die gar nicht so günstig sind, wie es immer heißt – aber Brad war bereit, für alles aufzukommen. Erstaunt hat mich, wie einfach alles ging. Wir schickten unsere Proben sowohl an ein Labor in den USA als auch an eines in Deutschland. Die Adressen fanden wir im Internet. Brad erhielt dort Bescheid, ich hier.

Das Resultat fiel eindeutig aus: Brad ist nicht der Vater von Ann-Sophie. Zuerst fühlte ich mich erleichtert, obwohl ich genau wußte, dass Brad der beste Kandidat war, den ich zu bieten hatte. Seltsam. Offenbar hoffte ich insgeheim, dass überhaupt keiner der Vater von Ann-Sophie sei. Tja, so weit war ich inzwischen.

Blieben also noch Steve und Hannes. Ich wollte erst Steve abklären. Brad und er hatten sich allerdings vor einer Weile getrennt, Steve war nach San Francisco gezogen. Es war ein riesiges Theater, bis wir seine Adresse ausfindig gemacht hatten. Brad war wirklich großartig, wie er mir bei allem half, obwohl er ein bisschen enttäuscht darüber war, dass Ann-Sophie nicht von ihm stammte. Ich muss ihm übrigens dauernd Bilder von der Kleinen mailen, ich glaube, er mag Kinder wirklich und tut nicht nur so. Vielleicht lade ich ihn im Herbst mal nach Deutschland ein, nach allem, was er für mich getan hat. Würde mich freuen, ihn wieder zu sehen.

Steve war nicht gerade happy, als ich ihm am Telefon sagte, ich habe ein Kind und er käme als Vater in Frage. Er zeigte sich nicht besonders einfühlsam, machte mir sofort Vorwürfe, ich hätte die Pille nehmen sollen. Da habe ich gemerkt, Steve kommt mit Frauen nicht klar. Überhaupt nicht. Ich kann mir gar nicht mehr vorstellen, dass ich die Liebe mit ihm genoss. Es hat sich wirklich vieles verändert. Bei mir und in der Welt.

Steve wollte sich erst weigern, einen Test zu machen, aber Brad überzeugte ihn, die Sache schnell hinter sich zu bringen. Er sagte ihm auch, dass es in Deutschland noch einen anderen Kandidaten gebe. Steve schickte seine Speichelprobe an das Labor in New York, das meine Daten und die von Ann-Sophie schon hatte. Und so wurde er also Vater. Als ich den Laborbericht erhielt, war ich nicht einmal überrascht, irgendwie war mir schon länger klar, dass Steve der Vater sein musste, glaube ich. Aber ich wollte das einfach nicht wahrhaben. Aus gutem Grund: Steve ist ein kalter Mensch. Zunächst hat es mich ziemlich getroffen, dass ihn Ann-Sophie überhaupt nicht interessiert. Im Unterschied zu Brad wollte er keine Bilder haben, sondern nur wissen, ob er etwas zahlen müsse. Wir haben vereinbart, dass er keine Ansprüche auf das Kind erhebt – überhaupt keine – und im Gegenzug nicht mit finanziellen Forderungen rechnen muss. Ich will kein Geld. Ich wollte nur Gewissheit.

Wenn ich ganz ehrlich bin: Inzwischen bin ich froh, dass alles so gekommen ist. Ich habe Ann-Sophie, sie ist das Beste, was ich mir je wünschen konnte, und ich habe sie allein. Ich muss sie nicht teilen. Das hat nichts mit Besitzdenken zu tun (oder nur ein bisschen), aber wenn ich sehe, wie sich andere Paare bei der Erziehung aufreiben, bin ich zufrieden, dass ich solche Probleme nicht habe. Ich werde andere Probleme haben, sicher, aber nicht diese.

Na gut, ich will nichts idealisieren: Es ist hart, ein Kind allein durchzubringen. Ich schreibe das bewusst so pathetisch, weil ich manchmal wirklich das Gefühl habe, Ann-Sophie durchbringen zu müssen durch eine schwere Zeit. Am Anfang sagen alle, sie unterstützen dich, aber am Ende sitzt du in der Nacht alleine im Bett und weißt nicht mehr, wie du das Kind endlich ruhig bringst. Und finanziell wird es knapp. Nächste Woche mache ich mal einen Kassensturz und schaue, wo ich überall sparen kann. Das Geld fließt mir einfach aus den Händen, obwohl ich fast immer daheim hocke. Manchmal packt mich der Horror, ein kalter Angstschweiß wie damals, als ich diese Panik wegen der Schwangerschaft hatte – und ich denke, ich schaffe es nicht. Aber dann sage ich mir das, was ich im tiefen Inneren wirklich weiß: Ich bin stark und finde immer einen Ausweg. Ich darf mich nicht vom Moment auffressen lassen.

*Freitag, 6. Juli:*

Steve ist so weit weg von mir; an ihn denke ich eigentlich nie. Ich kenne ihn so wenig, dass ich Ann-Sophie wohl nie mit ihm in Verbindung bringen werde. Ich werde niemals Steve in ihr sehen. Ann-Sophie hat jetzt einen Vater – und irgendwie doch keinen. Und wenn sie ihn einmal kennen lernen will, werde ich ihr keine Steine in den Weg legen. Denn ich kenne Steve auch zu wenig, um ihn abzulehnen. Er ist einfach ein Mann, der kurz in mein Leben trat, um mir Ann-Sophie zu ermöglichen. Dass er an dieser Rolle wenig Spaß findet – damit muss ich leben. Und damit kann ich auch leben.

Wie gut es mir tut, wieder ins Tagebuch zu schreiben! Doch, ich werde das wieder häufiger tun. Ich bin schließlich immer noch ich, bei aller Symbiose mit Ann-Sophie. Jetzt gerade bin ich allerdings nicht nur ich, sondern vor allem müde. Es war eine anstrengende Zeit. Trotzdem: Es hat sich gelohnt. Alles. Manchmal ist das Leben einfach unberechenbar großzügig.

## Alte Geschichten, neue Verhältnisse

Wie lange Jochen schon durch die Olivenhaine und Weinberge gestolpert war, konnte er nur schwer abschätzen. Es kam sowieso nicht auf Minuten an. Jetzt befasste er sich mit seiner Vergangenheit, mit lange zurück liegenden Zeiten. Es musste gegen 18 Uhr sein, schätzte er, als er den Sonnenstand beobachtete. Also war er mehr als vier Stunden in den Hügeln von San Girolamo umher marschiert. Strammes Laufen war seine Methode, um über Probleme nachzudenken und anderen aus dem Wege zu gehen.

Wenn er in einer solchen Stimmung war wie heute, dann war er besser alleine. So gut kannte er sich mittlerweile mit seinen 54 Jahren. Und er hatte gehofft, als er sich hier vor 20 Jahren in San Girolamo niederließ, dass er all die Jahre in Hamburg endgültig vergessen könne.

Doch dann war dieser Journalist gekommen, dieser Rüdiger Kostler. Ein sympathischer Mensch, und seine Geschichte hörte sich verlockend an: Eine Fortsetzungs-Story über Auswanderer, Aussteiger und Abenteurer – und eben ... «Menschen wie ihn», hatte Kostler gesagt. Ihm, Jochen, hatte das geschmeichelt. Natürlich wollte Jochen wissen, wie Kostler auf ihn gestoßen sei. Der führte den Vater eines Studienkollegen in Hamburg an, einen von Rietersmann. Jochen erinnerte sich sofort an diesen von Rietersmann: Ein jovialer und grundehrlicher Typ von altem Schrot und Korn. Darin hatte er sich offenbar geirrt. Denn Kostler hatte ihm davon erzählt, dass jener alte Herr sich später des öfteren gebrüstet habe, wie er einen jungen Anfänger von einem Grundstücksmakler habe leer laufen lassen, und eine Villa fast 9% unter dem Wert bekommen habe.

Jochen hatte laut lachen müssen, als er das hörte. Diese Zeit als Grundstücksmakler war für ihn Vergangenheit, er hatte Distanz. Jedenfalls zu dieser einen Geschichte. Und so hatte er ziemlich unbefangen damit begonnen, Kostler ausführlich die achtziger Jahre von damals zu beschreiben. Besonders seine spezielle Welt, die heute längst nicht mehr die seine war. Kostler war taktvoll gewesen und so geschickt in seiner Art des Fragenstellens, dass Jochen ihm sogar von dem Autounfall erzählte und über seine Jahre im Gefängnis: Trunkenheit am Steuer, schwere Körperverletzung, Fahrerflucht. Aber es war Jochen im Moment nicht peinlich. Der junge Kostler gefiel ihm, das schien sogar auf Gegenseitigkeit zu beruhen: Sie hatten einander das Du angeboten.

Doch später kam Jochen das ganze beschissene Hamburg wieder hoch. Der Abscheu über sich selbst, der Ärger über die Jahre im Knast und überhaupt, die ganzen verlorenen Jahre. Teresa wußte kaum etwas über seine Zeit in Deutschland. Sie hatte auch nicht mehr danach gefragt, als sie merkte, wie ungern er davon sprach. Sie war verständnisvoll, diese Teresa, so bodenständig, so praktisch und klar. Sie war ein Glücksfall für ihn. Ein Leben ohne sie konnte er sich überhaupt nicht mehr vorstellen. Mit ihr war es ihm gelungen, ganz neu, ganz anders zu leben.

Mit ihr, ihrer gemeinsamen Tochter Fiona, mit Simona, ihrer Tochter aus einer früheren Beziehung und mit ihrem behinderten Bruder Giuseppe war er zusammen hier verwurzelt, das war seit vielen Jahren seine Familie. Dieses Leben wollte er sich nicht gefährden lassen. Gut, die Artikel von Rüdiger würden in Deutschland erscheinen. Aber was einmal erzählt war, das bekam Beine, und es würde in Umlauf kommen. Irgendwann würde auch Teresa über Umwege von seiner Vergangenheit erfahren. Ach, was soll's, dachte Jochen. Es kommt, wie es kommt. Ich muss jetzt so oder so zurück. Um Sieben wollte Rüdiger noch einmal mit ihm sprechen, er habe noch zwei, drei Fragen. Jochen machte kehrt und lenkte seine Schritte auf den Weg zu seiner Locanda.

Rüdiger saß in der Ecke der kleinen Trattoria. Es war noch viel zu früh für ein Nachtessen. Das Restaurant war leer, aus der Küche hörte man ab und zu Gesprächsfetzen. Über seinem Tisch brannte die einzige Lampe. Sonst war es dämmrig. Das direkte Licht ließ sein Gesicht noch blasser erscheinen. Die dunkelblonden, fast rötlichen Haare trug er halb lang. Eine dicke Strähne hing ihm dabei schräg über die klar geformte Stirn. Er war groß gewachsen, eher ein bisschen mager. Wie bei vielen Linkshändern sah es auch bei ihm etwas verkrümmt aus, wie sein Arm und seine Hand rund um das Notizbuch fast einen Kreis bildete. Er war völlig in sein Schreiben vertieft, allein mit sich und seiner Geschichte. Es war seine Geschichte und gleichzeitig auch die Geschichte von Jochen.

Rüdiger hatte sich die Ereignisse wieder durch den Kopf gehen lassen. Der Moment der Begegnung mit Jochen, diesem heiter und gelassen wirkenden Mann, dessen zerfurchte Stirn von vielem anderen als von einem lockeren, unbeschwerten Leben erzählte. Sein kräftiger Körperbau, der fast kahle Schädel mit dünnen kurzen Haaren. Wie mochte er wohl ausgesehen haben, damals in Hamburg? Ja, dieses Hamburg, wo er, Rüdiger, ebenfalls seine Jugend verbracht hatte. Sein Elternhaus, das ihm so steif und kühl vorkam. Wohl waren alle sehr nett zueinander, aber an Herzlichkeit, geschweige denn Zärtlichkeiten, vermochte er sich kaum zu erinnern.

Da war Sonja, seine ältere Schwester, für die alles stimmte, wenn es nur teuer und neu war. Als Kind wurde sie vom Vater rundum verwöhnt. Rüdiger selbst hatte seinen Vater als fordernd und distanziert erlebt. Ein einziges Mal, er mochte wohl zehn oder elf Jahre gewesen sein, war es ein Aufsatz, ein Thema im Sinne von «Ein ungerechtes Erlebnis», wo eine Spur von Anerkennung über das Gesicht des Vaters gehuscht war. Er hatte gelacht, ihm einen wohl meinenden Klaps auf den Hintern gegeben und ihm ein Fünfmarkstück zugesteckt.

Die Mutter hatte er immer bewundert. Sie war eine schöne, groß gewachsene Frau mit blassblauen Augen und dunkelblonden Locken. An den zahlreichen Einladungen, die im großen

Salon oder im Sommer draußen auf der Terrasse stattfanden, bewegte sie sich fast wie ein Bühnen-Star. Als kleiner Junge war Rüdiger manchmal neben ihr im Ankleidezimmer gesessen und hatte sie beobachtet, wie sie sich frisierte, schminkte, ankleidete und den passenden Schmuck heraussuchte. Ab und zu hatte sie Rüdiger dann an sich gedrückt, flüchtig und eher so, wie eine Operndiva einen Blumenstrauß, den man ihr soeben überreicht hat, an ihre Brust hebt und lächelnd daran riecht.

Dann war noch Großvater, der selten zu Hause war und einen intensiven Zigarrenduft nach sich zog. Rüdiger roch ihn im voraus, lange bevor er die breite Treppe herunterkam. Die Großeltern bewohnten die oberen beiden Stockwerke, mit einem eigenen Entrée am Ostflügel des großen Hauses.

Die absolut bestimmende Person war seine Großmutter. Sie dirigierte das Personal, ihren Mann und in gewissem Sinne die ganze Familie. Die Großmutter, so empfand es Rüdiger, mochte ihn am allerwenigsten. Für sie war er nur ein ungezogener Balg, ja eigentlich das schwarze Schaf – und das wurde er dann ja auch.

Rüdiger seufzte. Er war mit seinen Notizen nicht weit gekommen, er starrte nur an die Deckenlampe und hing den Erinnerungen nach. Wieso hatte er eigentlich die Eltern des Vaters nie gesehen? Obwohl, hie und da war über sie gesprochen worden, wie über Figuren aus einer Fernsehserie. Alles drehte sich um die Familie der Mutter und einen großen, meist geschäftlichen Freundeskreis. Von der Familie des Vaters kannte er nur eine Schwester, die von allen «das Lottchen» genannt wurde. Sie war die einzige, die ihn in den drei Jahren des Internats in der Schweiz einmal besuchte, als sie auf dem Weg nach Italien war.

Beim Gedanken an die Internatszeit wurde ihm das Hemd am Hals eng. Er legte seinen Schreibstift ab, öffnete den Hemdkragen, dehnte die Schultern und streckte die Beine. Er musste gähnen. Jochen sollte doch schon da sein. Nein, sein Blick auf die Armbanduhr zeigte, dass es noch mehr als zehn Minuten dauern würde. Rüdiger war leicht nervös. Jetzt war also bald der Moment, den er lange schon im Geiste durchgespielt hatte.

Jochen war ins Schwitzen gekommen. Sein Grundstück mit dem Olivenhain zog sich vom Bach den Hügel hinauf bis zur Locanda an der kleinen Bergstraße. Er hielt an, wischte sich den Schweiß von den Augenbrauen. Warum nur wollte Rüdiger ihn nicht in der Locanda treffen, zusammen mit Teresa und den Mädchen? Es war das vierte Mal, dass er ein Gespräch mit ihm führen wollte. Doch eigentlich war alles gesagt. Was wollte er denn noch? War er doch darauf gekommen, dass er in Hamburg auch mit Kokain zu tun gehabt hatte?

Das war das Letzte, das er jetzt brauchen würde, eine ganze Rekapitulation seiner Hamburger Jahre. Er hatte schließlich seine Strafe abgesessen, hatte hier neu angefangen – und er war ein anderer Mensch geworden, ruhiger, erdverbundener. Sein Ehrgeiz, seine Launenhaftigkeit und auch sein Jähzorn waren einem feinen Humor gewichen. Noch immer hatte er gerne Leute um sich, erzählte Geschichten, feierte ab und zu. Seine zupackende Energie war nicht verschwunden. Schließlich hatte er die heruntergekommene Locanda und das Grundstück wieder in Schuss gebracht, hatte ein paar gute Freunde im Dorf und vor allem: eine Familie.

War es nicht doch ein Fehler gewesen, diesem Rüdiger so vieles von sich zu erzählen? Und würde, wenn alles heraus kam, Teresa wirklich so gelassen bleiben, wie er sie bisher kannte? Seit Rüdiger da war, war sie zurückhaltender, beobachtete alles genau, hielt sich zurück. Spürte sie irgend etwas? Oder hatte sie das eine oder andere aufgeschnappt von den Gesprächen, bei denen sie in der Nähe war? Sie verstand kein Deutsch, nur wenige Brocken. Doch Frauen hören manchmal mehr als tatsächlich gesagt wird. Vielleicht, so dachte er beim langsamen Weitergehen, liegt es auch ein bisschen an mir. Ich war in den Tagen seit dem Kontakt mit Rüdiger wohl recht einsilbig ihr gegenüber. Hhm, ich bin ihr fast aus dem Weg und häufiger als nötig hinunter zu den Olivenbäumen und Haselstauden gegangen. Ich will keine aufwühlenden Szenen, ich will meine Ruhe haben. Und auf gar keinen Fall will ich noch einmal von vorn anfangen müssen.

Immer erregter stapfte er weiter Hang aufwärts zu den Gebäuden. Das Zischen der Wasserdüse, das nervöse Brummen des Kompressors und das laute Singen von Giuseppe waren schon von weitem zu hören. Jochen war froh, dass Giuseppe die Fassade reinigen wollte und vermutlich damit bald fertig sein musste. Als er in Sichtweite kam, stieg unvermittelt Wut in ihm auf: sein Feigenbaum stand voll unter der heißen Dusche. Jochen spurtete mit Riesenschritten die letzten Meter aufwärts zum Haus: schreiend, schnaufend und mit den Armen rudernd.

Giuseppe stand auf der Leiter, gelöst vor sich hin singend. Mit der einen Hand führte er langsam seine Zigarette zum Mund, mit der anderen lenkte er zügig und gleichmäßig den Hochdruckstrahl über die Fassade. An der Hauswand floss dunkles Schmutzwasser breit nach unten. Eingehüllt in heißen Wasserdampf, Lärm und Zigarettenrauch schien er die Wichtigkeit seiner Aufgabe voll auszukosten.

«Giuseppe! Sei fuori di testa? Hör' sofort auf! Giuseppe, smettila, vuoi uccidere il mio albero di fichi! Stopp Giuseppe, willst du mir den Feigenbaum ruinieren?» schrie Jochen fast außer sich. Er war auf dem Kiesplatz angekommen und tigerte schimpfend und fluchend um die Leiter herum. In diesem Moment kam Teresa aus dem Haus. Im Gegensatz zu Giuseppe hatte sie ein feines Gehör. Vor allem, wenn es die Stimme ihres Lebenspartners Jochen betraf. So jedoch hatte sie ihn noch nie gesehen.

«Giuseppe, du Arschloch, du Bastard, sei un coglione bastardo, finiscila, stell ab!» Jochens Stimme überschlug sich fast. Er begann an der Leiter zu rütteln. Giuseppe musste sich mit beiden Händen halten. Augenblicklich zischte der Schlauch mit der Düse in schlängelndem Hin und Her zu Boden. Kieselsteine wirbelten auf, in Sekundenschnelle bildete sich eine dampfende Wasserlache. Giuseppe hatte sich nach unten zu Jochen umgedreht und blickte ihn verstört an. Seine runden, hervorstehenden Augen waren weit geöffnet vor Angst. Der Kopf versank noch mehr zwischen seinen Schultern, sein kleiner Buckel erschien von unten fast mächtig.

Teresa war hinzu geeilt, packte Jochen am Ärmel, riss ihn herum.

«Cosa succede? Come lo hai chiamato? Was hast du gesagt? Wie hast du ihn genannt? Was ist denn los mit dir?»

Jochen schüttelte sie heftig von sich. Sie taumelte, wollte sich auffangen, verlor aber doch das Gleichgewicht. Es sah aus wie ein Judowurf in Zeitlupe. Im Kies knirschte es kurz. Fassungslos starrte Teresa zu Jochen hinauf. Mit der gleichen geschmeidigen Langsamkeit, wie sie gefallen war, stand sie wieder auf. Ihre Augen funkelten.

Jochen schob seinen Unterkiefer vor: «Ein Bastard ist er! E' uno stronzo, non capisce niente! Ich hab ihm dreimal gesagt, er solle erst den Feigenbaum mit Plastikfolie abdecken, hab' alles Schritt für Schritt erklärt. Aber der Bastard kapiert nichts ...»

Es war plötzlich still geworden. Giuseppe war von der Leiter herab gekommen und hatte umständlich den Kompressor abgestellt.

Teresa stand dicht vor Jochen. «Und du», sagte sie mit ihrer dunklen, sonst so weichen Stimme scharf, «e anche tu non capisci niente. Du verstehst wohl auch nichts mehr.»

Mit einer unerwartet raschen Bewegung gab sie Jochen eine Ohrfeige, die in die brüske Stille hinein klatschte..

Jochen wußte nicht, ob die Ohrfeige als solche ihn überraschte – oder weil sie ihn tatsächlich schmerzte. Sein Mund stand offen, seine Hand war reflexartig an die getroffene Backe gefahren. Er blinzelte verwirrt. Sein Blick zeigte noch immer Wut. Sein Atem ging keuchend.

Mit leiser Stimme fuhr Teresa fort: «Nenn ihn nie mehr Bastard, Gioachino, verstehst du. Non chiamarlo più bastardo! Nie mehr. Er ist mein Bruder. Und zwar so, wie er ist. Hast du das verstanden, Gioachino?»

Sie hatte Jochen von Anfang an Gioachino genannt. Ihr Italienisch hörte sich normalerweise melodiös an. Jochen hatte diese Stimme und diese Melodie von Anfang an geliebt. Doch jetzt hatte sie den Namen zischend ausgesprochen. Die Worte trafen Jochen wie durch eine dicke, kalte Glasscheibe.

Teresa war ohne weitere Worte ins Haus verschwunden hatte die Tür, die sonst den ganzen Tag offen stand, demonstrativ hinter sich geschlossen.

«O no ... Mi dispiace così tanto ... Es tun mir leid ... Ich nicht haben gemacht recht. Scusi, ig magge alles gudd jetz.»

Giuseppe war um Jochen herumgeschlichen und stand vor ihm wie ein kleiner Junge. Wie immer, wenn er aufgewühlt war, versuchte er, mit Jochen Deutsch zu reden. Er hatte Tränen in den Augen.

An Jochen vibrierte noch immer alles. Er brauchte lange, bis er etwas sagen konnte. Während dessen hatte jeder der beiden Männer den anderen voll Unverständnis angesehen. Jochen wischte sich mit beiden Handflächen über sein Gesicht, als wolle er seine Aggressionen wegwaschen.

«Nein, mir tut es leid, Giuseppe. Verzeih' mir.» Mit einer kurzen Geste umarmte er ihn, ließ ihn stehen und stapfte wieder hinunter in den Olivenhain.

«Merda, merda dannata! Scheiße, verdammte Kacke», fluchte er wieder und wieder. Er hatte seine Schritte beschleunigt, als müsse er gegen einen imaginären Feind anmarschieren. Sein Atem ging schwer und er begann zu schwitzen.

Der arme Giuseppe konnte nichts dafür. Er war ein bisschen langsam. Aber sonst ein lieber Kerl. Und auch Teresa hatte recht. Nur: Geschlagen hatte sie ihn noch nie. Bis vor einigen Minuten wäre es für ihn völlig undenkbar gewesen, dass sie die Hand gegen ihn erheben würde. Er ärgerte sich. Nicht so sehr über den Vorfall an sich. In den letzten Tagen war er nur mit sich beschäftigt gewesen – und mit diesem Rüdiger.

★ ★ ★

Die Trattoria hatte sich nach und nach gefüllt. Die meisten Tische waren besetzt und die beiden servierenden Mädchen liefen bereits eifrig mit Antipasti-Platten und Rotwein-Krügen hin und her. Rüdiger wurde nervös. Was war los mit Jochen, er hatte sich bisher an keinem Gespräch verspätet, war im Gegenteil immer früher erschienen. Längst hatte Rüdiger sein Notizbuch und sein Schreibzeug weg gesteckt, immer wieder auf die Uhr geschaut und sich einige Sätze zurecht gelegt, mit denen er beginnen wollte. Da ging die Tür erneut auf, und Rüdiger blickte reflexartig zum Eingang. Es war Jochen, der langsam, fast müde hereinkam. Irgend etwas musste passiert sein, denn Jochen trug noch seine Arbeitskleidung, war verschwitzt und die Augen wirkten gerötet. Ein mattes Lächeln nur, als sich ihre Blicke kreuzten und er die Hand ausstreckte.

«Hallo Jochen, du siehst total erschöpft aus, sind euch die Schafe ausgerissen? Oder hat es gar einen Brand gegeben?»

«Ja, so was ähnliches, es hat gelodert. Aber der Rauch verzieht sich schon wieder», versuchte Jochen mit mühsam gespieltem Schalk abzuwiegeln.

«Das hört sich aber nicht so lustig an, was ist denn wirklich passiert? Gab es Streit?»

Jochen musterte Rüdiger lange, bevor er antwortete. Zwischen den Brauen bemerkte er eine kleine senkrechte Falte, ungewohnt in dieser sonst so glatten Stirn. Seine blauen, lebhaften Augen kamen ihm dieses Mal noch unruhiger vor als sonst. Auch das bubenhafte Lächeln, das Jochen in den ersten Begegnungen so sympathisch fand, blieb eher matt. Das war nicht nur die Besorgnis über sein, Jochens, Befinden. Da musste noch was anderes sein. Er wollte vorsichtig sein, wenn es nicht sowieso zu spät war.

«Was ist denn so fraglich in meinen Aussagen, Mr. Sherlock Holmes?», versuchte Jochen das Gespräch zu lenken, ohne auf die Frage einzugehen. «Habe ich mich in Widersprüche verstrickt?»

Rüdiger lachte kurz. «Nein, nein. Meine Story ist eigentlich fertig. Aber es ist, glaube ich, doch eine ganz andere Geschichte daraus geworden.»

«Na, das hört sich aber spannend an, Rüdiger. Warte, ich bestelle uns eine Flasche Sangiovese. Man hat dich ja ganz auf dem Trockenen sitzen lassen.» Damit stand er auf und ging zur Ausschank-Theke, wo er als Freund des Hauses bedient wurde. Langsam kam er mit der entkorkten Flasche und zwei Gläsern zurück, schenkte wortlos ein und setzte sich Rüdiger gegenüber.

«Gin gin, nun also, schieß los», sagte er dann unsicher und abwartend.

«Mm, nun ja, ich muss da ein bisschen ausholen», begann Rüdiger zögerlich. Es war alles so anders, als er es sich vorher zurecht gelegt hatte.

«Heh, was ist denn mit dir heute los, du tust ja, als wäre jemand gestorben», fuhr Jochen leicht gereizt dazwischen. Irgend etwas stimmt nicht, ging ihm dabei durch den Kopf. Während er das Glas langsam absetzte, hielt er den Blickkontakt mit Rüdiger.

«Im entferntesten ist das ein bisschen so ... Jochen, du hast mir erzählt, dass du bis vor etwa 20 Jahren in Hamburg warst ... Du hast mir von deinen Kontakten mit der so genannten High Society erzählt. Oder mit den Leuten, die sich dafür hielten ... Kannst du dich ... Kannst du dich an eine Familie... Surbeck erinnern?»

«Hoppla, das klingt jetzt tatsächlich wie ein Verhör. Rüdiger, da ist was faul. Was hat das mit deiner Story zu tun? Ich würde da keine Namen rein bringen, die nichts zur Sache beitragen. Das ist nicht gut.»

Jochen merkte, wie er sich beim Sprechen mehr und mehr ereiferte, kürzer atmete. Rüdiger blickte ihn ernst an und kniff die Augen etwas zusammen. Er schwieg. Auch Jochen sah ihn lange an. Irgend etwas klang in ihm nach und suchte Resonanz in seinen Erinnerungen. Surbeck? Surbeck? Brigitte Surbeck? – Brigitte!

Jochen war es, als hätte jemand alle Uhren dieser Welt angehalten. Er vergaß zu atmen. Eine Stille machte sich breit, die alles surreal erscheinen ließ. Ein Film kurz vor dem Riss. Ein eingefrorenes Standbild. Jahrzehntelange Sekunden.

«Wer bist du, Rüdiger?» hörte sich Jochen dumpf sagen.

Rüdiger hatte sich zurück gelehnt, schaute zur rauchdunklen Decke und dann wieder direkt in Jochens grüne Augen.
«Du kennst meine Mutter?»
Jochen stieß den Stuhl zurück. Jetzt tickten die Uhren wieder. Brigitte Surbeck. Eine Klientin von damals. Zweimal hatte er mit ihr geschlafen. Das erste Mal hatten sie es während einer Party getrieben, im oberen Zimmer einer Villa an der Elbchaussee. Er erinnerte sich genau an dieses Haus, hätte auf der Stelle den Grundriss zeichnen können. Das zweite Mal war es beim Verkauf der Attikawohnung passiert. Ein Bijou von einer Wohnung. Aber das spielte jetzt und hier keine Rolle. Hier saß ein junger Mann, der sich als Sohn von Brigitte outete. Jochen war abwesend aufgestanden, hatte kurz gemurmelt, dass er mal Pinkeln müsse und sah sich jetzt im Toilettenspiegel an: Ein widerliches Bild – ein Mann mit verschwitztem Hemd, unrasiert, bleich mit roten Äderchen in den Augäpfeln und weiten Pupillen.

«Mensch, Jochen», brummte er seinem Spiegelbild zu, «jetzt wird's noch einmal ganz eng, alter Knabe! Brigitte ... Rüdiger!»
Er ließ kaltes Wasser in seine zusammen gehaltenen Hände laufen und goss es sich übers Gesicht. Mehrmals wiederholte er es wie ein Ritual, trocknete sich ab und kehrte in die Gaststube zurück.

«Wie alt bist du, Rüdiger?»
Jochen stand wieder am Tisch und beugte sich hinab. Rüdiger presste zuerst die Lippen zusammen und nickte nur ganz leise mit dem Kopf. Dann antworte er vorsichtig: «25, es dürfte wohl stimmen, oder?» Es war keine Gegenfrage, es klang wie eine Feststellung.

Jochen ließ sich auf den Stuhl fallen und musterte Rüdiger. Die Stirne, ja. Die Haare? Brigittes Haare waren dunkelblond gewesen. Und seine eigenen waren fast rot. Jedenfalls das, was man von seinen Millimeterstoppeln noch sehen konnte. Früher hatte er einen Zopf getragen, gehörte zu den ersten, die sich dazu trauten. Die engeren Freunde nannten ihn Lagerfeld. Früher, mein Gott, was war früher. Da sitzt ein junger Mann, der

sein Sohn sein könnte. Oder es tatsächlich war. Ein Sohn, sein
Sohn. Jochen brachte keinen klaren Gedanken mehr auf die
Reihe.

«Rüdiger, was soll das? Das ganze Palaver mit deiner Story.
Bist du überhaupt Journalist? Mensch Rüdiger, rück jetzt raus
mit der ganzen Geschichte.»

Rüdiger beugte sich vor und lächelte dünn: «Doch, das mit
dem Journalist stimmt. Das mit der Geschichte war halbwegs
ein Vorwand. Ich wusste nicht, was da auf mich zukommt. Ich
lebe seit gut zwei Jahren in Stuttgart. Mit meiner Familie habe
ich kaum Kontakt; das letzte Mal traf ich sie an einem der Fami-
lienfeste. Der alte Dr. Surbeck wurde achtzig. Und da war eine
Tante, eine Schwester meines Vaters, die alles in Bewegung
brachte. Sie erzählte mir nach ein paar Gläsern Champagner
einige Eskapaden aus dem Leben meiner Mutter. Die beiden
mochten sich nie besonders. Diese Tante ließ mich mit maliziö-
sem Lächeln wissen, dass ja möglicherweise mein 'so geliebter'
Vater möglicherweise gar nicht ...» Rüdiger nahm einen kleinen
Schluck Rotwein.

«Zuerst war das für mich wie ein Hammerschlag», fuhr er
fort, «ich konnte und wollte meine Mutter nicht so sehen. Aber
nach und nach, je mehr ich mich damit beschäftigte, desto
mehr Dinge passten zusammen. Ich fing intensiver an, zu recherchieren ohne irgend jemandem aus der Familie etwas zu
sagen. Ich telefonierte stundenlang von Stuttgart aus, nannte
mich meist mit falschem Namen und stieß nach diesem von
Rietersmann schließlich auf einen Benno Burgermester ...»

«Was, Benno? Was hat er dir erzählt? Wo steckt der denn?»
Jochen war hoch gerückt.

«Ich habe ihn in St. Raphael in Südfrankreich in einem recht
prächtigen Landhaus aufgespürt. Er wirkte auf mich ... na ja, etwas abgelebt. Er sagte, falls ich dich finde, soll ich dich von ihm
grüßen. Aber ich will es kurz machen, Jochen: Er hielt es für
sehr wahrscheinlich, dass du mein Vater bist.»

Jetzt war es zum ersten Mal ausgesprochen. Jochen um-
klammerte die Tischplatte. Benno war der einzige gewesen, der

von seiner Liason zu Brigitte gewusst hatte. Benno war auch der einzige gewesen, von dem er sich in Hamburg verabschiedet hatte. Ab und zu hatte er ein paar kurze Briefe mit Fotos aus der Toscana geschickt. Antworten waren keine gekommen. Einmal versuchte er sogar, mit Benno zu telefonieren. Doch die alte Nummer war nicht mehr gültig, der Kontakt war abgebrochen.

Jochen holte tief Luft, wollte etwas sagen, nahm aber sein Glas und betrachtete die dunkelrote Farbe, als könne er darin das Bild von Benno sehen. Dann stellte er das Glas wieder ab, ohne getrunken zu haben. Er versuchte nachzudenken, konnte aber keinen Gedanken richtig festhalten.

«Also, was machen wir jetzt? Wir wissen beide nicht, was wirklich Sache ist. Das Ganze macht mir zu schaffen. Das hat mit dir direkt nichts zu tun. Du bist mir sympathisch, das habe ich dir schon letzte Woche gesagt. Aber hey, einen Sohn zu haben, das ist doch was anderes.»

«Für mich ist die Situation genauso bedrückend. Nein, nicht bedrückend eigentlich, sie beelendet mich. Nein, das stimmt auch nicht. Es ist so was Wichtiges für mich. Ich kann das einfach noch nicht in Worte fassen. Verstehst du, ich bin dem jetzt über ein Jahr auf der Spur. Und als ich dich zum ersten Mal sah, hatte ich so eine Ahnung, dass ich angekommen bin. Ich habe immer wieder versucht, mir diesen Moment hier vorzustellen. Aber jetzt, in diesem Gespräch mit dir, fühlt sich das ganz anders an, es wühlt mich auf. Es braucht wohl Zeit.»

Er hielt inne. Beide wechselten kurz einen Blick, schauten dann wieder ihre Gläser an. Nach einer Weile begann Rüdiger langsam wieder zu sprechen.

«Übrigens zu deiner Frage: 'Was machen wir jetzt?' – Ich habe schon etwas gemacht. Ich muss dir noch etwas gestehen, Jochen. Und jetzt kannst du mich zum Teufel jagen, wenn du willst... Jochen, als du mir letzte Woche in deiner Locanda einen Wein angeboten hattest, habe ich die zwei Gläser mitgenommen, um...»

«Moment, was soll jetzt das?» fuhr Jochen dazwischen. «Du hast Gläser geklaut. Das ist doch kindisch. Was hat das denn mit der Geschichte zu tun? Rüdiger, die Sache ist verquer genug.» Jochen begann, leicht ärgerlich zu werden.

«Lass es dir erklären, Jochen. Es gibt heute genetische Testverfahren, die äußerst genau sind. Ich hatte mich anerboten, die Gläser hinaus in die Küche zu bringen. Ich habe sie aber eingeschickt in ein Labor, um Gewissheit über unsere Situation zu kriegen.»

«Na ja, du bist Journalist, du bist der Spürhund.» Jochens Stimme klang sarkastisch. Als er es merkte, fügte er rasch hinzu: «Nein, ich meine es nicht so, ist schon in Ordnung. Also, jetzt ist es bewiesen, dass wir Vater und Sohn sind, oder?» Jochen versuchte sich hilflos in einem väterlichen Lächeln, das aber, so spürte er, kaum so ankam.

Rüdiger musste plötzlich lachen, wurde gleich darauf wieder ernst: «Jochen, es ist eindeutig, ja, du bist mein Vater. Komm, lass uns anstoßen. Als Freunde oder als was auch immer.»

«Ein Sohn ... Ein Sohn aus Hamburg ...»

Jochen hob sein Glas, verzog die Mundwinkel und schüttelte den Kopf. Es war alles fremd für ihn. Wenn es ihn nicht so getroffen hätte, wäre es komisch, fast wie ein platter Schwank auf einer Laienbühne.

Sie tranken und sahen einander dabei an wie einsame Passagiere irgendwo auf einem verlassenen Bahnsteig. Jochen bestellte eine zweite Flasche Sangiovese.

\* \* \*

Es war spät geworden, als Jochen nach Hause kam. Er war froh gewesen, dass Rüdiger für ihn ein Taxi hatte kommen lassen und darauf bestanden hatte, sich erst am nächsten Wochenende wieder zu treffen, um zu sehen, wie es weiter ginge. Die Locanda lag wie verlassen. Jetzt im November war sie offiziell geschlossen. Einzig die Lampe über dem Eingang brannte. Als er die Haustüre öffnete, ging das Licht in der Stiege an. Giuseppe stand auf dem Treppenabsatz.

«Teresa sein gegangen», sagte er rau in seinem gebrochenen Deutsch. Er wirkte noch immer verstört.

«Wo ist Teresa?»

Giuseppe brauchte ziemlich lange, bis er erklärt hatte, dass Teresa zu ihrem Elternhaus gefahren war. Seit sie zu ihm in die Locanda gezogen war, hatte sie es regelmäßig an Feriengäste vermietet. Doch die Saison war vorbei, das Haus war frei. Jochen fuhr sich mit beiden Händen übers Gesicht.

«Grazie, Giuseppe, es ist schon gut. Ich fahre morgen früh hinüber zu ihr. Wo ist Fiorina?»

«Ist bei Freundin, bei Domenica».

«Gut, Giuseppe. Ich bin sehr müde. Schließ du bitte alles unten ab und lösche auch das Außenlicht. Ist das o.k.?»

«Chiaro come il sole», lächelte Giuseppe, erleichtert darüber, dass ihm Jochen wieder Vertrauen schenkte.

Jochen hatte einen unruhigen Schlaf gehabt. Immer wieder war er erwacht, immer wieder kam ihm das Gespräch mit Rüdiger hoch, immer wieder das Gesicht von Brigitte. Und neben ihm das leere Bett von Teresa. Was konnte er ihr sagen? Was würde sie ihm glauben? Was würde sich zwischen sie schieben? Die Bilder der Vergangenheit. Die Vergangenheit, für die er sich oft genug geschämt hatte. Rüdiger schwitzte.

Kaum dämmerte es draußen, zog er sich an und stapfte hinaus in die kühle Morgenluft. Er war so aufgewühlt wie nur in seinen ersten Gefängnistagen. Wut gegen sich, Wut gegen sein Schicksal, Angst vor der Zukunft. Gleichzeitig ein widerstrebendes Gefühl von Stolz. Wieder war er Stunden unterwegs. Die aufsteigende Sonne konnte seine vom Tau feuchten Hosenbeine und die bereits nassen Schuhe nicht trocknen. Er ging zurück, duschte und rasierte sich und fuhr zu Teresa hinaus.

\* \* \*

Am Küchentisch hatte er sie angetroffen. Sie war vornüber gebeugt. Ein Taschentuch lag zerknüllt neben ihr. Sie schaute auf, mit verweinten und doch liebevollen Augen. Hatte sie überhaupt geschlafen? Sollte er jetzt mit ihr Reden, wenn sie in diesem Zustand war?

In Jochen drehte sich alles dumpf. Ihm kam ein Bild hoch, wie er als fünfjähriger Bub seiner Mutter nachgelaufen war, die ihn zu Hause gelassen hatte. Wie er dann in dem alten Waschhaus ankam, eine Weile sich im Dampf an die Sicht gewöhnen musste, die großen Bottiche sah, in denen die Frauen mit starken Armen große Holzkellen bewegten. Wie er seine Mutter erkannte. Wie ihn diese Mischung zwischen zärtlichem Mutterblick und leisem Vorwurf in den Augenwinkeln berührte. Das war ein ähnliches Gefühl: in fremder dunstiger Umgebung dennoch Geborgenheit zu spüren.

«Ich habe noch nie einen Mann geschlagen, Gioachino. Selbst Giuseppe nicht. Mein ganzes Leben lang nicht. Auch wenn er mich als Kind manchmal fast zur Weißglut brachte.»

Die schwarzen, nass glänzenden Augen, die schönen, dichten Augenbrauenbögen, die weichen Gesichtszüge, die offenen Lippen. Jochen zog einen Stuhl heran, setzte sich zu ihr, legte den Arm um ihre Schulter und drückte den Kopf an sie. «Trea», begann er leise. Er nannte sie immer Trea, wenn sie alleine zusammen waren.

«Trea, ich weiß nicht, was los ist mit mir. Seit Rüdiger da ist, bin ich durcheinander. Es ist für mich wie eine Kanufahrt im Wildbach. Ich hab' kein Steuer mehr in der Hand. Es tut mir leid.»

Teresa hatte sich aufgerichtet. Wie schön sie war, wenn sie ihren Kopf so trug. Die aufrechte, selbstbewusste, aber keineswegs hochmütige Körperhaltung war ihm damals als erstes aufgefallen. In Monte Orgello war Mittwochsmarkt gewesen. Aufrecht war sie gestanden, hatte drei Peperoni in der Hand gehabt. Die Schultern gerade, ihre Brüste nahmen den Platz ein, der ihnen gebührte, die Arme und Hände waren in einem ausgewogenem Tonus, was ihren Bewegungen eine bewundernswerte Choreographie gab. Für Jochen war und blieb sie der Inbegriff italienischer Weiblichkeit.

Jetzt kamen ihre Hände zärtlich zu seinem Gesicht, streichelten die Wange, die sie gestern geschlagen hatten. Zwischen ihren Fingern hindurch sah er ihre Augen. Es war noch immer Liebe.

Diese Frau wird mich immer lieben, dachte Jochen. Ganz gleich, was geschieht. Sie wird sagen, was sie denkt. Sie wird es so sagen, wie es der Moment für sie erfordert. Sie wird vielleicht Geschirr zerschlagen. Aber nachher werden wir uns um so heftiger lieben.

«Wenn ich dich in deinen Launen und Eigenarten nicht schon seit 20 Jahren kennen würde, ich hätte die letzten Wochen kaum mit dir ausgehalten», flüsterte sie und streifte ihn mit einem kurzen Lächeln.

«Trea, du bist die stärkste Frau, die ich in meinem Leben kennen gelernt habe. Ich liebe dich, Trea. Ich möchte dich nicht verlieren».

«Lass es gut sein, Gioachino. Ich habe dich einfach noch nie so zornig gesehen. Aber jetzt ist es gut. Ich bin jetzt einfach nur müde, habe kaum geschlafen.»

Jochen überlegte, wie er vorgehen sollte. Wäre jetzt Zeit, alles zu sagen? Was alles? Er stellte sich hinter sie und massierte zärtlich ihren Nacken. So brauchte er sie nicht anzuschauen, und sie sah seine Verlegenheit und Unruhe nicht. Es war nicht der richtige Moment, um zu reden. Aber wann war der richtige Augenblick. Würde er es dann noch können?

«Komm Trea, legen wir uns noch einmal hin. Auch ich habe diese Nacht kaum ein Auge zugemacht. Fiona ist bei Domenica, Simona kommt sowieso erst am Samstag von Milano heim. Und Giuseppe kann auch einen Tag alleine sein. Ich rufe ihn gleich noch an, damit er Bescheid weiß.»

Er nahm Trea bei der Hand und half ihr auf. Sie küssten sich. Ein Kuss, der Versöhnung bedeutete, doch für Jochen auch einen Geschmack von Furcht zurück ließ.

★ ★ ★

Die Novembersonne beschien schon flachstehend die West-
seite des Hauses. Teresa und Jochen hatten lange geschlafen.
Danach hatten sie sich geliebt, wie seit langem nicht mehr. Jetzt
saßen sie vor dampfender Tagliatelle mit Pesto und tranken ein
Glas Sangiovese. Teresa trug ihre Bluse offen. Jochen hatte nur
den Pullover übergestreift. Seine Brusthaare kräuselten sich aus
dem V-Ausschnitt. Ihre Gesichter glühten. Jeder suchte immer
wieder die Augen des anderen.

Jochen fühlte sich gut. Die Unruhe im Kopf von gestern war
weg. Der Wein brachte zusätzliche Wohligkeit.

«Trea...», begann er vorsichtig «das mit Rüdiger... Ich muss
es dir jetzt erzählen.»

Teresa strich sich eine schwarze Strähne aus dem Gesicht
und nickte leicht mit dem Kopf.

«Ja, ich glaube, ich weiß was kommt. Non e 'un giornalisto,
vero? Er ist kein richtiger Journalist, gell? Aber wieso taucht er
so plötzlich auf? Wie alt ist er übrigens, etwa 24 oder 25?»

«25, aber lass mich vorn anfangen. Es wird eine lange Geschichte. Ich muss dir alles der Reihe nach erzählen. Da sind
einige Dinge, die ich dir bis heute nicht gesagt habe, von früher
und so ...»

Schon beim Gedanken an diese Zeit, würgte es ihn im Hals
und er atmete tief durch.

«Du musst nichts erzählen, Gioachino. Nichts, was du nicht
willst, das ich wissen soll. Es geht um Frauen, oder? Und es
geht dabei auch um Rüdiger?»

Teresa hatte das ganz ruhig gesagt, als sei es eine Tatsache,
die lange bekannt ist. Auch wirkten ihre Fragen eher als Feststellungen. Jochen schluckte. Wusste sie schon lange alles und
hatte einfach geschwiegen? Was soll ich noch groß alle Details
ausbreiten, dann ist ja ohnehin schon alles klar.

Teresa schaute ihn lange an und Jochen konnte den Blick
nicht deuten. Auf einen Schlag war sie wieder die Italienerin aus
San Girolamo, und er der Deutsche aus Hamburg, und der
Tisch zwischen ihnen waren 20 Jahre und Hunderte Kilometer
Distanz. Jochen fühlte sich allein, hatte für einige Sekunden

wieder diese Angst, alles zu verlieren. Wäre es nicht besser, eine
lockere Handbewegung zu machen und das Glas zu nehmen,
anzustoßen und einfach zu sagen, dass das längst vorbei ist,
keine Bedeutung habe. Aber Rüdiger war da, er hatte Bedeutung.

«Doch, Trea, du sollst wissen, wer ich früher war... Also...
Ich hatte Ende der siebziger Jahre ein Geschäft als Immobilien-
Makler. Nur das Feinste vom Feinen, erste Adressen und noble
Objekte in Hamburg und Umgebung... Also, ich war damals
anders, ich war jung und... Ich machte meinen Job damals wirklich mit Herzblut. Ich wollte Geld, wollte Erfolg ... Ich wollte
auch dabei sein, dazugehören.» Jochen machte wieder eine Pause, nahm einen Schluck aus seinem Glas und befeuchtete sich
die Lippen.

«Trea, ich will dir jetzt offen sagen, was damals bei mir ab-
lief. Ich war ein Schwein damals. Ich zog die feinen Herrschaf-
ten über den Tisch, wo ich nur konnte. Besonders die Damen.
Die meisten meiner Klienten zu der Zeit waren reiche Frauen,
die Häuser oder Penthouse-Wohnungen an guten Adressen
suchten. Viele präparierten sich da einfach ihr teures Nest für
ihre Liebhaber.» Jochen blickte Teresa kurz beschämt an, fixier-
te wieder den Stiel des Glases an, drehte ihn zwischen den Fingern und überlegte eine Weile.

«Vielleicht sollte ich umgekehrt anfangen, bei Rüdiger. Wir
hatten gestern ja noch einmal ein Gespräch zusammen, du
weißt ja ...»

«Nein Gioachino, wenn es dir nichts ausmacht, erzähle der
Reihe nach. Das, was du im Augenblick sagen magst.»

Jochen fuhr mit der Hand über seine Haarstoppeln und
zupfte sich am Ohr. Wieder holte er Luft und begann langsam:

«Ja, schon. Ich muss aber doch zuerst von Rüdiger erzählen.
Er stammt auch aus Hamburg. Er hatte zuerst von einer Tante
einen Hinweis bekommen. Das war vor drei Jahren, wie er
sagte. Am achtzigsten Geburtstag seines Großvaters, dem Vater
seines Vaters, äh... Verstehst du?» Jochens Stimme wurde unsicher. Er räusperte sich mehrmals. «Nun ja, diese Tante er-

zählte dem Rüdiger vom gar nicht so feinen Lebenswandel seiner Mutter. Mit einem maliziösen Lächeln – genau so hatte sich Rüdiger ausgedrückt –, mit einem 'maliziösen Lächeln' gab sie ihm zu verstehen, dass er möglicherweise einen anderen Vater habe als diesen Dr. Surbeck ...»

«Moment, wie geht das? Jetzt wird das für mich ein bisschen kompliziert. Hat sich der Rüdiger nicht als Kostler vorgestellt?»

«Ja, das hatte ich ihn auch gefragt. Rüdigers Mutter war eine geborene Kostler. Zu seinem Vater – und überhaupt der ganzen Sippe Surbeck – hatte Rüdiger offenbar ein äußerst gespanntes Verhältnis. Besonders zu seinen Großeltern. Er hatte zu Hause ständig Ärger, fühlte sich, so erzählte er mir, in dieser Familie mit ihren starren Normen und Regeln nie wohl. Er riss mehrmals aus, kam dann mit Drogen in Berührung und wurde schließlich von seinem Großvater 'interniert', wie Rüdiger es nannte. – Also, der Großvater steckte ihn in ein streng geordnetes Internat in der Schweiz. Nach dem Abitur, als Rüdiger volljährig wurde, ging er gar nicht mehr nach Hamburg zurück, studierte in München und ist heute Redakteur irgendwo in Süddeutschland ...»

Jochen sog tief Luft ein und rieb sich mit beiden Zeigefingern die Augen. Teresa beobachtete ihn, sagte aber nichts. Nach einer Weile fuhr Jochen fort:

«Er wollte mich langsam kennen lernen, wusste nicht, ob er auf der richtigen Spur war ...»

Teresa sagte noch immer nichts, ihre Augen fixierten sein Gesicht, nahmen jede Regung wahr.

«Es fällt mir wirklich schwer, Trea ... Aber ich muss dir jetzt alles erzählen ... von mir damals. Wie gesagt, ich kaufte und vermittelte teure Villen und Eigentumswohnungen. Einem Antiquitätenhändler verkaufte ich ein Prachtshaus an der Elbchaussee, damals eine der vornehmsten Gegenden in Hamburg. Dieser Mann hieß übrigens Benno und wurde mein bester Freund. Der einzige aus dieser Gesellschaft. Und in dieser Szene lernte ich eine Lady kennen, die an manchen Parties ohne ihren Mann erschien ... na, ja, ähm ..., also, sie suchte auch eine

Wohnung. Und dieser Benno, von dem ich vorhin erzählte, gab mir Informationen über mögliche Käufer und Verkäufer. Er besaß selbst einige Häuser und Wohnungen. Eine dieser Attikawohnungen an der Außenalster sollte ich für ihn verkaufen. Eine Wohnung, wie gemacht für besagte Lady...»

Jochen trank den letzten Schluck aus seinem Glas.

«Dann fand diese Wohnungspräsentation statt. Übrigens bildschön, ich meine die Dame. Etwas kühl zwar, aber etwas in der Art, bei der ich kurzatmig wurde, damals ...»

«Damals? Va bene così. Ich höre es ...», Teresa zog spöttisch die Augenbrauen hoch.

«Trea, das sind alte Geschichten, verstehst du», lächelte Jochen etwas befangen und war sich nicht mehr sicher, was er auslassen sollte und was er erzählen wollte.

«Der Gioachino, der dir nun seit 20 Jahren auf die Nerven geht, ist ein anderer als der damalige 28-jährige Jochen, der Upperclass-Hochstapler. Aber du darfst mich nicht mehr unterbrechen, sonst überlege ich es mir noch anders. Nein, ganz offen: Sie war von der Wohnung begeistert und... Wir trieben es im geräumigen Luxusbadezimmer. Alle Türen standen offen, wir waren ja alleine. Ich hatte das Geräusch im Türschloss gar nicht gehört, aber sie zuckte plötzlich zusammen. Da ging auch schon die Wohnungstür auf und Benno federte herein. Grandseigneur von Kopf bis Fuß. Die Lady und ich hatten uns hastig angezogen und versuchten, cool zu tun. Benno grinste mich amüsiert an, grüßte sie lässig und entschuldigte sich. Er habe noch den Tresor vergessen. Ich hätte ihm doch bitte vorher sagen sollen, wann die Wohnungsbesichtigung genau sei.

Dann zog er tatsächlich einen Schlüssel aus der Tasche und öffnete einen Tresor, den ich zuvor überhaupt nicht bemerkt hatte. 'Eh voila, ich hätte sie fast vergessen', sagte er, als ginge es nur um zwei Flaschen Bier aus dem Kühlschrank, aber er nahm zwei goldene Rolex-Uhren aus dem Tresor. 'Und hier alle meine Schlüssel.' Damit drückte er ihr elegant lächelnd die Schlüssel in die Hand. 'Es sieht ja so aus, als hätten Sie sich entschieden – für die Wohnung.' Er verbeugte sich, winkte mir kurz zu und verschwand so leichtfüßig, wie er gekommen war. Der Mann hatte für mich damals einfach Stil ...»

Jochen schaute zerstreut und etwas beschämt zum Fenster hinaus. Er hatte es locker erzählen wollen, im Plauderton. Aber es klang nicht richtig. Auch für ihn selbst nicht.

«Scusami, caro. Entschuldige Liebling: Was hat das nun mit Rüdiger zu tun?» fragte Teresa wie beiläufig, obschon sie sich ihren Reim schon lange gemacht hatte.

«Wie?» Jochen schaute sie leicht verwirrt an. «Warte, kommt gleich. Für mich war das damals alles völlig konfus. Es interessierte mich auch nicht groß. Ich war völlig fertig und in diesem Moment nur froh, dass in solchen Kreisen ein sehr diskreter Umgang herrscht. Ich hatte von besagter Lady bald das Geld auf dem Konto. Alles andere ging per Telefon. Ich habe sie nie weder gesehen ...»

Er atmete tief durch, wie um die alte Geschichte hinter sich zu lassen. «Tja... und jetzt kommt dieser Rüdiger. Der hat zu recherchieren begonnen, den Benno aufgestöbert und dieser hat durchblicken lassen..., dass es eben tatsächlich gut möglich sei, also dass ich ...»

«Sei certo di essere suo padre? Bist du nun sein Vater?» fragte Teresa, die etwas ungeduldig geworden war.

Jochen zuckte leicht zusammen: «Ich finde den Jungen recht interessant. Er ist eigenständig, denkt geradlinig und kann seine Gefühle ohne langes Herumgetue ausdrücken... Ja, ich mag Rüdiger. Mit Ausnahme seines Namens ... Ich werde ihn in Zukunft wohl anders nennen ...»

«Du bist also sein Vater?» fragte Teresa ein zweites Mal, etwas lauter.

«Ja, er hat einen Test machen lassen. Aus diesem Abenteuer damals ist er entstanden. Ich verstehe es auch nicht ganz, ich dachte, sie nähme die Pille und ich hab mir damals auch nicht viel überlegt dabei. Aber das spielt wohl jetzt auch keine Rolle mehr ... Rüdiger ist da ..., Ja, ich bin sein Vater.»

Teresa fuhr sich mit der Zunge langsam über ihre Oberlippe und runzelte die Stirn. Nach einer Pause fragte sie: «Gioachino, was bedeutet das nun. Die Frau muss das ja gewusst haben? Sie hat dich nie mehr gesehen, und sie hat dich nie informiert?»

Jochen stand auf, um sich wieder ganz anzuziehen. Es war kühler geworden. Auch Teresa rieb sich die Oberarme. Jochen reichte ihr die Kleider. Sie kleidete sich an und lehnte an den Fensterrahmen.

«Nein, wir hatten nie mehr Kontakt. Und ich denke, dass dies gut war so. Aber ich muss dir noch mehr erzählen, Trea ... Die ganze Sache bringt mir ein Stück meines Lebens wieder hoch, das ich bewusst hinter mir gelassen habe ... Eine Zeit, für die ich mich schäme ... Dieses ganze Getue damals, diese Sucht nach Status, dieses heimliche, gegenseitige Gestichel hinter der Maske der Anständigkeit und Vornehmheit, das alles hatte mich eigentlich angewidert. Aber damals wollte ich tatsächlich dazu gehören ... Dann kam es schließlich ... Dann passierte das mit dem kleinen Mädchen ...»

Das Sonnenlicht draußen strich nur noch flach über die Hügel, die Schwalben jagten um die Hausecken. Teresa drehte sich brüsk zu Jochen um.

«Was ist jetzt das noch, Gioachino? Was für ein Mädchen? Langsam bekomme ich Angst. Was ist mit dem Mädchen?

«Setz dich bitte noch einmal her, Trea. Es ist nicht, wie du vielleicht denkst». Er versuchte, sie um die Schultern zu fassen, doch sie wand sich mit einer Drehung und setzte sich wieder auf den Stuhl gegenüber.

«Teresa, ich sagte schon, ich war damals auf einem falschen Weg. Ich war auf Partys, ich trank Alkohol ... und ab und zu nahm ich Kokain, um wieder gut drauf zu sein ... Es war an einem frühen Sommerabend, ich hatte nach einem guten Geschäft ein paar Drinks gehabt ... und ... und noch eine Linie Koks reingezogen. Dann bin ich heimgefahren. In einer fast leeren Nebenstraße springt plötzlich zwischen den geparkten Autos ein etwa dreijähriges Mädchen auf die Fahrbahn. Ich hab zu spät reagiert ...»

«Du hast sie überfahren? Du hast ein Kind totgefahren? – Gioachino, und du hast mir das nie gesagt?»

Teresa schaute mit weit geöffneten Augen zu Jochen, die Hand vor dem Mund, die andere Hand an die Brust gepresst.

«Nein ..., Trea, nicht totgefahren ...»

Jochen sprach leise und ruhig. Jetzt war fast alles gesagt. Der Rest würde nur noch wenig ändern.

«Das Mädchen hatte einen Beckenbruch und eine schwere Hirnerschütterung. Sie hat überlebt. Aber ich... ich hatte sie liegen lassen, war völlig von der Rolle ... Ich bekam vier Jahre Gefängnis. Kaum war ich draußen, bin ich weg von Hamburg, habe mal hier, mal dort gearbeitet, bis ich nach San Girolamo kam und mit dem letzten Geld das Grundstück hier kaufte ...»

Beide schwiegen, jeder mit seinen Gedanken beschäftigt. Nach einer langen Weile stand Teresa auf und räumte das Geschirr ab. Wortlos ließ sie das Wasser ins Spülbecken laufen. Jochen griff sich ein Geschirrtuch, stand stumm an die Wand gelehnt, schaute sie an, bis sie seinen Blick erwiderte.

«Es tut mir leid, Trea. Die ganzen Jahre tun mir leid, haben mir schon immer leid getan. Und es tut mir leid, dass ich dich damit belasten muss, mit meiner dreckigen Vergangenheit und jetzt mit Rüdiger ...»

Er trocknete weiter gedankenverloren einen Teller und betrachtete die glänzende Wölbung des weißen Porzellans, als spiegle sich darin sein Leben. Nach einem langen Aufatmen fügte er bei:

«Die Vorstellung, einen Sohn zu haben, schon seit vielen Jahren einen Sohn zu haben, das ist etwas völlig Verwirrendes für mich. Aber eines ist klar, Trea: Ich liebe dich und die Mädchen, den Ort und mein Leben hier. Das ist mein richtiges Leben.»

«Ich danke dir, dass du mir alles erzählt hast», bemerkte Teresa nach einer Weile. «Es ist wie es ist. Wir müssen neu anfangen ... Für uns alle ist es ein Neuanfang, für dich, für mich, für die Mädchen und für Rüdiger ... Und ein Neuanfang braucht Zeit, da ist immer auch sehr viel Verletzliches dabei. Jeder hat seine eigenen Empfindlichkeiten. Aber wir werden das durchstehen, gemeinsam.

## Erbe, wem Erbe gebührt

«Sunset Boulevard», schoss es Bernd Hirsch durch den Kopf, als er noch einmal nach draußen ging und seinen Blick über den dunklen Garten schweifen ließ. Erst vor zwei Tagen hatte er den alten Schwarzweißfilm im Fernsehen gesehen, den Streifen über eine alternde Hollywood-Diva, die in ihrer herunterge-kommenen Villa haust und noch immer daran glauben will, ein großer Star zu sein.

Die Parallelen zu seinem eigenen Leben schienen Bernd Hirsch so klar wie die Umrisse des vollen Mondes am klaren Nachthimmel über ihm. Der ungepflegte Rasen, der verdreckte Pool, in dem seit Jahren keiner mehr seine Bahnen gezogen hatte, diese ganze leere, leblose, verlassene Atmosphäre – alles wie in «Sunset Boulevard». Oder noch schlimmer, dachte Bernd. Die Diva im Film hatte wenigstens noch einen Butler, der zu ihr hielt. Seit Angela, seine Partnerin, vor zwei Jahren an Krebs gestorben war, lebte Bernd ganz allein in seinem großen, viel zu großen Haus.

«Vielleicht sollte ich mal wieder den Pool auffüllen», dachte er, doch er verwarf den Einfall sofort als alberne Sentimentalität eines Mannes mit langer Vergangenheit und wenig Zukunft. Das bisschen Wasser würde die alten Zeiten auch nicht zurück-holen. Die guten alten Zeiten.

Bernd stieß einen verbitterten leisen Lacher aus, sah zum Mond hinauf und spürte, dass ihm das fast gefiel: ein verbitter-ter alter Mann zu sein. Einen gewissen Hang zum Drama konn-te er nicht leugnen. Er hätte Schauspieler werden sollen. Dann wäre er jetzt auch ein bemitleidenswerter alter Star, den keiner mehr wollte, wie die Swanson in «Sunset Boulevard». Doch, das wäre wohl eine Nummer größer gewesen als das, was er zu bieten hatte: das Drama eines alternden Textilgroßhändlers.

Sein Leben war kein Filmstoff: Die Geschichte von einem, der es geschafft hatte zu einer Zeit, in der es nicht so schwierig war, es zu schaffen. Bernd Hirsch hatte sich im Verlaufe seines Lebens ein kleines Seiden-Imperium aufgebaut. Er war nicht der Typ, der etwas anbrennen ließ, nie. Nicht im Beruf, nicht im Privaten. Mit Bernd Hirsch war immer zu rechnen.

Aber jetzt? Sunset Boulevard. Das kann es doch nicht gewesen sein, flüsterte es stumm in Bernd Hirsch. Das ist unmöglich. Eben war ich noch ein junger ehrgeiziger Mann, der es zu etwas bringen wollte, der voller Ideen und Energie und Träumen – nein, Visionen! – war, und jetzt hocke ich allein in einem Haus, einem viel zu großen, und warte nur noch auf einen guten Tag fürs Sterben. Ja, wenn Angela noch leben würde...

Aber trotzdem: Das darf es nicht gewesen sein! Ich spüre noch immer diese Kraft in mir, auch wenn ich vielleicht schneller müde werde als früher. Doch die Lust ist noch da, diese Lust, etwas zu bewegen und zu erreichen, etwas zu schaffen. Ich bin 68 Jahre alt und noch immer gut in Schuss, habe keine Glatze wie die anderen, die ich von früher kenne. Keinen Bauch.

Es ist ein Fluch, dass Erfolg nicht satt macht, sondern leer.

Bernd Hirsch trat über die Terrasse ins Haus, ging zur Küche, öffnete wie ein junger wilder Mann den Eisschrank, holte wie ein junger wilder Mann ein Bier heraus, trat wieder ins Freie und riss die Dose auf. Dann setzte er sich auf die Umrandung des Pools und ließ seine Beine baumeln, als wäre das Wasser noch da.

Es muss etwas geschehen! Das kann es nicht gewesen sein!

Bernd nahm einen tiefen Schluck aus der Dose. Reisen, das hatte er doch immer geliebt. Aber die Firma brauchte ihn hier. Die Firma. Brauchte er auch die Firma? Bernd Hirsch waren alte Unternehmer, die nicht wussten, wann ihre Zeit abgelaufen war, immer ein Gräuel gewesen. Sie kamen ihm vor wie diese grau melierten Herren, die auf Rollschuhen durch die Fußgängerzonen rauschten und über die alle verstohlen lachten:

Schaut mal den da, der will noch auf jung machen. Nein, so einer wollte er nicht sein, einer, bei dem alle dachten, wie lange er es wohl noch machen würde ...

Es muss etwas geschehen. Schon zu lange wusste er, dass etwas hätte geschehen sollen. Mit seinem Anwalt hatte er alles besprochen, die formelle Übergabe der Firmenanteile an seine Kinder. Theoretisch war alles klar. Ob wohl eines der Kinder auch aktiv in der Firma tätig werden würde? Bernd rechnete nicht mehr damit. Er hatte lange gehofft, eines würde ihm nachfolgen, doch heute erschien ihm diese Hoffnung nur noch kindisch. Die Kinder führten ihre eigenen Leben und wollten nicht seines weiterführen.

Aber er, er wollte es weiterführen. Noch einmal aufbrechen, das wollte er. Die Firma weitergeben, dieses viel zu große Haus verkaufen, damit es sich mit neuem Leben füllen konnte und ihn nicht mehr mit seiner Größe und Leere erdrücken musste. Weggehen, dorthin, wo alles neu ist, lebendig, wo er nicht an dem gemessen würde, was er gewesen war, sondern wo es Zukunft gab. Auch für ihn. Gehen! Und am liebsten nach Asien, dachte Bernd Hirsch, einfach weit weg, wo alles ganz anders ist und man mich nicht leicht einschätzen kann.

Die Dose war schon halb leer. In Bernd machte sich das angenehme Eigenleben des Alkohols breit und sogar ein wenig Euphorie: Abschied nehmen, das ist schön, wenn man sich selber dafür entscheiden kann. Wenn man selber festlegen kann, wie es weitergehen soll. Und ob es eine Rückkehr gibt oder nicht. Bernd erhob sich. Jetzt nur nicht ins Träumen verfallen, nahm er sich vor. Man muss die Dinge gleich richtig anpacken. Ich will den Motor nicht nur in Gedanken noch einmal anwerfen, sondern in Wirklichkeit. Was bleibt zu tun?

Er wusste, was zu tun war. Und das hatte ihn in der Vergangenheit immer davon abgehalten, wirklich etwas zu verändern. Wenn er sein Vermögen unter den Kindern verteilen wollte – dann musste er sich endgültig dafür entscheiden, ob er zu Hazama stehen sollte oder nicht. Ob er Susanne, Günther und Dieter sagen sollte: Ihr habt einen Bruder, der in Japan lebt.

Na ja, einen Halbbruder.

Ja, Hazama. Bernd Hirsch hatte ihn schon seit vielen Jahren nicht mehr gesehen und in letzter Zeit immer weniger an ihn gedacht. Schon noch ab und zu, aber dieser Junge, der längst ein Mann geworden war, geisterte nicht mehr ständig in seinem Hinterkopf herum.

Hazama war im gleichen Jahr zur Welt gekommen wie Dieter, Bernds jüngster Sohn. Sein jüngster legitimer Sohn. Bernd hätte seiner Frau Hélène die Affäre in Japan eigentlich schon lange gestehen wollen. Doch ausgerechnet zu jener Zeit, als Hélène mit Dieter schwanger war, hatte diese Liebesbeziehung ihren Höhepunkt erreicht. Und das hatte Bernd Hélène nicht antun wollen: Ihr zu sagen, dass er sie betrog, während sie von ihm schwanger war. Hirsch hatte wirklich nie etwas anbrennen lassen, aber er wollte ein guter Mann und guter Vater sein, einer, auf den die Familie zählen konnte, vor allem in Ausnahmesituationen. Auswärts vögeln, während daheim die Familie wächst – nein.

Aber Natsuko war auch nicht irgend eine, die man auswärts vögelt; der Begriff tat ihm leid, weil er seiner großen Liebe nicht gerecht wurde. Und das war Natsuko: seine große Liebe. Denn mit ihr konnte er nichts als Liebe leben. Während über 20 Jahren traf er sie auf Geschäftsreisen: mal in Japan oder Hongkong, dann in den USA. Sie war jene Affäre in seinem Leben, bei der er sich nicht erinnern konnte, auch nur ein einziges Mal ein schlechtes Gewissen gehabt zu haben. Niemanden gegenüber.

Zwischen ihm und Natsuko war einfach das, was war: Liebe ohne Bedingungen. Sie trafen einander, konnten wunderbar miteinander reden – es gab ja auch immer viel zu bereden – und wunderbar miteinander schlafen. Natsuko hatte eine außerordentliche Gabe zur Hingabe, konnte ganz aufgehen in ihrer Leidenschaft. Sie gehörte zu den Frauen, die wirklich Spaß an Sex haben. Sie liebte die Abwechslung und brauchte auch nicht immer ausgedehnte Vorspiele, diesen ganzen Aufwand, den Frauen schätzen. Manchmal, wenn sie und Bernd einander länger

nicht mehr gesehen hatten, stürzten sie sich regelrecht aufeinander. Sie machten sich einen Spaß daraus, einander an
Orten zu treffen, die bezüglich Intimität eine gewisse Herausforderung darstellten. Hazama wurde wahrscheinlich in einem
Warenhaus gezeugt. Bernd erinnerte sich gerne an diesen
Nachmittag. Müsste er eine Liste der zehn aufregendsten sexuellen Abenteuer seines Lebens aufstellen – jenes im Warenhaus
in Chicago gehörte ganz bestimmt auf einen der vordersten
Ränge. Dabei war Natsuko damals so laut ...

Bernd konnte sich ein Lächeln nicht verkneifen, wenn er
daran dachte, und er war zufrieden damit, jetzt auszusehen wie
ein Spitzbube. Ein junger Schelm, der etwas zu verbergen hatte,
auf das er eigentlich stolz war: Hazama. Der Junge in Japan
wußte nicht, dass Bernd Hirsch sein Vater war. Er kannte ihn
flüchtig – Natsuko arbeitete regelmäßig für «Hirsch Seide» und
hatte deren Inhaber mit ihrer Familie bekannt gemacht. Weil
Natsukos Ehemann ebenfalls Europäer war, ein französischer
Diplomat, hatte das multikulturelle Aussehen des Buben niemals für Aufregung gesorgt. Zudem glich Hazama auch seinen
beiden Geschwistern stark, Natsuko hatte in dieser Familie eindeutig das Sagen, offenbar auch in genetischen Dingen. Sie war
wahrlich eine moderne japanische Frau. Und dazu eine sehr,
sehr attraktive. Fand Bernd Hirsch.

Er bedauerte, sie schon so lange nicht mehr gesehen zu
haben. Zum letzten Mal schlief er vor fast 18 Jahren mit ihr. Da
war Hazama auch schon 17 Jahre alt. Seither traf Bernd Natsuko hin und wieder zum Essen oder zu langen Spaziergängen
irgendwo auf der Welt. Es gab herzhafte Umarmungen, aber
Sex zwischen ihnen war längst kein Thema mehr. Obwohl sie
ihm noch immer gefiel, machte Bernd Natsuko nie wieder
Avancen. Auch sie schien nicht mehr darauf aus gewesen zu
sein, ihn zu verführen.

Vielleicht waren sie – trotz allem, trotz der besonderen
Biografie ihrer Liebe – dort angekommen, wo Paare im besten
Fall ankommen: bei guter Freundschaft und so inniger Verbun-
denheit, dass man auf körperliche Nähe verzichten kann. Dass

Hazama ihr gemeinsames Kind war, wollte und konnte keiner von ihnen vergessen, aber sie schienen sich stumm darauf geeinigt zu haben, dem Anschein den Vortritt vor der Wahrheit zu gewähren.

Für die pragmatisch denkende Natsuko war es nie eine Frage, dass ihr Geheimnis eines bleiben sollte. Es hatte sich ja auch alles ideal gefügt, niemand musste unter seinem Unwissen leiden. Im Gegenteil: Die Wahrheit wäre so schmerzhaft gewesen, dass es geradezu bösartig gewesen wäre, sie offen zu legen.

Weil sich Bernd ganz sicher sein konnte, dass Natsuko niemals mit Forderungen an ihn herantreten würde, fiel es ihm auch nie schwer, Hazama seiner Frau Hélène gegenüber zu verschweigen. Bis heute.

Die Diskretion hatte seine Ehe allerdings auch nicht retten können. Kurz nachdem er zum letzten Mal mit Natsuko geschlafen hatte, verließ ihn Hélène. Ein Zufall? Bernd glaubte nicht an Zufälle. Es schien wirklich keinen Zusammenhang zwischen dem Ende seiner Ehe und jenem seiner Affäre zu geben. Zumal Natsuko ja auch nicht sein einziger Seitensprung gewesen war.

Nein, anbrennen ließ Bernd ganz gewiss nie etwas. Er war viel unterwegs und kam, kein Wunder in seiner Branche, häufig mit Frauen zusammen. Mit Näherinnen, Designerinnen, Modellen. Immer wieder hatte er sich vorgenommen, Hélène – oder Natsuko – endlich treu zu bleiben, aber dann ergaben sich eben doch wieder interessante Möglichkeiten, diesen Vorsatz zu brechen. Einzig Angela war er immer treu geblieben. Selbst in ihren letzten Krankheitsmonaten, in denen sie keinen Sex mehr hatten.

Vielleicht war es Vernunft, die ihn zur Treue zwang.

Oder Rücksicht.

Vielleicht ... Bernd gefiel der Gedanke nicht, aber in letzter Zeit konnte er ihn nicht mehr verdrängen: Vielleicht war es wirklich so, dass er gar keine Lust mehr hatte auf andere Frauen – auf Frauen überhaupt? Natürlich, die Vorstellung, mit einer Frau zu schlafen, gefiel ihm immer noch. Aber es auch wirklich zu tun?

Eine etwa Gleichaltrige löste, da musste er ehrlich sein, bei ihm wenig Begehren aus. Und wenn sich eine junge Frau auf ihn alten Mann eingelassen hätte – das hätte ihn misstrauisch gemacht. Was wäre das auch für eine Frau! Und was würde sie von ihm erwarten?

Ich bin wohl ein bisschen zimperlich geworden, dachte Bernd. Denn von den Frauen, mit denen er geschlafen hatte, waren längst nicht alle ausnehmend attraktiv; er hatte nicht einmal jede von ihnen gemocht. Bernd war sich nie im Klaren, was diese wahllose Bereitschaft, mit irgendwelchen Frauen zu schlafen, eigentlich für seine Liebe zu Hélène bedeutet hatte. War das überhaupt Liebe, wenn er bereit gewesen war, sie ständig aufs Spiel zu setzen – selbst für zweifelhafte Vergnügen? Hatte er mit all den Liebhaberinnen Hélène verhöhnen wollen oder sogar seine eigenen Gefühle für sie?

Er wußte es nicht. Erstaunlich blieb für ihn nur, dass Hélène nie hinter all seine Bettgeschichten gekommen war. Dabei heißt es doch, Frauen hätten ein Sensorium für solche Dinge, dachte Bernd. Seine Frau – und sie war in mancherlei Hinsicht eine ganze Frau – hatte offenbar keines. Sie lebte vermutlich bis heute in der Vorstellung, er sei ihr grundsätzlich treu gewesen.

Nun gut, es gab einen einzigen Seitensprung, von dem sie wußte. Aber das hatte nichts mit Natsuko zu tun und schon gar nichts mit Hazama. Er hatte Hélène eine Affäre gestanden, weil er auch sie der Untreue verdächtigte. Als er damals von Chicago zurückgekehrt war, hatte er Hélène in eigenartiger Stimmung vorgefunden. Höflich. Und trotzdem abweisend. Ohne Herzlichkeit. Aber außerordentlich korrekt hatte sie sich verhalten, man konnte ihr wirklich nichts vorwerfen. Das hatte ihn misstrauisch gemacht.

Er hatte sie gefragt, ob alles in Ordnung sei, und sie hatte nur viel sagend die Augenbrauen hochgezogen und gelächelt. War das Lächeln spöttisch gewesen? Im Nachhinein schien es so. In diesem Augenblick, als er von ihr so angelächelt worden war, hatte sich Bernd seiner Frau wieder ganz nahe fühlen wollen. Er hatte gespürt, wie weit weg sie gewesen war, und sie in diesem Augenblick so sehr vermisst, dass er sie zu sich holen musste.

Und dies hatte er versucht, indem er ihr gestanden hatte, zwei Jahre zuvor mit einem Zimmermädchen geschlafen zu haben, in Paris. In Wahrheit hatte er gar nie mit einem Zimmermädchen geschlafen; er hatte wohl ein paar Mal davon geträumt, aber Zimmermädchen haben höchstens in Filmen Zeit für amouröse Begegnungen. Der einzige Seitensprung, den Bernd seiner Frau gestehen wollte, war also ironischerweise einer, der gar nie stattgefunden hatte.

Hélène war so ruhig geblieben, nachdem er sich zu seinem Ausrutscher bekannt hatte, dass er sofort gespürt hatte: Da stimmt etwas nicht. Ganz tief unten stimmt überhaupt nichts mehr. Warum flippt sie nicht aus? Warum gibt es keine Scherben, keine zugeknallten Türen?

In diesem Moment hatte Bernd Angst gekriegt. Ein kalter Schweiß war auf seine Stirn getreten, sein Mund hatte sich plötzlich so trocken angefühlt. Hélène hätte gar nichts zu sagen brauchen, Bernd hätte dennoch erkannt, dass sich sein Leben in diesem Moment ändern würde. Er hatte gar nichts mehr denken können, nichts mehr gespürt als ein dunkles Pochen im ganzen Körper.

Ihre Worte hatten von weit her an ihn geschlagen wie Wellen an ein führungslos treibendes Boot: «Ich – liebe – einen – anderen! – Ich – will – zu – ihm! – Wir – müssen – eine – Lösung – finden!»

In diesem Augenblick war Bernd Hirsch geschrumpft, zu einem kleinen schwarzen Ball irgendwo tief in seinem eigenen Bauch. Ja, so war es Bernd vorgekommen. Alles hatte sich zusammengezogen, die Luft war zu dick gewesen, um noch geatmet werden zu können.

Wie alle, die sich betrogen fühlen, hatte Bernd genau wissen wollen, wie groß der Betrug gewesen war. Er hatte alles wissen wollen: Wer ist dieser Mann? Wo hast du ihn kennen gelernt?

Wo habt ihr gebumst? Betrüger machen keine Liebe, Betrüger bumsen, ficken.

Bernd spürte, wie er noch immer wütend wurde, wenn er an diese Gespräche mit Hélène dachte. Seine Synapsen schienen für immer so verdrahtet zu sein, dass er gar nicht anders konnte, als die Erinnerungen an damals wütend zu durchleben. Sich erinnern und sich schlecht dabei fühlen, das war eins.

Am meisten regte ihn der Gedanke auf, wie Hélène ihm alles ohne jedes schlechte Gewissen, ohne sichtbare Furcht vor Konsequenzen, ohne Beben hatte erzählen können.

Er sah sie noch immer vor sich: erleichtert und in stoischer Ruhe. Als würde sie die selbstverständlichsten Dinge der Welt mitteilen: dass sie diesen Mann liebt, weil er sie versteht, dass sie keinen anderen Wunsch mehr hat, als bei ihm zu sein, und dass sich jetzt eben alles geändert hat. Dass es nichts bringt, wenn Bernd Vasen auf den Boden schmeißt und sich einen Whisky eingießt. Dass sie bereits weiß, wie sie es den Kindern sagen will. Die sind alt genug, um alles zu verstehen. Günther hat auch gerade seine erste Freundin verlassen.

Und Holger – so hieß der Kerl – habe die Kinder bereits kennen gelernt ... Holger!

Bernd wollte noch einen tiefen Schluck aus der Dose nehmen, doch sie war leer. Er erhob sich, nicht ganz so schwungvoll, wie er es gerne getan hätte, ging zurück ins Haus, holte sich ein weiteres Bier und stellte sich breitbeinig auf seinen ungepflegten Rasen. Er schaute zum Mond hoch.

Das Leben, was ist das eigentlich? Ich habe so viel erlebt und es hat doch nur so wenige Momente gegeben, in denen ich das Leben wirklich spürte. In denen ich eins war mit mir und der Welt, in denen es keine Zeit gab. Und hätte nicht alles ganz anders kommen können? Hélène könnte ja noch immer bei mir sein. Oder Angela noch am Leben ...

Statt dessen war Hélène noch immer mit Holger zusammen. Sie hatten kurz nach der Scheidung geheiratet und sich ein tolles Haus gekauft. Ein richtiges Liebesnest. Ich weiß, dachte Bernd, die leben weit weg vom Sunset Boulevard.

Lange hatte er sich gewünscht, die Ehe zwischen Holger und Hélène möge scheitern. Das hatte er nicht aus Rache gehofft, sondern weil er die Gewissheit haben wollte, dass auch Holger diese Frau nicht an sich binden konnte. Das hätte ihn wenigstens entlastet – vom schwelenden Selbstvorwurf, weniger beziehungsfähig gewesen zu sein als sie. Nun roch es stark danach, dass das Scheitern ihrer Ehe eben doch nicht einfach auf sie und ihre Launen zurückzuführen war. Schließlich saß sie drüben in ihrem Liebesnest und er hier an seinem Sunset Boulevard.

Bernd setzte wieder zu einem tiefen Schluck an. Hélène hatte ihm damals erklärt, schon eine ganze Weile mit Holger verkehrt zu haben. Ich bin nicht frisch verliebt, hatte sie gesagt, mir dreht sich nicht der Kopf, ich weiß genau, was ich will und handle nicht aus dem Moment heraus, das kannst du mir glauben. Als hätte das die Sache besser gemacht! Bernd wußte bis zu diesem Tag nicht, wie lange die Sache zwischen Hélène und Holger damals schon gelaufen war: Monate? Jahre? Und er hatte sich immer so überlegen gefühlt, wenn er vollgepackt mit Geheimnissen von seinen Reisen zurückgekehrt war. Vielleicht hatte sie ihn in dieser Zeit immer häufiger und schwerer betrogen als er sie. Vielleicht hatte sie mehr Spaß gehabt mit Holger als er mit Natsuko. Vielleicht hatte sie seine nächste Reise jeweils so wenig erwarten können wie er.

Und die Kinder? Hatten die damals etwas mitgekriegt von ihrer Affäre? Am Ende bestimmt. Hélène hatte ihnen Holger ja vorgestellt. Aber davor? Hatten alle gewusst, dass Hélène zu Holger gehört – alle außer Bernd? Hatten die Kinder ihn deswegen hinter seinem Rücken verhöhnt? Abgeschrieben? Manchmal war Bernd überzeugt, er hätte diese ganze Zeit nicht überstanden ohne Hazama. Ohne das Wissen über sein großes Geheimnis. Hazama war sein Trumpf im Kampf darum, wer den anderen bei Bedarf stärker hätte verletzen können. Die letzte Rückversicherung.

Aber halt! Bernd lief es plötzlich kalt den Rücken hinunter. Sein Atem stockte. Wieder wurde die Luft dick. Wie konnte er sich eigentlich sicher sein, dass Hélène nicht auch ein Ass im Ärmel hatte, das sie nie ausspielte – weil sie ja ohnehin vorne lag bei diesem Kampf?

Wenn er selber einen Sohn hatte, von dem niemand etwas wußte, wenn Natsuko einen Sohn hatte, der nicht von ihrem Mann stammte und dieser Mann diesen Sohn ganz selbstverständlich als seinen eigenen akzeptierte – wie konnte Bernd da darauf vertrauen, dass seine Kinder wirklich seine waren?

Warum, warum, warum ist mir dieser Gedanke nie gekommen?

Seit bald 18 Jahren denke ich über Hélène und mich und Hazama und Natsuko nach – und nie ist in mir auch nur der leiseste Zweifel aufgekommen, meine Kinder könnten gar nicht meine sein. Ich habe vertraut, so wie ich Hélène auch sonst vertraut habe. Dabei fiel ich damals aus allen Wolken, als ich von Holger erfuhr.

Ich bin so etwas von naiv! Habe bis heute vertraut. Hélène und Holger hatten es schon seit Jahren getrieben, das ist sicher. Vielleicht ... das darf doch nicht sein. Nein, es kann nicht sein. Solange war sie bestimmt nicht mit ihm zusammen gewesen! Affären dauern nie so lange ...

Natsuko! Mit ihr hatte Bernd auch fast zwei Jahrzehnte lang geschlafen. Warum sollte Hélène nicht auch ihr halbes Leben mit Holger verbracht haben? Frauen tendieren ja ohnehin zu monogamen Beziehungen, wahrscheinlich sogar bei ihren Seitensprüngen, dachte Bernd. Aber warum hätte Hélène dann bei ihm bleiben sollen, all die Jahre über? Weil Holger ein armer Schlucker gewesen war, ehe sich sein beruflicher Erfolg einstellte? Kaum hatte er mit seiner eigenartigen Beratungsfirma Tritt gefasst, ließ sich Hélène von Bernd scheiden. Sollte auch das ein Zufall sein? Hatten die beiden nur auf bessere Zeiten gewartet? Und sich von Bernd die Familie finanzieren lassen?

Bernd kickte die inzwischen wieder leere Bierdose wütend weg. Sie kullerte über den Rasen und blieb irgendwo im Dunkeln liegen. Ich brauche Whisky, dachte Bernd. Whisky gehörte für ihn einfach zu jenen Momenten, in denen die Welt wackelt.

Er trat wieder ins Haus, holte Eis aus dem Gefrierfach, eine Flasche Whisky, ein Glas und setzte sich auf die Terrasse. An diesen großen Tisch für zwölf Personen. Es ist sicher zwei Jahre her, seit hier letztmals viele Leute saßen, dachte Bernd. Dieter kam damals auf einen Sprung vorbei, mit seiner Frau und dem Kind. Seinem Enkel.

Seinem Enkel? Wenn Dieter überhaupt sein Sohn war. Wie konnte Bernd sich da sicher sein! Glich ihm Dieter etwa? Nicht mehr, als andere Menschen ihm glichen. Er hatte auch wenig von seiner Art. Dieter war ein ruhiger Mensch, der lieber einen Tag lang in der Sonne saß, als etwas anzureißen.

Nun gut, das könnte auch damit zusammenhängen, dass Dieter in einem reichen Umfeld aufgewachsen war, wo man um nichts zu kämpfen brauchte, Bernd selber aber Eltern hatte, die arm waren wie Kirchenmäuse. Glich Dieter diesem Holger? Würde man den Jungen zwischen Holger und Bernd stellen, die Zuordnung fiele allen schwer. Dieter könnte genauso gut Holgers Sohn sein. Und Susanne? Nein, bei ihr hatte Bernd keine Zweifel. Sie musste seine Tochter sein. Denn er wußte sogar, wo sie gezeugt worden war. Hélène und er waren damals in den Flitterwochen gewesen. Sie hätte ihn sicher nicht geheiratet, wenn sie bereits in Holger verliebt gewesen wäre.

Ziemlich sicher nicht.

Günther? Irgendwie schien Bernd auch dieser Gedanke abwegig. Er konnte sich nicht einmal klar machen, weshalb. Doch Günther war sein Sohn. Das spürte er. Keine Frage.

Aber Dieter! Dieter! Der war immer so unauffällig, druckste die ganze Kindheit über herum, als wäre ihm die Vertuschung in die Wiege gelegt worden. Er gehörte eigentlich nie richtig dazu, stand abseits, beobachtete und ging seinen Weg. Und als sich Hélène von Bernd trennte, wirkte Dieter unverändert. Für Susanne und Günther brach vorübergehend eine Welt zusammen, Dieter blieb rational, vernünftig. Nett. Viel zu nett. Als hätte er alles schon lange vorverdaut.

Bernd schüttete wieder einen Whisky in sich hinein. Muss ich Dieter jetzt hassen? Das will ich nicht. Soll er mir egal wer-

den? Ich bin für ihn sein Vater gewesen. Außer, er wußte alles
und spielte bei dieser himmeltraurigen Komödie mit ...

Jaja, Sunset Boulevard, das ist doch alles lächerlich! Lächerlich! Hélène hat mir einen Balg angedreht! Sie hat sich von
diesem Kerl schwängern lassen. Diesem Kotzbrocken. Nicht genug, dass sie ständig herumfickte! Auch noch ohne Verhütung!
Was ist das für eine Frau? So etwas habe ich einmal geliebt. Und
von so was fühlte ich mich mal geliebt.

Allmählich spürte Bernd, er trank zu viel. Sollte er vielleicht
zum Telefon greifen und der Schlampe die Hölle heiß machen?
Sie und ihren Scheißkerl aufmischen? Eins ist klar, dachte
Bernd und schlug mit der Faust auf den Tisch: Dieter kriegt
nichts von allem hier. Hélène kriegt nichts. Ich will niemanden
von dieser Brut an meinem Grab sehen. Sie haben mir schon
mein Leben versaut, das reicht. Die können dort bleiben, wo sie
sind, in ihrer kleinen, beschissenen, betrügerischen Familie.
Ich werde Holger ruinieren. Er wird mir jeden Euro zurück
bezahlen, den ich in seinen Balg investiert habe. Jeden. – Ich fi-
nanziere denen doch nicht ihr Herumgeficke. Ha! Und von
Hazama wird kein Wort erzählt. Ich weiß von Dieter. Das ist
gut. Aber Hazama behalte ich bei mir.

Bernd goss sich noch einen Whisky ein. Er stürzte das kühle
Zeugs hinunter, wie es ihm gefiel. Nur noch saufen, dachte er,
das ist jetzt genau der richtige Moment dafür. Hélène! Ich
saufe, bis ich tot bin, und du bist schuld, du verfluchte Franzö-
sin. Weil du nicht zu mir halten wolltest.

Das ist kühl und gut. Mir dreht sich der Kopf. Dieser Abend!
Als wäre er der Letzte!

Und Bernd goss sich noch ein ganzes Glas ein. Keine Pfütze,
dachte er, voll das Glas!

\* \* \*

Das Erwachen am nächsten Morgen war nicht schön, aber
Bernd hatte auch nicht mit einem schönen Erwachen gerechnet. Er war inzwischen schon zu oft betrunken gewesen, als

dass er sich bei jedem Kater noch vorgenommen hätte, in Zukunft weniger zu trinken. Er wußte, Nächte wie die letzte würden wieder kommen.

Bernd konnte sich nicht daran erinnern, schlecht geschlafen oder etwas geträumt zu haben. Doch er wußte noch genau, weshalb er sich diese Nacht hatte betrinken müssen. Allerdings war er sich inzwischen nicht mehr so sicher, ob Dieter nicht doch sein Sohn war.

Vielleicht hatte er sich alles nur eingebildet. Hélène war schließlich nicht der Typ Frau, der ein Kind seinem Vater entziehen würde. Seinem richtigen Vater. Andererseits – hatte er sich nicht schon zu oft in Hélène geirrt?

An die Übergabe der Firma, an seine Reise, an seinen Aufbruch wollte Bernd nicht mehr denken. Abreisen? Vielleicht ein andermal. Bernd war wieder in seinem alten Film angekommen, bei seiner Familie. Nun drehte sich alles nur noch um eines: Gewissheit. Er wollte wissen, wie stark er sich hatte übers Ohr hauen lassen. Von Hélène und vom Leben.

Vielleicht bildete er sich alles nur ein, vielleicht war Dieter wirklich sein Sohn. Aber jetzt, nachdem alle Möglichkeiten ausgebreitet vor ihm lagen, konnte er nicht mehr einfach zur Tagesordnung übergehen. Er musste Gewissheit erlangen. Wenn nicht, konnte er Dieter nie wieder unbefangen gegenübertreten. Reinen Tisch machen, das habe ich doch gestern gewollt, also wird heute reiner Tisch gemacht. Wenn auch ein bisschen anders, als ich dachte.

Hatte er nicht kürzlich in einer Zeitschrift von einem Verfahren gelesen, mit dem man die Vaterschaft zweifelsfrei feststellen kann? Bernd trat zum Computer, startete ihn und wählte sich ins Internet ein. Während die Verbindung aufgebaut wurde, holte er sich einen Espresso von der Kaffeemaschine.

Das Suchprogramm enttäuschte ihn nicht. Er fand ausführliche Angaben über DNA-Tests, wie sie durchgeführt werden und was sie kosten. Wenig, fand Bernd. Dafür, dass Dieter schon so alt ist und ich so viel für ihn ausgelegt habe. Wenig auch dafür, dass ich einen Sohn verliere. Wenig, verglichen mit dem, was Susanne und Günther an zusätzlichem Erbe gewinnen würden.

Ja, enterben müsste er Dieter wohl, das stand außer Frage. Wie käme er dazu, einem Balg dieses Holgers Firmenanteile zu schenken? Dieter wäre sicher enttäuscht, wenn er ihn enterbte. Nicht wegen des Geldes. Bernd wußte von Dieter, dass er sich aus Geld nicht besonders viel machte. Aber wegen der Aufregung. Das alles würde Dieter überhaupt nicht passen: einen Vater zu verlieren und einen anderen zu gewinnen, nur noch Halbgeschwister zu haben, nicht mehr zu wissen, wer zu wem gehört. Dieter war ein Mensch, der Sicherheit schätzte. Der sich darum bemühte, alles möglichst so zu erhalten, wie es war.

Bernd erinnerte sich daran, wie unendlich schwer sich Dieter immer damit tat, eine Stelle zu wechseln. Der Leidensdruck musste für ihn schon außerordentlich groß sein, damit er sich bewegte. Auch in Beziehungen.

Nachdem Dieter ein paar schlechte Erfahrungen mit Frauen gemacht hatte, verzichtete er während Jahren auf eine feste Bindung. Nicht, weil er keine Partnerin an seiner Seite hätte haben wollen, sondern aus Angst vor der Trennung. Mit seiner heutigen Frau war Dieter schon seit zwölf Jahren zusammen. Allem Anschein nach verlief die Ehe glücklich, zumindest so glücklich, wie eine Ehe eben verlaufen kann.

Bernd musste zugeben, manchmal ein wenig eifersüchtig auf seinen Sohn gewesen zu sein. Ausgerechnet auf Dieter, der nur vielleicht sein Sohn war. Der redete nicht nur von Harmonie oder wünschte sie sich, sondern war auch bereit, dafür etwas zu tun, zum Beispiel den Beruf hinter die Familie zu stellen. Dieter war bestimmt keiner, der irgendwo in der Welt noch einen Sohn gezeugt hatte. Dafür hätte Bernd die Hand ins Feuer gelegt.

Bernd fiel auf, dass er schon lange nicht mehr über Dieter nachgedacht hatte. Es gab ihn halt einfach, wie es Menschen gibt, die anderen keine Schwierigkeiten machen, keine fremden Energien abziehen. Ja, irgendwie mochte Bernd Dieter. Natürlich, er war bis jetzt auch sein Sohn, aber er mochte ihn nicht einfach auf die Weise, wie man einen Sohn mag. Er schätzte ihn wirklich, als Mensch.

Die Basis für eine zukünftige Beziehung schien gelegt, selbst wenn der Test ergeben sollte, dass Holger Dieters Vater war ... Aber was würde Dieter sagen, wenn er einen neuen Vater bekäme? Und wie würde Hélène reagieren, wenn herauskäme, dass Bernd einen anonymen Test veranlasst hatte?

Überhaupt: So einfach, wie die Sache zunächst schien, war sie nicht. Bernd benötigte Speichelabstriche der Beteiligten, um einen Test durchführen lassen zu können. An seinen eigenen Speichel war leicht heranzukommen, aber an jenen von Dieter und Hélène? Mit Haaren, so las er auf der Internetseite eines Labors, ließe sich die Frage nach der Vaterschaft ebenfalls klären. Ein Haar von Hélène aufzutreiben, eines von Dieter – unmöglich erschien das nicht, trotzdem ...

Bernd setzte sich an den Küchentisch und rührte langsam im kalt gewordenen Espresso. Je länger er über alles nachdachte, um so lieber wäre es ihm gewesen, es hätte ihn nie einen Zweifel an seiner Vaterschaft beschlichen. Selbst wenn er die notwendigen Haare auftreiben konnte – wie würde er selbst mit dem Resultat eines Tests umgehen? Sollte sich heraus stellen, dass Dieter tatsächlich sein Sohn war, so, wie er es immer gewesen war – wäre Bernd damit zufrieden? Oder würde er dann eines Nachts auf die Idee kommen, die Vaterschaft auch bei Susanne oder Günther anzuzweifeln?

Bernd kannte sich. Ein Test würde ihm nicht reichen. Er war einer, der alles zu Ende führen musste. Das war schon fast zwanghaft. Und wenn Hélène erfahren würde, dass er die Familie und vor allem sie dermaßen hinterfragte? Das Verhältnis zu seiner Ex-Frau war auch so schon genug belastet. Trotz der vielen Jahre, die seit der Trennung vergangen waren. Hélène ärgerte sich über Bernd, weil er ihr Holger noch immer übel nahm. Sie fand, es sei nun genug Zeit vergangen, man müsse sich wieder gemeinsam an einen Tisch setzen können.

Doch seit Angela gestorben war, fühlte sich Bernd seiner Ex-Frau, die in ihrem glücklichen Liebesnest lebte, wieder total ausgeliefert. Er hatte den Mund vielleicht doch ein bisschen voll genommen, sein Leben lang, um jetzt so leben zu können, wie er es tat, und dabei noch Würde auszustrahlen.

Wäre es nicht doch das Klügste, eine lange Reise zu unternehmen? Es muss ja nicht alles gleich verkauft oder aufgeteilt werden; weder die Firma noch das Haus mit dem ungepflegten Garten am Sunset Boulevard. Einfach nur losziehen, schauen, was das Leben und die Welt noch bieten können. Und was er, der Bernd Hirsch, noch drauf hat. Warum nicht?

Nein, Bernd wußte, er würde Mühe haben, mit der Ungewissheit zu leben, wusste, dass er ein Mann war, der die Dinge, die ihn beschäftigten, nicht so leicht verdrängen konnte. Das heißt, wegspülen ließen sich die Dinge schon. Aber nicht lange – plötzlich lagen sie groß wie Felsen vor ihm. So wie gestern, als er plötzlich keine Luft mehr bekam. Solche Augenblicke hasste Bernd. Wenn er ehrlich war, wäre es ihm am liebsten gewesen, er hätte auf ein sauberes Leben zurückblicken können. Auch wenn das bedeutet hätte, auf die Erfahrungen mit Natsuko zu verzichten. Auf vieles zu verzichten.

Auf zu vieles zu verzichten.

Bernd fühlte sich hin- und her gerissen. Es lockte ihn, die Büchse der Pandora zu öffnen, und es drängte ihn, die Finger davon zu lassen. Er wollte Gewissheit haben und fürchtete sie. Ist es überhaupt erstrebenswert, einen reinen Tisch zu haben?

Er ließ seinen Gedanken freien Lauf. Um beim Bild zu bleiben: Hatten ihm Tische, auf denen noch ein halb voller Aschenbecher und vielleicht das eine oder andere halb leere Glas Wein stehen, nicht immer mehr gefallen als die properen Gedecke in den Frühstücksräumen der Hotels?

Ist ein reiner Tisch nicht eher eine Zwischenstation, von der man sich entfernen muss, weil ein Tisch nicht sauber sein, sondern gebraucht werden will? Dazu ist ein Tisch ja da: um Dinge auf ihm abzustellen.

Er hätte Dichter werden sollen, dachte Bernd und lächelte endlich wieder. Vielleicht lag die Lösung seines Konflikts einfach darin zu akzeptieren, dass es keine Lösung gab – dass das

Leben voller Rätsel war und blieb. Rätsel, die vielleicht gelöst werden konnten – aber dann wieder neue Rätsel öffneten, in neue Aufgaben mündeten, die vielleicht immer größer wurden und schließlich die vorhandenen Kräfte überstiegen. Wozu wissen, wenn man nie ans Ende des Wissens gelangen kann?

Doch so, wie er sich die Dinge jetzt zurecht gelegt hatte, konnte er langfristig keine Ruhe finden, das wußte Bernd. Er wollte ja auch gar nicht ans Ende des Wissens gelangen, nur einfach in Erfahrung bringen, ob Dieter sein Sohn ...

Er sprang auf. Genug! dachte er. Ich komme nicht weiter. Ich drehe mich ständig im Kreis, seit Jahren. Ich muss raus. Ich muss von dieser Rundbahn herunter, eine Strecke ins Auge fassen, die nicht wieder zurück zum Start führt. Ich brauche kein Ziel, aber einen Weg. Ich muss gehen. Und ob Dieter mein Sohn ist oder nicht, das will ich im Moment gar nicht wissen. Später, später vielleicht werde ich einen Test machen lassen. Aber zuvor werde ich Dieter wieder einmal zum Essen einladen. Mich als Vater fühlen. Oder auch nicht ...

\*\*\*

An diesem Tag ging Bernd Hirsch nicht mehr auf eine lange Reise. Und auch später nicht: Er blieb, wo er war. Kurz nach seinem 70. Geburtstag traf er noch einmal Natsuko. Sie begleitete ihren Mann nach Frankreich, um Verwandte zu besuchen. Natsuko konnte es einrichten, dass sie und Bernd sich in Paris sehen konnten. Bernd war nervös, als er Natsuko gegenüber stand. Sie war alt geworden, fand er, aber es störte ihn nicht – im Gegenteil, er beneidete sie dafür, dass sie alt werden durfte. Er selber wußte, er hatte nur noch kurze Zeit zu leben. Vor einem Jahr wurden bei ihm Metastasen entdeckt. So war es auch bei Angela gewesen, seiner letzten Partnerin.

Als sie jetzt zusammen über den Boulevard Haussmann schlenderten, hängte sich Natsuko bei Bernd unter. Das war eigentlich schön, aber er hätte trotzdem heulen können. Er hatte einfach nur noch Angst, das spürte er. Angst vor allem, was noch kommen musste, Angst vor dem, was gewesen war. Und vor allem vor dem, was hätte sein können und ihn jetzt als verpasste Gelegenheit einholte. Als großes Schild, auf dem stand: Du hast es verbockt.

Natsuko spürte, dass sich Bernd nicht gut fühlte. Sie begann, von Hazama zu erzählen, von dessen Kindern – Bernds Enkelkindern – und der guten Position, die er in seiner Firma errungen hatte. Merkwürdigerweise vermochte Bernd nicht, ihr richtig zuzuhören. Es war kein Thema, das ihn jetzt hätte aufheitern können. Warum nur bekam er ausgerechnet jetzt die Eingebung, wieder einmal Hélène anzurufen?

Mit Hélène sprechen, das hätte er schon lange tun sollen. Sich von ihr in den Arm nehmen lassen. Gar nichts zu sagen. Sie zu riechen. Und sie dann zu fragen, ob es ein Geheimnis gäbe in ihrem Leben, das ihn betreffe. Ihr von Hazama zu erzählen und natürlich von Natsuko. Sich nicht zu entschuldigen, sondern ihr zu sagen, er bereue nichts, würde aber alles anders machen, wenn er noch einmal eine Chance hätte. Er habe ein Leben gewählt und ein anderes fortgeworfen.

Bernd war sich sicher, Hélène würde ihn verstehen. Sie würde ihn vielleicht nicht mögen für das, was er ihr erzählen müsste, aber Verständnis, das hätte sie.

Es war spiegelbildlich für sein Leben: Hier war Bernd zum ersten Mal seit vielen Jahren mit Natsuko zusammen – und er dachte an Hélène. Er hörte von Hazama – und wollte wissen, wie es Dieter ging in diesem Augenblick.

Er hatte nie wieder ernsthaft daran gedacht, einen Vaterschaftstest zu veranlassen. Das erstaunte ihn selbst. Dieter blieb sein Sohn, auch wenn vielleicht ein winziges Spermium von Holger dieses geruhsame Leben angeworfen hatte, dass Dieter lebte.

Vielleicht hatte Bernd in den letzten Monaten einfach die Kraft gefehlt, um die Wahrheit ans Licht zu zerren. Er hatte keine Rachegefühle mehr, kein Bedürfnis mehr, alles zu wissen, sondern nur noch Angst, vor allem Angst. Darum hatte er wohl alles so belassen, wie es war: Seine drei legitimen Kinder würden die Firma erben. Punkt.

Sollte er Natsuko sagen, dass er Hazama auch jetzt, am Ende seines Lebens, nicht offiziell anerkennen wollte?

Sie hatte nicht viel Zeit. Ihr Mann hatte noch einen Abstecher nach Narbonne machen müssen, am selben Abend würden sie wieder zusammen zurück nach Japan fliegen. Bernd wußte, dass er Natsuko zum letzten Mal sehen würde – und auch sie spürte, es würde keine Begegnungen mehr geben. Aber Hazama blieb ihr gemeinsames Kind.

Als sie an einer Ampel stehen bleiben mussten, fragte er sie plötzlich – er wußte selber nicht, weshalb –, ob sie nie mit dem Gedanken gespielt habe, Hazama oder ihrem Mann die Wahrheit zu sagen. «Welche Wahrheit?», fragte Natsuko. «Na, dass ich Hazamas Vater bin», meinte Bernd. Natsuko warf ihren Kopf zurück und lachte laut. Bernd mochte ihr Lachen. «Ach Bernd!», rief sie über den Boulevard. Ihr Akzent hatte sich nicht verändert.

Bernd!

Damit war das Thema erledigt. Für immer.

Sie gingen zusammen noch eine Kleinigkeit essen, in einem dieser viel zu großen Bistros an einer Straßenkreuzung. Danach trennten sich ihre Wege. Bernd hatte Tränen in den Augen als er ihr nachsah. Sie drehte sich nicht mehr um.

Wenn er noch einmal eine Chance gehabt hätte, er hätte sie genutzt.

Hélène, dachte Bernd. Hélène. Es tut mir so leid.

Bernd kehrte zurück an den Sunset Boulevard. Alles war wie sonst. Nur etwas hatte er während seiner Abwesenheit veranlasst: dass der Rasen geschnitten und der Pool noch einmal gereinigt und mit Wasser gefüllt wurde. Aber Bernd schwamm nie mehr in seinem Pool. Er mochte es einfach, den kleinen Wellen und Kräuselungen auf der Oberfläche zuzuschauen.

## Letzte Liebeszeichen

Christiane ließ den Brief sinken. Sie saß am Seeufer und blickte zu den dunstverhangenen Bergen. Die Gedanken in ihrem Kopf waren ebenso unklar. Der Brief war das Erste, was sie mitgenommen hatte vom Nachttisch ihrer Mutter. Was würde noch alles zum Vorschein kommen, wenn sie die Wohnung im Altenwohnheim räumen musste? Was lief da genau ab, worüber Mama und jetzt auch ihr Bruder immer nur Andeutungen gemacht hatten.

Sie betrachtete den Brief, die Handschrift ihres Bruders. Sie hatte kein sehr inniges Verhältnis zu Bruno. Er war immer seine eigenen Wege gegangen. Sie versuchte, sich zu erinnern. Als er klein war, hatte sie ihn als jüngeren Bruder immer zu bemuttern versucht. Schon da wollte er nicht mitmachen. Eine Szene war ihr noch lebendig: Bei den Puppenspielen hatte sie ihm Rollen gegeben, die er spielen sollte. Er sollte die Mutter der schwarzen Puppe sein. Er sollte zum Zimmer hinaus gehen und dann anklopfen, so tun, als käme er zu Besuch zu ihr als Freundin. Die beiden Puppenkinder sollten einander dann begrüßen und zusammen spielen. Einmal war Bruno dabei nach draußen gegangen und nicht wieder gekommen. Sie suchte nach ihm, fand ihn erst nach vielen Minuten im Garten, wo er aufmerksam eine Schnecke beobachtete, der er eine Bahn vor gespurt hatte. Und sie fand auch ihre schöne schwarze Puppe, achtlos auf den Gartenkompost geworfen ...

Christiane seufzte, schaute wieder auf den See. Ein einsamer Ruderer mit Wollmütze zog weit hinten seine gleichmäßige Bahn im Wasser. Bruno und sie waren sehr verschieden. Ein Jahr nach dem tödlichen Unfall ihres Vaters war er gegangen. Er hatte sein Medizinstudium abgebrochen, war als Hippie in den USA herum gereist und lebte seit einigen Jahren in Costa Rica. Dort tat er, was gerade anstand und vor allem, was ihm gefiel. Er gab alle möglichen Kurse: in Erster Hilfe, in Computeranwendungen, in lateinamerikanischen Tänzen. Im Sommer führte er eine Tauchschule.

Christiane dagegen war immer diejenige gewesen, die für alles verantwortlich gemacht wurde, die sich um alles kümmern musste. Schon bei Papas Tod war es nicht Bruno, sondern sie gewesen, die Mama bei allem half. Sie hatte Mama zur Identifizierung der Leiche begleitet, sie hatte die Beerdigung organisiert, sie hatte den Papierkram erledigt. Jetzt, als auch Mama gestorben war, hing wieder alles an ihr. Gut, sie hatte es ja im Griff, sie konnte eben gut organisieren ... Vermutlich wäre es Bruno sogar egal, wenn sie das ganze Erbe behalten würde. Ob er wenigstens zur Beerdigung kommt? Ihr E-Mail und das am gleichen Tag abgeschickte Telegramm, worin sie Bruno über den Tod der Mutter informiert hatte, waren bisher unbeantwortet geblieben. Telefonisch war er auch nicht erreichbar gewesen. Das war jetzt zwei Tage her. Er ließ sich für alles Zeit. Sein Weihnachtsbrief war ja auch erst vor wenigen Tagen eingetroffen, jetzt im Februar ...

Wieder faltete sie die Blätter auseinander und suchte die Zeilen, die sie am meisten verwirrten. Da, auf der dritten Seite: *«... und wenn ich es mir recht überlege, so habe ich mich eigentlich nie als Europäer gefühlt, als Deutscher schon gar nicht. Dieses ganze Beamtentum, alles reglementiert, alles verboten, was nicht ausdrücklich erlaubt ist. Vielleicht ist das ja heute bei Euch anders. Aber wenn ich umgekehrt in den Nachrichten höre, wie jeder über alles schimpft und kaum einer in der Lage ist, wirklich für sich verantwortlich zu sein, dann bin ich heilfroh, hier tun und lassen zu können, was ich für richtig halte. Ich wundere mich manchmal nur, von wem ich das habe. Von Vater bestimmt nicht. Und du, Mama, bist trotz deiner Offenheit und deiner Großzügigkeit auch nicht gerade so veranlagt, dass Du den Mut hättest, das zu tun, was dir wirklich am Herzen liegt. Ich kann mir gut vorstellen, dass Du Dir ein anderes Leben gewünscht hättest. Eines mit mehr Freiheit, mehr Unbeschwertheit. Wenn ich an Ostern komme, möchte ich gerne darüber mit Dir reden. Ich habe da auch so eine Vermutung, warum Du Zeit Lebens immer Herzbeschwerden hattest. Das könnte doch auch einen tieferen Hintergrund haben, oder? Aber, wie gesagt, wenn ich zu Ostern komme...»*

Mit einem verächtlichen Ausschnaufen stieß sie halblaut hervor: «Tja, lieber Bruno, da hättest du früher kommen müssen. Es gibt keine Ostern mehr für Mama.» Sie musste schlucken und die Tränen wollten wieder kommen. Sie stand auf, steckte im Gehen die beschriebenen Seiten in den Umschlag, wobei ihr die schönen Briefmarken erneut auffielen. «Isla del Coco» stand da unter einer unberührten, sonnigen Insellandschaft. Sie band sich den Schal fester um den Hals und schlug den Mantelkragen hoch. Ein frischer Wind kringelte Wellen in den See.

* * *

Es war dämmrig, als Christiane nach Hause kam. In einer Ecke des Sofas hockte Bettina, ihre Tochter. Die Ärmel des viel zu großen Pullovers reichten bis an die Fingerspitzen. Man sah die Hände kaum, die einen Teebecher umfassten. Sie starrte mit geschwollenen Augen durchs Fenster in den Garten und schien Christiane kaum zu bemerken. Es machte den Anschein, als habe Bettina schon stundenlang hier gesessen, um mit ihrer Trauer zurecht zu kommen.

Sie hatte ihre Großmutter sehr geliebt. Beide waren sich von Anfang an nahe gewesen, die 19-jährige Bettina und Inge, ihre 79-jährige Großmutter. Inge wollte es so, dass Bettina sie beim Vornamen nannte und nicht Großmama. Und wenn man sie miteinander beobachtet hatte, beim Plaudern, beim Tuscheln, beim Lachen, dann kam es einem tatsächlich weniger wie eine verwandtschaftliche Beziehung vor sondern eher wie eine feste Mädchenfreundschaft. Bis vor wenigen Tagen war das noch so gewesen. Inge war nach einem heftigen Herzanfall gestorben. Man musste damit rechnen, sicher, aber nicht so schnell.

Christiane holte sich ebenfalls einen Tee, zündete den Kerzenleuchter an und setzte sich zu Bettina. Sie streichelte ihr die Wange und augenblicklich wandte sich Bettina wortlos um, stellte ihre Tasse ab und schlang die Arme um ihre Mutter; sie schluchzte. Auch Christiane musste ihre Tasse wegstellen. Sie lagen sich in den Armen, jeder mit seinen Erinnerungen an den geliebten Menschen. Jeder hatte seine eigenen Bilder, seine eigenen Erlebnisse. In ihrem Schmerz waren sie sich einig, einen wertvollen Menschen endgültig nicht mehr erreichbar zu haben.

Lange dauerte es, bis sich Bettina löste. Draußen war es fast völlig dunkel geworden. Das flackernde Kerzenlicht gab der Stimmung im Raum etwas Irrationales, als könne jeden Moment Inge herein kommen und sich zu ihnen setzen.

«Es tut weh, Bettina. Es wird noch eine ganze Zeit lang so sein. Als dein Großvater starb, da war ich nur gerade vier Jahre älter, als du jetzt bist. Und ich habe fast zwei Jahre gebraucht, bis ich es nicht mehr so spürte», flüsterte Christiane.

Bettina setzte sich auf, nahm ihre Tasse wieder und schaute in den kalten Tee. Ohne zu ihrer Mutter aufzublicken, begann sie sehr langsam: «Mama, ich muss dir noch etwas sagen, von Inge.»

Christiane drehte sich zu ihrer Tochter hin. Wenn Bettina so anfing, kam immer etwas sehr Wichtiges.

«Es war letzte Woche, weißt du, als ich später nach Hause kam. Sie hat mir etwas erzählt, das mich die ganze Zeit beschäftigt. Ich meine ... ich glaube, Inge wollte ... du solltest das bestimmt wissen.»

Christiane kniete auf dem Teppich vor Bettina nieder und nahm ihre Hand.

«Was ist denn Bettina, was sollte ich wissen? Wenn Inge dir ein Geheimnis anvertraut hat, dann musst du es mir nicht sagen.» Sie stand auf, strich Bettina übers Haar und setzte sich dann auf das kleine Tischchen. Forschend sah sie in die verweinten Augen ihrer Tochter. «Oder hat Inge dir etwas aufgetragen, das du mir sagen sollst?»

«Ich weiß es nicht so genau. Sie hat von sich erzählt, sehr lange. Von früher, als sie jung war. Das hat sie ja schon ab und zu getan. Aber früher hat sie jedes Mal nur so viel sagend gelacht. Ich wusste nie recht, meint sie es jetzt ernst oder will sie nur mit mir Witzeln, anschließend hatte sie jeweils das Thema gewechselt. Letzte Woche war Inge ganz anders, so... so sentimental... nein so rührend, so richtig lieb... Ja, verliebt hat sie geschaut, verträumt und verliebt. Du hättest sie sehen sollen Mama, richtig goldig. Aber dann ...»

«Was war dann...? Bettina, du machst mir ja fast ein bisschen Angst. Warte mal kurz... nimmst du auch noch einen heißen Tee?» Christiane versuchte, ihre Fassung zu behalten. Sie spürte, wie Unruhe in ihr aufstieg. Irgendetwas würde über sie hereinbrechen, wie damals, als ihr Mann kam, um zu sagen, dass er sich scheiden lassen wolle.

Sie ging in die Küche, setzte frisches Wasser auf, kehrte wieder ins Wohnzimmer zurück, wechselte zwei heruntergebrannte Kerzen aus, ging ins Schlafzimmer, holte sich eine Weste und verschwand wieder in der Küche. Sie war nervös. Sie kam mit dem Teekrug und schenkte Bettina und sich ein. Endlich zog sie den Sessel näher zu Bettina und setzte sich auf dessen Kante. «Na, dann», sagte sie mit einem tiefen Atemzug und einem bedrückten Lächeln, «schieß los.»

«Also weißt du, ich war schon über zwei Stunden bei ihr. Wir hatten es recht lustig, und auf einmal begann sie lange von früher zu erzählen, nicht so wie sonst, verstehst du ...»

★ ★ ★

Bettina sah sich in ihrer Erinnerung wieder in der Zweizimmerwohnung des Altenwohnheimes. Ihre Großmutter saß ihr gegenüber, fast wie jetzt ihre Mutter. Nur, dass Inge damals gelöst und ruhig war und die Stimmung so zeitlos, als wären die tanzenden Schneeflocken draußen auf einem Endlosfilm, der ewig den gleichen, beruhigenden Hintergrund projiziert. Bettina sah ihre Großmutter vor sich, wie sie nach einer lustigen

Jungmädchen-Anekdote mitten im Lachen inne hielt und ihr tief in die Augen sah.

«Bettina, kannst du mal dort unten die Schubladen öffnen, die unterste rechts», bat ihre Großmutter und zeigte dabei auf eine Biedermeierkommode. Bettina ging hinüber, die Schublade klemmte ein wenig und sie zog vorsichtig daran. Sie war bis zum Rand voll mit Schachteln, Schals und Stoffpäckchen.

«Da muss ein Päckchen in einem lila Seidentuch sein. Siehst du es?». Als Bettina nickte, fuhr Inge fort. «Gut, dann bring es mir herüber.» Bettina klaubte das Bündel sorgfältig heraus. Es musste eine Schachtel unter dem Tuch sein, denn es war etwas sperrig. Sie brachte es hinüber zu ihrer Großmutter und legte es auf den Tisch mit dem Häkeldeckchen.

Als Inge sich nach der Schachtel vorbeugte, sorgfältig das Band löste, zögerte sie einen Moment und lehnte sich seufzend in ihrem Sessel zurück.

«Ich weiß nicht, Bettina, wie viele Wochen oder Monate ich noch habe, ich bin jetzt 79. Was da in dieser Schachtel ist, birgt die wichtigsten Erinnerungen meines Lebens.»

Verwirrt musterte Bettina ihre Großmutter: Die lebhaften Augen mit der eigenartigen Farbe, die manchmal von Grau ins Blau und dann wieder ins Grünliche wechselte. Das wache Gesicht, das Bettina gar nie als alt empfunden hatte. Die Hände, die trotz der welken Haut noch etwas sehr Lebendiges, Zupackendes hatten. Ihre Großmutter war für sie immer ein Vorbild für Unternehmungslust und Lebensfreude gewesen.

Inge, die ihren Mann schon früh verloren hatte, nur wenige Wochen nach ihrem 36. Geburtstag, hatte nicht mehr geheiratet, war oft gereist und in vielen Institutionen ein aktives Mitglied gewesen. Ab und zu hatte sie für einige Zeit eine Bekanntschaft, aber heiraten und Kinder haben, das wollte sie nicht mehr.

«Inge, was ist? Du redest so merkwürdig. Was meinst du mit 'wie viele Wochen oder Monate ich noch habe', du bist doch gesund. Mit Ausnahme deiner Herzgeschichte bist du die frischeste Großmutter, die ich mir denken kann.»

«Ja, ja ... manchmal sieht alles von außen anders aus, Bettina. Ich fühle mich in den letzten Tagen wieder so schwach. Es
ist grau draußen, es dauert so lange, bis es Frühling wird. Ich
glaube, ich habe mich noch nie so sehr nach dem Frühling ge-
sehnt, wie dieses Jahr.» Sie blickte nachdenklich auf das Päckchen und dann zu ihrer Enkelin.

Sie war so jung. Eine hübsche, junge Frau. Die blonden Haare ihres Vaters, die interessanten grünen Augen ihrer Mutter,
der helle Teint, die leicht spöttischen Lippen, die ständig von
winzig kleinen Lachfältchen eingerahmt waren, selbst wenn die
Augen ernst blickten. Inge liebte ihre Enkelin abgöttisch. Wenn
sie ehrlich war, sogar mehr als ihre eigenen Kinder, Christiane
und Bruno. Es gab in ihrem Leben nur eine einzige Person, die
sie noch mehr geliebt hatte ...

«Ja, Bob», sagte sie leise zu sich selbst, noch immer den
Blick auf Bettina gerichtet.

«Wie bitte? Du bist ja ganz wo anders. Inge, was hast du?».
Mit einer zärtlichen Geste strich Bettina ihrer Großmutter über
die Knie. «Was ist mit diesem Bob? Wer ist das, Inge?», fragte
Bettina fast mütterlich.

«Ach Bettina, es fällt mir schwer. Wir haben ja schon oft
über Männer geredet. Über deine Freunde, über meine Bekannten, über deinen Großvater, der ja schon tot war, als du auf die
Welt kamst. Wir konnten uns immer amüsieren und manchmal
sind wir ja recht deftig über sie hergezogen...» Inge zwinkerte
Bettina listig zu. «Aber über Bob konnte ich mit niemandem in
meinem ganzen Leben sprechen. Vielleicht ist jetzt der richtige
Zeitpunkt. Ich bin mir nicht sicher...» Ihre Augen bekamen wieder diesen warmen Glanz und sie schaute wie durch Bettina
hindurch. Die Erinnerungen holten sie ein: Bob in Uniform,
winkend, mit breitem Lächeln.

Unheimlich offen und warm konnte er lächeln. Nichts von
Überheblichkeit, nichts von Ami-Getue. Wie er bei der Militär-
parade vom Lastwagen herabsah, sie kurz betrachtete. Dann,
schon mehrere Meter weiter, drehte er sich wieder nach ihr um.
Das Päckchen Kaugummi, das in hohem Bogen auf sie zuflog,

hatte sie erst im letzten Moment bemerkt. Er grinste sie an und winkte.

Verlegen war sie gewesen, bei all den Blicken der Umstehenden. Rasch hatte sie das kleine Ding aufgelesen und sich durch die Menge gedrückt. Sie wußte nicht einmal, was es war, das sie da eingesteckt hatte. Aber es war von ihm, dem GI mit der Hautfarbe wie helle Milchschokolade. Der Krieg war vorbei. Und sie war 21.

«Inge, hallo Inge, du träumst ...», Bettina schüttelte ganz leicht die Knie der Großmutter und lächelte sie verschmitzt an. «Müssen schöne Träume sein, Inge, du siehst ja ganz verklärt aus. Erzähl mir von diesem Bob, bitte».

«Na ja, du wirst es nicht glauben, Bettina. Ein bisschen schäme ich mich schon. Weißt du, dieses Päckchen hier, das habe ich seit dem Tod deines Großvaters nur zweimal in der Hand gehabt. Einmal, bevor ich meine Amerika-Reise gemacht habe, und das letzte Mal vor vier Jahren, als ich hierher ins Altenwohnheim umgezogen bin.» Damit nahm sie langsam das Päckchen und löste endgültig das Band und das Seidentuch. Hervor kam eine bemalte hölzerne Schachtel mit einem kleinen Schnappverschluss.

«Inge, das ist ja richtig spannend, hast du Fotos von Bob da drin?» fragte Bettina neugierig. «War das deine große Liebe von früher? Wie alt warst du, als du diesen Bob kennen gelernt hattest?»

«Nun mal langsam, mein Mädchen, eins nach dem anderen. Hier schau, das ist er», damit reichte sie Bettina eine kleine Schwarzweißfotografie.

«Hey, Inge, der sieht ja aus wie ein Filmstar aus den Fünfzigern. Der erinnert mich irgendwie an ..., an ..., da gab's doch diesen Sänger, mit den Calypso-Schnulzen..., ach ich weiß nicht mehr. Aber der ist wirklich süß. Das war dein Schwarm damals? Toll ...»

Bettina betrachtete intensiv das chamoisfarbene Fotopapier mit dem Porträt eines jungen amerikanischen Soldaten. Fröhlich blitzende Augen, ein breites, offenes und einnehmendes

Lächeln, blendend weiße Zähne, ein Teint, der auf dieser Fotografie wie Karamellcreme aussah.

«Wie alt ist er da auf diesem Foto? Und wie alt bist du? Wann war das genau?»

«Ach Bettina, er war der wundervollste Mensch. Was sage ich, er ist es noch immer. Er lebt in Los Angeles. Wir haben immer noch Kontakt. Er schickt hin und wieder Fotos und ich ihm lange Briefe, auch mit Fotos. Ein paar Mal im Jahr telefonieren wir. Regelmäßig an seinem und an meinem Geburtstag und an unserem Abschiedstag. Weißt du, das ist der ...»

Bettina, mit leicht geröteten Wangen, konnte sich nicht mehr zurückhalten: «Aber Inge, das ist ja ganz toll. Das ist ja wahnsinnig rührend. Und du hast bis jetzt gar niemandem davon erzählt? Inge, liebe Großmama, das ist so schön ...»

Laut seufzend griff Inge nach der Hand ihrer Enkelin. «Ja und nein. Es ist etwas Schönes, etwas Einmaliges. Aber es ist auch etwas, das mir manche traurige Stunden gebracht hatte. Nur weißt du, ich habe in all den Jahren gelernt, es wirklich als ein Geschenk zu nehmen. Vielleicht wäre ja alles ganz anders gekommen. Möglicherweise wäre ich jetzt in Amerika, mit ihm verheiratet, hätte mit ihm auch diese oder jene Auseinandersetzung gehabt wie mit Paul, deinem Großvater. Kann sein, dass es eine ganz normale Ehe gewesen wäre. So ist es von Anfang an eine unbeschreibliche Bereicherung in meinem Leben gewesen... Ja und dich, Bettina, hätte ich ja dann auch nicht als Enkelin. Ich säße jetzt nicht hier. Nein, Bettina, ich bin dankbar für alles.»

Der Blick von Inge war ruhig klar und liebevoll. Bettina fühlte sich in diesem Moment so eng mit ihrer Großmutter in Einklang, dass es ihr vorkam, als hätten sie mehr als ein Leben miteinander verbracht, in wechselnden Rollen, in immer der gleichen Zuneigung.

«Erzähl mir mehr davon.»

«Ja, Bettina. Es ist an der Zeit ...», damit griff sie in die kleine Schatulle und nahm einen Stapel Fotos und Briefe heraus, die sie sich auf den Schoß legte und zu sortieren begann. «Doch, es ist gut, dass ich jetzt alles erzähle. Ich merke, es stimmt für mich jetzt... Da schau, dieses Foto hat meine beste Freundin von uns gemacht. Sie war damals auch verliebt in einen der amerikanischen Soldaten.

Bettina hatte sich seitlich neben ihre Großmutter gekniet und sah sich das Bild an. Ein junges Paar an der Seepromenade, frontal zur Kamera posierend. Sie schlank, in einem wadenlangen Sommerkleid, den Kopf lächelnd an ihn gelehnt, den linken Arm um seine Taille. Mit der rechten Hand schien sie sich eine Haarsträhne aus dem Gesicht zu streichen. Er in einem kurzärmeligen, offenen Uniformhemd, breit lachend, die Jacke über der einen Schulter haltend. Der andere Arm umfing locker ihre Hüfte. Er musste wohl ein Mischling sein, denn sehr viel dunkler als ihre war seine Hautfarbe nicht.

Bettina sah verschmitzt zu ihrer Großmutter hoch.

«Du, sag mal, du siehst ja da total glücklich aus mit ihm. Habt ihr ..., ich meine, hattet ihr Sex zusammen?»

Für einen kurzen Moment huschte ein blasses Rosa über Inges Wangen.

«Es ist eine lange Geschichte. Weißt du, Bettina, ich habe dir schon ein paar Mal erzählt, dass vieles damals ganz anders war als heute. Schon dass wir uns geküsst haben, viel und innig, war mit großen Gewissensbissen verbunden. Ja, und gestreichelt haben wir uns natürlich auch. Aber das dauerte ja am Anfang alles nur einen Sommer lang, bis es heraus kam. Deine Urgroßeltern... nein, genau genommen war es ja hauptsächlich dein Urgroßvater..., also mein Vater. Er hatte über einen Bekannten herausgefunden, dass ich mit einem Ami Tanzen gewesen war. Und, dass der ein Schwarzer war, ein Neger! Es ging dann alles sehr schnell. Ein Familiendrama erster Güte. Mutti heulte, Papa tobte, meine jüngeren Schwestern schauten mit offenen Mündern. Mein Onkel, der Pater Albertus, wurde geholt. Er redete auf mich ein, sprach von Sünde und von Gottes Wille, der uns dorthin geboren habe, wo wir hin gehörten. Und dass es das oberste Gebot sei, Vater und Mutter zu ehren, ihnen zu folgen. All dieses Zeug, in dem man damals gefangen war.

Ich bin es ja heute manchmal noch ... ach, wenn wenigstens alles ehrlich wäre ..., nicht nur so nach dem, was die anderen denken... Na, ja...» Inge schaute zum Fenster hinaus. Es schneite noch immer. Als hätte der Winter gerade erst angefangen, Mitten im Februar.

«Bettina, jetzt hätte ich Lust auf einen heißen Kaffee. Machst du uns einen.»

«Ja klar, gute Idee, ich habe ja einen Orangenkuchen mitgebracht, den hätte ich fast vergessen.» Bettina war bereits aufgestanden und auf dem Weg hinüber zur offenen Küche.

«Weißt du,» sprach Inge mit etwas lauterer Stimme, «das ist der Vorteil, dass diese Wohnung so klein und alles offen ist. Ich kann weiter erzählen, während du den Kaffee machst.»

Sie zog ein Bild aus dem Stapel auf ihrem Schoß. Venice Beach im Sommer. Bob mit seiner Familie, strahlend und hübsch alle fünf. Inge war nur ein einziges Mal wirklich neidisch oder eifersüchtig auf diese dunkelhäutige Frau in Bobs Arm. Das war damals, als Paul, Inges Mann, von Berlin anrief und sagte, er käme eine Woche später zurück, die Besprechungen zögen sich länger hin. Im Hintergrund hatte sie kurz eine Frauenstimme kichern gehört. Inge hatte damals nur geantwortet, dass die Telefonverbindung so schlecht sei und sie seine Stimme kaum hören könne, ob er gehustet habe. Nein, es sei alles in Ordnung, also, bis nächsten Montag. – Er war viel unterwegs als bekannter Architekt. Und er hatte wohl in mancher Stadt nicht nur ein Bauprojekt zu besuchen. – Aber sie hatten auch gute Zeiten, dachte Inge. Besonders am Anfang, als die Kinder klein waren. Paul liebte seine Familie. Und er hatte dafür gesorgt, dass es ihnen allen gut ging. Sie gehörten zu den ersten, die ein eigenes Haus hatten, einen Telefonanschluss.

Und später hatten sie den ersten Fernsehapparat in der Verwandtschaft. 1954, an der Fußball-Weltmeisterschaft, mehr als 20 Leute hockten in der Stube. – Nur Paul war nicht da. Vor den Kindern hatte sie ihn immer in Schutz genommen, doch abends, alleine im Bett, legte sie des öfteren eine der Fotografien von Bob aufs leere Kopfkissen ...

«Inge, was ist denn nun? Ich dachte du wolltest weiter erzählen?» rief Bettina und schnitt den Kuchen an. Und mit einem Blick hinüber zu ihrer Großmutter, die gedankenverloren auf eine Fotografie in ihrem Schoß schaute, fügte sie rasch hinzu «aber lass mal, ich bin gleich fertig, dann musst du dich nicht so anstrengen mit dem Reden.»

Wenig später kam Bettina mit dem Tablett herüber. Es duftete nach Kaffee und leicht nach Orangenlikör, mit dem der Kuchen getränkt war. Noch im Gehen fragte Bettina:

«Ja, und wie ging das denn nun weiter mit dir und Bob?»

Wieder seufzte Inge, wartete bis Bettina den Kaffee eingeschenkt hatte, nahm vorsichtig die Tasse und nippte ein heißes Schlückchen.

«Tja, meine Eltern waren dann ziemlich aktiv und drängten mich zu heiraten. Ich hatte gerade nach der Schneiderlehre angefangen, richtig zu arbeiten. Ich wollte ins Modefach, wollte schicke Kleider schneidern. Das Sommerkleid auf dem Foto von vorhin, das hatte ich selbst entworfen und genäht. – Also, ich hatte schon auch einzelne lose Bekanntschaften mit Männern. Und irgendwie ergab es sich, dass ich mich mit Paul mehr abgab als mit den anderen. Er war zwar sechs Jahre älter als ich und ein bisschen mager, aber das waren viele junge Männer in der Nachkriegszeit. Doch mit seinen schwarzen Haaren und seinem fast südländischen Aussehen sah er so stolz aus. Es imponierte mir, dass er so kühne Pläne hatte und auch schon erste Erfolge in seinem Beruf vorweisen konnte. Er war mir nicht unsympathisch, war auch lieb zu mir. Aber die Hochzeit kam für mich dann doch sehr plötzlich. Ich war innerlich hin und her gerissen zwischen der Trennung von Bob und der Sympathie zu Paul. Zwischen der Erfüllung der Wünsche meiner Eltern und meinem eigentlichen Traum, zu Bob zu gehören, mit ihm zu leben.

An einen Moment erinnere ich mich, als sei es gestern gewesen. Es fröstelt mich noch jetzt, wenn ich davon erzähle. Die Trauungszeremonie war vorbei und die Orgel beginnt 'Großer Gott, wir loben dich' zu spielen. Paul und ich drehen uns vom

Altar weg und gehen Arm in Arm durch das Kirchenschiff an den Bänken vorbei. Ich sehe in die bekannten Gesichter und fühle viele freundliche Blicke auf mir. Aber ich spüre noch etwas anderes. Da sehe ich Bob in der letzten Bank, ganz außen beim Beichtstuhl. Im Gegenlicht der offenen Kirchentüre kann ich aber sein Gesicht kaum erkennen. Ich sehe nur, wie sein Kopf langsam nickt und dann blitzen die weißen Zähne auf. Er lächelte. Ich musste kurz die Augen zusammenkneifen, um nicht laut loszuheulen und versuchte, ebenfalls zu lächeln. Aber da waren wir schon draußen und die Leute klatschten uns zu. Meine Tränen in den Augen passten in das Bild vom jungen Glück.»

Inge schwieg eine Weile und fischte mit abwesendem Blick eine um die andere der Fotos auf ihrem Schoß hervor, betrachtete sie, ohne sie richtig zu sehen, und schob das jeweils nächste Bild unter den Stapel. Plötzlich hielt sie eines der Fotos Bettina hin.

«Schau, dass ist die Älteste von Bobs Kindern. Sie muss auf dem Bild so alt sein, wie du heute bist.»

Bettina sah sich die Farbfotografie an, die schon leicht verblichen war und auch in der Schärfe zu wünschen übrig ließ. Die junge Frau, die breitbeinig im Trainingsanzug da stand und einen hölzernen Tennisschläger vor sich hielt, stand etwas im Schatten. Sie sah sehr kräftig aus und hatte das gleiche breite Lachen, wie Bettina es schon bei Bob aufgefallen war. Daneben stand in der hellen Sonne eine weißhäutige Frau mittleren Alters. Das Bild wirkte skurril, weil die dunkle Frau im Schatten fast nicht zu erkennen war und die weiße Frau im prallen Licht durch die Überbelichtung auch wenig Konturen hatte.

«Wer ist das neben Bobs Tochter?»

Inge deutete auf die Figuren.

«Bobs Tochter heißt Pam. Das neben ihr bin ich. Ich hatte dir doch schon einmal erzählt, dass ich mir zu meinem fünfzigsten Geburtstag die große Amerika-Reise geleistet habe. Von den Niagara-Fällen bis hinunter nach Florida. Und dort, in Miami, traf ich sogar noch Bruno, deinen Onkel... – Ach, der

Bruno, erst gestern sind seine Neujahrsgrüße gekommen. Stell dir vor, fast sechs Wochen später. Dort drüben auf dem Nachttisch liegt sein Brief. Was wollte ich gerade erzählen? Ja, die Amerika-Reise. Und da besuchte ich Bob und seine Familie. Es war nicht einfach, sich nach so langer Zeit wieder zu sehen. Wir hatten Tränen in den Augen, als wir uns begrüßten. Seine Frau ahnte schon, dass da noch was ist. Obwohl wir uns beide korrekt verhielten und uns nichts anmerken lassen wollten. Du kannst dir nicht vorstellen, Bettina, wie sehr ich ihn liebe... noch heute ...»

«Und was war mit Großvater, hat der etwas gewusst?»

«Nein, jedenfalls hat er nie auch nur ein einziges Mal danach gefragt. Er hatte natürlich vor unserer Hochzeit durch seine Bekannten mitbekommen, dass ich mit Bob ausgegangen war. Man kann sich ja in so einer Stadt nicht einfach verstecken. Aber davon, dass wir auch später noch Kontakt hatten, davon wusste er nichts. Paul und ich hatten uns eigentlich ziemlich viele Freiheiten gegeben. Das heißt, das kam einfach so. Und wenn ich es jetzt beim Erzählen recht bedenke, so war Paul so weit ich zurück denken kann nie eifersüchtig ...»

«Aber das gibt es doch nicht, Inge. Ein bisschen Eifersucht gehört doch dazu. Wenn es Stefano, meinem jetzigen Freund völlig egal wäre, mit wem ich ausgehe, dann würde für mich auch etwas nicht stimmen» empörte sich Bettina.

«Nun, ja, Bettina», gab Inge viel sagend lächelnd zu bedenken, «ich glaube andererseits kaum, dass du es ihm auf die Nase binden würdest, falls da noch etwas anderes wäre, oder?»

Bettina lachte auf: «Nein, aber solange es in unserer Beziehung stimmt, wäre ich schön blöd und sowieso fühle ich mich bei Stefano so glücklich, dass mich andere Männer gar nicht interessieren. Aber wenn wir schon dabei sind, mal ganz ehrlich Inge, hattest du denn irgendwann in deinem Leben etwas mit einem Anderen ...?» Bettina forschte mit hochgezogenen Brauen und gekräuselten Lippen in den Augen ihrer Großmutter. Jetzt bekamen diese Augen im Zwielicht einen bläulichen Schimmer.

«Puh, mhm, Bettina. Du bist aber neugierig», wich Inge aus und lächelte erneut dabei. Diesmal ein bisschen verlegen. Sie nestelte an ihrem obersten Blusenknopf herum und atmete lange aus. «Nein, Bettina, es muss gesagt sein. Wenn ich schon von Bob angefangen habe, dann muss ich dir wirklich alles erzählen. Ich will das nicht mit ins Grab nehmen».

«Ach, jetzt kommst du schon wieder mit dem Sterben, vergiss es, Inge. Du sollst noch einmal meine Kinder sehen in einigen Jahren», ereiferte sich Bettina und machte dazu ungewollt eine übertrieben theatralische Geste, dass beide spontan lachen mussten.

Das Lachen verebbte und es entstand eine unangenehme Stille. Inge wusste, dass es jetzt sein musste. Oder sie würde es tatsächlich niemandem mehr sagen können. Und dann, was wäre dann? Christiane, ihre Tochter, würde in dem Stoffpäckchen die Fotos und die kurzen Briefe von Bob finden. Sie würde auch das kleine weiße Spitzentaschentuch finden, das so verräterische Flecken hatte. Das alles müsste Inge vorher vernichten. Nein, das war ihr zu dumm. Vor sich selbst hatte Inge nichts zu verbergen. Auf der anderen Seite: warum hatte sie ihrer eigenen Tochter nie etwas gesagt und wollte jetzt Bettina, ihrer Enkelin, alles erzählen? – Bettina war ihr einfach näher. Und das wusste auch Christiane.

Christiane hatte die besonders innigen Momente zwischen Bettina und Inge ab und zu mit leicht vorwurfsvollen Bemerkungen kommentiert. Trotzdem: Christiane sollte es so oder so erfahren, darüber war sich Inge klar. Nur, es ihr direkt zu sagen, das würde sie jetzt nicht mehr schaffen. Irgendwann im Laufe der Jahre war der richtige Moment ungenützt vorbeigegangen. Christiane würde wohl nicht gerade zusammenbrechen, auch wenn sie manchmal alles viel zu schwer nahm.

Und Bruno? Bruno war in Costa Rica, lebte sein eigenes Leben. Vermutlich war ihm das gar nicht wichtig. Aber er hatte in seinem letzten Brief eigenartige Andeutungen gemacht? Nun, wenn es Ostern würde, dann wäre alles Wichtige schon gesagt.

«Großmama, Inge, ach, du ...», Bettina legte die Fotos und Briefe aus dem Schoß ihrer Großmutter auf den Tisch, griff nach ihren Händen und drückte sie. Mit leicht nach unten geneigtem Kopf schaute sie Inge in die Augen. «Du brauchst mir nichts zu erzählen. Wir haben auch so schon viele Geheimnisse geteilt. Und es muss nicht alles gesagt sein.»

«Doch, Bettina, doch, jetzt muss es gesagt sein», widersprach Inge. «Doch», wiederholte sie noch einmal, «du hast gefragt, und ich will dir antworten: Ja Bettina, ich hatte einen Seitensprung. Zwei, genau genommen. Beide Male mit Bob. Das letzte Mal war 1964, da war er geschäftlich in Mailand und besuchte mich dann. Paul war zu dieser Zeit in Stuttgart. Wir hatten drei herrliche Tage miteinander. Aber das erste Mal war noch bedeutsamer für mich. Es passierte, bevor er seinen Armeedienst beendet hatte und zurück nach Amerika musste. Das war ein Montag, der 13. Juni 1949. Da erinnere ich mich ganz genau, weil er mir zum Abschied '1984' von George Orwell schenkte. Dieses Buch war gerade in Amerika zum Bestseller geworden und Bob meinte, es würde garantiert nicht bis 1984 dauern, bis wir uns Wiedersehen würden. Und der 13. Juni ist dann für uns eine spezielle Art von Feiertag geblieben. Immer an diesem Tag, mein ganzes Leben lang – nein, mit Ausnahme der Amerikareise, da war es ein bisschen anders –, also an diesem Tag bin ich immer ins Hotel 'Kaiserhof' zum Frühstück gegangen und habe ihm von dort eine Karte mit dem Datum im Poststempel geschickt. Als ich ihn besuchte auf meiner Amerikareise hat er mir einmal heimlich seine Sammlung gezeigt: alle 25 Karten, neben den vielen Briefen, die ich ihm sonst noch schickte ...»

Erneut atmete Inge vernehmlich aus. Sie war erleichtert, aber auch ein bisschen erschöpft. Fast am Ende ihres Lebens hatte sie es fertig gebracht, sich doch noch jemandem anzuvertrauen. Selbst in der Beichte hatte sie vor vielen Jahrzehnten nur oberflächlich darüber gesprochen und sich rasch ihre Absolution geholt. Doch das hatte keine tiefe Bedeutung. Denn es wäre ja ein Bereuen nötig gewesen.

Das aber gehörte nicht zu ihrer Geschichte mit Bob. Für sie gab es mit Bob nie etwas zu bereuen.

«Und dann, hattest du nicht eine unendliche Sehnsucht? Wie konntest du das aushalten, danach neben deinem Mann, neben Großpapa?» hakte Bettina wieder nach.

«Weißt du, es kam ja dann Bruno zur Welt. Und wenn man zwei kleine Kinder hat, ein großes Eigenheim und einen Mann, der mehr weg als zu Hause war, dann ist man schon immer beschäftigt. Ich habe Paul wohl auch geliebt, irgendwie anders. Oder, ich will es mal so sagen, wir haben uns gegenseitig so ehrlich respektiert, dass wir kaum wirklich heftige, verletzende Auseinandersetzungen hatten. Aber andererseits war wohl die Liebe vielleicht auch nicht so stark, dass da viel verletzt werden konnte. Ich weiß, Bettina, das könnte sich jetzt zynisch anhören, ich meine es aber nicht so. Ich kann mir vorstellen, dass es Tausende von Ehen gab und gibt, in denen nicht die ganz heiße Liebe brennt, die aber als Gemeinschaft besser funktionieren, als eine absolut leidenschaftlich tiefe Liebesbeziehung. Schon oft habe ich mich in weniger einfachen Stunden und auch nach Pauls Autounfall gefragt, wie wohl mein Leben mit Bob verlaufen wäre. Ich habe diese Gedanken nie lange mit mir herum getragen. Weißt du, das ist nicht meine Sache, ich sage mir immer, 'ich lebe hier und jetzt' und dieses 'Wenn doch nur, dann würde ich', mit dem viele Menschen sich das Leben schwer machen, das ist mir zuwider.»

Der Kaffee war kalt geworden, der Orangenkuchen kaum angerührt. Im Schein der Laternen im kleinen Park draußen tanzten noch immer die Schneeflocken.

«Inge, etwas interessiert mich noch. Entschuldige, wenn ich wieder so direkt bin. Hattet ihr damals auch schon Verhütungsmittel ... ich meine gab es schon 'nen Gummi? Oder hattest du nicht Angst, es könnte etwas passieren ...»

Im selben Moment, als Bettina diese Frage stellte, durchzuckte sie es. Nicht nur, weil Inge gerade eben unruhig geblinzelt hatte und ihre Augenfarbe eine Spur grauer erschien. Das konnte auch am diffusen Licht liegen. Es war, als hätte sich in diesem Moment allein schon aus der Frage alles von selbst offenbart.

Bettina und Inge, die beiden äußerlich so unterschiedlichen Frauen, sahen einander lange an, und sie verstanden einander. Inge nickte kurz.

«Bruno, ja. Dein Onkel Bruno. Für mich war es im Innersten immer ganz klar, dass er ein Kind von Bob ist. Ob das tatsächlich stimmt, das will ich gar nicht wissen. Bruno hat schwarze Haare und einen dunkleren Teint, der auch von Paul stammen könnte. Die etwas breiteren Nasenflügel könnten ebenso gut von mir sein. Rein äußerlich ist beides möglich, sonst wäre es auch Paul und meiner Familie aufgefallen. Aber von der Art her habe ich in Bruno immer Bob gesehen. Das Fröhliche, das Optimistische, das Spontane, fast kindlich Lebendige, darin war Bruno so ganz anders als Christiane, deine Mami. Und darin war er Bob so ähnlich.»

Eine Straßenbahn quietschte von weitem. Es war spät geworden, und es war gesagt, was zu sagen war. Bettina und Inge hatten sich mit einer festen Umarmung verabschiedet. Beide hatten Tränen in den Augen. Bettina stapfte durch den frischen Schnee und war sich bewusst, dass sie jetzt ein Geheimnis bei sich trug, das für ihr weiteres Leben noch sehr bedeutsam sein würde. – Fünf Tage später konnte Inges Herz eine weitere akute Attacke nicht mehr verkraften.

\* \* \*

Bettina musste sich die Augen reiben und sie mehrmals fest zusammenpressen. Sie streckte vorsichtig die Beine. Ihre Füße waren ihr beim langen Erzählen eingeschlafen, ohne dass sie es bemerkt hätte. Im Zimmer war es so gut wie dunkel, nur noch die Flämmchen von zwei Kerzenresten auf dem Leuchter gaben einen Schein. Gegenüber im Sessel war ihre Mutter nur schwach zu erkennen. Christiane hatte die ganze Zeit kein Wort gesagt, nur ab und zu hörbar die Luft eingesogen. Jetzt stand Christiane auf. Ihre Nervosität hatte sich in eine große Stille verwandelt. Sie wollte jetzt nicht nachdenken. Sie war einfach müde. Sie ging hinüber zu Bettina und küsste sie.

«Ich danke dir, Bettina, dass du mir das alles erzählt hast.» Dann massierte sie ihrer Tochter die Füße und beide hatten ein kurzes, aber tröstendes Lächeln für einander.

* * *

Schon um fünf Uhr morgens wurde Christiane vom Telefon aus dem Schlaf gerissen. Bruno rief vom Flughafen in Paris an. Er habe ihr Telegramm erhalten und, sobald es nur ging, den Flug gebucht. Nein, die E-Mails habe er nicht bekommen, auch das Telefon funktioniere noch nicht richtig, der Strom in seiner «Hazienda» sei wegen eines Sturmes wieder einmal ausgefallen. Aber er werde heute gegen Mittag da sein.

Christiane hatte an der Uni angerufen und sich auch für den heutigen Freitag entschuldigen müssen. Sie wolle versuchen, die ausgefallenen Vorlesungen nachzuholen. Für ihre Studenten gab sie auf der Internet-Plattform rasch die wichtigsten Infos ein. Auch Bettina meldete sich am Gymnasium bis Montag ab.

Dann waren sie losgefahren, um Bruno vom Flughafen abzuholen. Er sah für seine 54 Jahre blendend aus; eine Mischung zwischen Pete Sampras und Pierce Brosnan im vorgezogenen Ruhestand. Keine Spur von Trauer an seiner Kleidung: helle Hose, buntes Hemd, beige Leinenjacke, weiße Sportschuhe. Doch, einen kleinen schwarzen Knopf entdeckte Christiane am Revers. Mit breitem Lächeln und unheimlich locker kam er auf die Frauen zu, die Segeltuchtasche über die Schulter gehängt.

«Hallo Schwesterherz, schön, dich wieder mal in die Arme schließen zu können», sagte er ohne eine Spur von Übertreibung. Er umarmte und küsste sie und wandte sich dann Bettina zu.

«Hoppla, ist das meine kleine Nichte? Wenn ich nicht wüsste, wer du bist, würde ich dich sofort fragen, ob du auf einen Segeltörn in die Karibik mitkämest? – Aber», und damit wandte er sich seiner Schwester zu, «das könnte ich euch beide ohnehin fragen?»

Er sagte es herzlich lachend, und nichts ließ einen Zweifel aufkommen, dass er seine Einladung auf der Stelle wahr machen würde. Als er bemerkte, dass Christiane verhalten reagierte und nur schwach lächelte, fuhr er rasch fort: «Oh, entschuldige, es tut mir leid, wegen Mama. Es ist mir auch sehr nahe gegangen. Aber weißt du», und damit legte er beim Gehen einen Arm um die Schulter seiner Schwester, «für mich war das ein bisschen anders. Wenn man sich nicht so oft sieht ... und doch, ich habe Mom wahnsinnig gern gehabt. Ich war erschrocken, dass das so schnell ging, das hätte ich wirklich nicht erwartet. Sie hätte wenigstens bis nach Ostern warten können, dann wären wir sowieso zu einem schönen Familienfest zusammen gekommen.»

Damit drückte er Christiane an seine Schulter und lächelte sie mitfühlend an. Sie gab ein kurzes Lächeln zurück.

Im Auto dann, nach einer Weile mit den üblichen Fragen und den Pausen nachdenklichen Schweigens, begann Christiane ohne Einleitung mit dem, was ihr zuvorderst auf der Zunge lag:

«Bruno, hast du gewusst, dass es in unserer Familie Halbgeschwister gibt?» Sie schaltete einen Gang höher und konzentrierte sich auf die Straße, um Bruno nicht ansehen zu müssen.

«Mmh, ich dachte mir schon, dass da irgendetwas auftaucht. Es überrascht mich nicht, bei dem Lebenswandel unseres Vaters. Aber, dass uns Mom nicht eingeweiht hat, wenigstens nach Papas Tod, das gibt mir jetzt schon ein bisschen zu denken.» Bruno drehte sich zur Seite und schaute in den Font des Wagens zu Bettina, denn sie hatte mit einem überraschten «Was?» schneller als ihre Mutter reagiert.

Die großen Augen Bettinas, der offene Mund, der auch im erschrockenen Staunen noch etwas irritierend Spöttisches hatte, nahmen Bruno für eine Weile gefangen, bevor er sich Christiane zuwandte, die ihn schon einige Momente kritisch beobachtete.

«Wie kommst du denn darauf, Bruno? Jetzt mach' mal halb
lang. Weißt du irgend etwas, was ich nicht weiß?» Ein leicht
vorwurfsvoller Unterton schwang in Christianes rasch ausge-
sprochenen Fragen mit.

«Nö, aber was tut ihr denn so überrascht? Du hast doch
angefangen mit diesem Thema, Christiane. Und ich habe nur
gesagt, dass ich schon lange so was in der Art vermutet habe.
Nein, ich habe keine Briefe oder so was, wo Mom das bestätigt
hätte. Aber ihr wohl, sonst wärst du nicht mit deiner Frage
gekommen.» Bruno fuhr sich durchs Haar, dann lächelte er
wieder. «Wisst ihr was, das wird mir ein bisschen eng hier im
Auto. Wollen wir nicht was Kleines Essen gehen und alles in
Ruhe besprechen?»

★ ★ ★

Sie waren beim Italiener am See gewesen und hatten eine
Pizza gegessen. Christiane und Bettina informierten Bruno
über Bob, die Briefe und Fotos, die Gedanken, die sie sich in
der Zwischenzeit gemacht hatten. Bruno reagierte merkwürdig
gelassen. Er erklärte, dass er sich schon seit vielen Jahren innerlich von seiner Familie gelöst habe. Er habe seine Mutter gemocht und seinen Vater weniger, aber er könne beide in ihren
Eigenheiten und ihrer Lebensbiografie so lassen wie sie waren.
Er wolle ihnen nichts vorwerfen.

«Vielleicht habe ich mit dem Entschluss, nach Südamerika
zu gehen, auf irgendeine Art auch meine Blutsbande gelöst.
Vielleicht liegt es auch daran, dass ich mich zu wenig ernst nehme. Was soll's. Ich habe mich von Vater nie verstanden gefühlt
und als Junge immer das Gefühl gehabt, Mutter hätte einen
besseren Mann verdient. Ich weiß nicht, ob ich das jetzt erzählen soll, aber ich erinnere mich, kurz bevor ich volljährig wurde
hat mich Vater mal in sein Büro gebeten und so von 'Mann zu
Mann' mit reden wollen. Mir war ganz komisch dabei. Und
dann hat er unter anderem gesagt: 'Ich könne pflücken, was an
meinem Wegesrand so blühe, aber ich solle dafür sorgen, dass

meine jeweilige Lebensgefährtin sich immer als einzige und wertvollste Blume wähne'. Damals hätte ich ihm am liebsten ins Gesicht gespuckt. Ich habe dann nur stumm genickt und bin mit einem richtigen Hass im Bauch Rudern gegangen, um mich wieder in Balance zu bringen. Heute kann ich darüber lächeln. Er war halt, wie er war. Aber Gott sei Dank war er zu unserer Mutter nie grob, gehässig oder beleidigend ...»

«Nur war er nie da, wenn man ihn brauchte», fuhr Christiane heftig dazwischen. «Ich mochte ihn sehr. Er hatte so etwas Großzügiges und so etwas Elegantes. Ich war immer stolz auf ihn. Nur, dass er so selten Zeit für uns hatte, das konnte ich ihm lange nicht verzeihen. Und das mit seinen möglichen Eskapaden, das hat mir seine Schwester, Tante Gudrun, einmal im Vertrauen zugesteckt. Aber die Tante Gudrun hatte ich sowieso nie leiden mögen. Ich habe es als Bosheit und Gemeinheit von ihr ausgelegt und bald wieder vergessen. Jetzt, wo du das so sagst, scheint das alles irgendwie zu stimmen.»

Christiane rührte in ihrem Espresso, während sie draußen über dem See die Möwen kreisen sah.

«Ich kann das nicht einfach so hin nehmen. Mir macht das schon zu schaffen, wie sich die beiden gegenseitig betrogen haben. Bei Mama kann ich das irgendwie nachfühlen, wenn sie nicht den heiraten konnte, den sie eigentlich geliebt hat. Aber Papa ... das schockt mich schon. Ich möchte da Klarheit. – Im übrigen glaube ich, ich könnte jetzt einen Grappa vertragen».

«Gute Idee, Christiane, ich nehme auch einen» stimmte Bruno zu «was ist mit dir, Bettina?»

«Nein, danke ... oder vielleicht doch, ausnahmsweise» Bettina hatte die ganze Zeit zugehört und war nachdenklich geworden. «Also ich bewundere Inge, wie sie mit ihrer Beziehung umgegangen ist. Bei Großpapa weiß ich nicht, was ich davon halten soll. Muss das denn sein, sind alle Männer so, dass sie jeder wiegenden Hüfte nachrennen?»

Bruno zog die Augenbrauen hoch, und zum ersten Mal beobachtete Christiane ein wenig Spott in seinen Augenwinkeln.

«Bettina, ich nehme an, die Frage gilt mir? Aber ich kann sie dir nicht beantworten. Da hat wohl jeder Mann seine eigenen Ansichten» antwortete er lachend, «Tatsache ist wohl, dass dein Großpapa eher zu jener Sorte gehörte, die viele Frauen attraktiv fanden. Aber lasst uns anstoßen. Auf unsere Eltern, die wir uns nicht aussuchen können.»

Sie tranken schweigend ihren Grappa. Mittlerweile waren sie die einzigen Gäste im Lokal.

«Hey ihr Mädchen,» nahm Bruno das Gespräch wieder auf, «also ich hätte eigentlich nichts dagegen, dem Bob einmal auf die Spur zu kommen. Das sind ja völlig neue Aussichten, wenn man plötzlich zwei mögliche Väter in Konkurrenz hat. Bei der Gelegenheit könnten wir ja auch mal forschen, wie viele Halbgeschwister sich dann noch einfinden. Bei den vielen Reisen, die Papa unternahm ... Wenn man es übrigens aus einer höheren Warte betrachtet, sind ja alle Menschen über eine endlos lange Reihe von Ahnen irgendwie verwandt. Sí es estupendo, ist doch toll, die ganze Welt eine Verschwesterung und Verbrüderung. Das Leben wäre vielleicht viel friedlicher, wenn man das richtig bedenkt. – Auf die bessere Welt.»

Er hob erneut sein Grappaglas und auch dieses Mal fiel es Christiane schwer, in seiner Stimme auch nur die leiseste Ironie herauszuhören.

Sie bestellten einen weiteren Grappa. Christiane merkte, dass sie sich langsam ein bisschen mehr konzentrieren musste, andererseits doch recht locker und zuversichtlich wurde. All der Beerdigungsstress war vorbei. Und sie lebten. Bestimmt wäre es Mutter mehr als recht, wenn sie sie alle hier so gut beieinander sähe ...

«Also Bruno», begann sie ein wenig später, «ich wäre dafür, dass du mal was unternehmen würdest? Wie lange bleibst du? Ich meine, mir wäre es schon wichtig, Klarheit in unserer Familiengeschichte zu haben. Du wolltest ja ohnehin an Ostern kommen. Jetzt bleib doch für ein paar Wochen. Wir bekochen dich, und du kannst dem Fallobst unseres Stammbaums nachgehen ...»

«Hoppla, Schwesterlein, ich wusste gar nicht, dass du so flott daherreden kannst.» Er gab ihr einen Kuss auf ihre schon leicht gerötete Backe.

«Mal konkret: bei Bob möchte ich wirklich wissen, woran ich bin. Ob wir bei den Eskapaden von Papa – mir fällt es jetzt übrigens bereits schwer, Papa zu sagen –, also ob wir in Pauls Vergangenheit 'rumstochern sollten, da weiß ich nicht so recht, ob das gut ist. Wenn ich vorhin etwas anderes gesagt habe, dann meinte ich das eher im Allgemeinen. Aber bedenke mal, Christiane, was das auslösen könnte: Ich finde irgend eine Spur, gehe zu den Leuten, die Tür geht auf und ich sage 'Hallo, ich bin möglicherweise ein Halbbruder von ihnen, fragen Sie mal ihre Mutter, wie das so war seinerzeit mit meinem Papa?' – Nein, das bringt niemandem etwas.»

Bettina mischte sich ein: «Aber gesetzt den Fall, Bruno, da wäre jetzt ein größeres Erbe, dann wäre es doch gerecht, wenn die Halbgeschwister auch was bekämen?»

«Also Bettina, dein Gerechtigkeitssinn in Ehren» wandte sich Christiane an ihre Tochter «aber das würde ja die Welt unheimlich auf den Kopf stellen, wenn jeder ankommen könnte und sagen, er habe möglicherweise auch ein Anrecht. Zudem ist da bei uns nichts mit vielen Millionen, über die man sich streiten müsste.»

«Ich meine ja nur» beharrte Bettina, «aber die Möglichkeiten solcher Tests sind ja da. In der Schule haben wir kürzlich das ganze DNA-Zeugs durchgenommen und auch die Tests, die man heute machen kann. Das fängt ja offenbar schon beim Fruchtwasser an und dann kannst du alles nehmen, was deine DNA-Spuren trägt: das Grappa-Glas hier, oder Zahnbürsten, ausgerissene Haare, Unterwäsche, Zehennägel, Ohrenschmalz, Sperma, Menstruationsblut und ...»

«Bettina, bitte», unterbrach sie Christiane, «es reicht. Die Frage ist doch immer wieder die: soll man alles dürfen was man machen könnte?»

«Tja, Christiane, da hast du weise gesprochen. Und ich glaube, das betrifft auch unsere Entscheidung. Wir lassen es auf sich beruhen. Und ich schaue mal, ob dieser Bob überhaupt noch lebt. Und dann werde ich mich erst für so einen Test entscheiden, wenn ich sehe, dass er auch interessiert ist.»

★★★

Das Treffen kam tatsächlich nach einigen Briefwechseln ein knappes Jahr später zustande. Bob war ein alter, aber rüstiger Mann. Er hielt es für besser, dass seine Frau nichts von dem Besuch erfuhr. Mit einem Test war er einverstanden, und als er vom Resultat erfuhr, war er freudig überrascht, dass ihm seine lebenslange Geliebte einen Sohn geschenkt hatte. Inge hatte ihm nie auch nur eine Andeutung davon gemacht.

Das Kapitel 4 beginnt mit dem Deutschen Recht (Dr. jur. Christian Huber). Für die besonderen gesetzgeberischen Situationen in der Schweiz ist Alp Goeçmen verantwortlich (ab Seite 233); die Österreichische Rechtslage hat Dr. Günter Tews beleuchtet (ab Seite 247). Das Kapitel ist mit dem Stichtag vom 21. September 2004 abgeschlossen worden. Die juristischen Sachverhalte wurden des besseren Verständnisses wegen in ein möglichst lesefreundliches Deutsch gebracht. Die Autoren können deshalb nicht dafür haftbar gemacht werden, wenn sich die Leser aufgrund des Buches ohne professionelle juristische Beratung in ein gerichtliches Verfahren begeben.

Dr. jur. Christian Huber (Jahrgang 1969) ist Fachanwalt für Familienrecht. Er ist Partner der überörtlichen Rechtsanwaltssozietät feb (www.febnet.de) und leitet deren Münchner Büro. Im Rahmen seiner Tätigkeit als Rechtsanwalt beschäftigt er sich intensiv mit abstammungsrechtlichen Fragen. Daneben publiziert und referiert er zu diesem Thema.

# Alles was recht ist

## Juristisches rund um Mutter, Kind und ...Vater
## im Deutschen Recht

Widersprüchliche und Aufsehen erregende Gerichtsurteile haben in den letzten vier Jahren für Medienschlagzeilen gesorgt. Das Thema «Kuckuckskinder» und Kindesunterschiebung ist immer breiter diskutiert worden. Betroffene haben sich mit ihren zum Teil schwierigen Schicksalen geoutet und für noch mehr Polarisierung gesorgt. Immer mehr bildeten sich zwei gegensätzliche Meinungen, die sich größtenteils auf einen einzigen Fragenbereich konzentrierten: Soll es erlaubt oder verboten sein, heimliche Vaterschaftstests durchzuführen? Im Umfeld dieser Frage zirkulierten alle möglichen Argumente von Persönlichkeitsrecht bis zu Datenschutz.

### Blut, Haut oder Haarwurzeln

Warum dieser plötzliche Wirbel? Ein kurzer Rückblick erklärt die veränderte Situation: In den 90er Jahren des letzten Jahrhunderts wurden neue Fakten geschaffen, die für eine nicht vorhersehbare Rechtsunsicherheit sorgten. Bis dahin benötigte man für eine rechtsgültige Bestimmung der Vaterschaft Blutproben vom in Frage kommenden Vater, von der Mutter und vom Kind. Blutentnahme unter kontrollierten Bedingungen mit Identifikation der betreffenden Personen setzt einen direkten Kontakt der Beteiligten mit einem Arzt voraus.

Dieses ambulant durchgeführte Verfahren wurde von einem neuen DNA-Testsystem abgelöst, das es erlaubt, mit Körperzellen anstelle von Blut zu arbeiten: z. B. mit Hautzellen, Mundschleim oder anderen Körperflüssigkeiten. Dazu ist kein direkter Kontakt mehr nötig, denn das Material kann von jeder Frau und jedem Mann beschafft und per Post ans Labor geschickt werden. Im Zuge dieser technischen Neuerungen ist es auch möglich, Material zu beschaffen und ohne das Wissen der direkt Betroffenen Tests in Auftrag zu geben. Und genau hierzu ist die Rechtslage derzeit unklar.

### Die Gerichte tun sich schwer

Das Oberlandesgericht Celle (FamRZ 2004, 481) wies im Oktober 2003 eine Berufung zurück, wonach ein Mann eine juristisch anerkannte Vaterschaft anfocht. Er hatte auf Anfechtung der Vaterschaft geklagt, weil in einem von ihm heimlich in Auftrag gegebenen Vaterschaftstest er als Vater ausgeschlossen wurde. Der vorgelegte DNA-Test wurde aber aus zwei Gründen nicht anerkannt: erstens weil das Testmaterial (in diesem Falle ein Kaugummi) ohne Wissen und Zustimmung der sorgeberechtigten Mutter beschafft wurde und zweitens, weil es versäumt wurde, eine Identitätsfeststellung zu machen. Nach den Richtlinien für die Erstattung von Abstammungsgutachten ist ein solcher Test nicht rechtmäßig. In der Begründung hieß es unter anderem: «Aus dem verfassungsrechtlich geschützten allgemeinen Persönlichkeitsrecht heraus ist die Existenz von Beweisverwertungsverboten anerkannt». Das Oberlandesgericht Celle berief sich dabei auf die Rechtsprechung des Bundesverfassungsgerichtes (FamRZ 2003, 21, 24).

Wenige Monate zuvor, im Juli 2003, hatte das Landgericht München 1 entschieden, dass sogenannte heimliche Tests zulässig seien. In seiner Begründung führte es aus, dass der bei einem heimlichen Test vorliegende Eingriff in das Recht auf informationelle Selbstbestimmung für das Kind weniger belastend sei als die gesetzlich zulässige, gerichtlich erzwungene Klärung der Vaterschaft. Es bestehe zudem «ein anerkennenswertes Interesse des möglicherweise biologischen Vaters, die Abstammung durch einen wenig belastenden heimlichen Test zu klären» (FamRZ 2003, 1580).

Die Bundesjustizministerin Brigitte Zypries ist sich der Widersprüchlichkeit bewusst. Am 19. Januar 2004 bestätigte sie in einem Interview im Deutschlandfunk: «...wir müssen das deutlicher regeln. Wir sind dabei, ein Gendiagnostikgesetz zu machen, und in diesem Gendiagnostikgesetz werden wir auch eine Regelung in Bezug auf die Abstammungsbestimmung treffen».

### Biologische Väter werden gestärkt

Am 2. April 2004 schließlich kam eine erste Reaktion des Gesetzgebers im Kindschaftsrecht. Der Bundesrat hatte das von der Bundesregierung vorgelegte Gesetz zur Änderung der Vorschriften über die Anfechtung der Vaterschaft und das Umgangsrecht von Bezugspersonen gebilligt. Die Bundesjustizministerin Brigitte Zypries kommentierte dazu: «Dieses Gesetz stärkt die Rolle des biologischen Vaters. Es reagiert auf die sich ändernde gesellschaftliche Wirklichkeit und die neuen Familienformen».

Allerdings, das ganze war eine Art «Hausaufgabe», die das Bundesverfassungsgericht dem Gesetzgeber ein Jahr zuvor aufgegeben hatte, indem es die bisherige Regelung für verfassungswidrig erklärte.

Damit kann der leibliche Vater seit April 2004 die Vaterschaft des rechtlichen Vaters anfechten, sofern zwischen dem rechtlichen Vater und dem Kind keine sozial-familiäre Beziehung besteht oder bestanden hat. Das Gesetz gebraucht hier den neuen Begriff «sozial-familiäre Beziehung».

Eine sozial-familiäre Beziehung besteht dann, wenn der rechtliche Vater tatsächliche Verantwortung für das Kind übernimmt. Das wird vor allem dann als gegeben vorausgesetzt, wenn ein längeres Zusammenleben in häuslicher Gemeinschaft stattfindet oder stattgefunden hat. Vor allem wird eine bestehende Ehe zwischen dem rechtlichen Vater und der Mutter des Kindes als überzeugendes Indiz für eine «sozial-familiäre Beziehung» angesehen.

### Grundrechte – und vieles darum herum

Immer wieder stellen sich den Gesetzgebern bei umwälzenden technologischen, moralischen oder sozialen Veränderungen die gleichen Grundfragen: Was dient dem Wohl der

Gemeinschaft, was dient dem Wohl von sich streitenden
Parteien und was dient denen, die zwar nicht direkt im Streit
involviert, aber ebenfalls betroffen sind? Im Falle von Vater-
schaftsfragen, Unterhaltszahlungen und Umgangsrechten sind
das meistens die Kinder.

Im Laufe der Geschichte hat es immer wieder familienrecht-
liche Grundsätze und Entscheide gegeben, die für die nachfolgenden Generationen kaum nachvollziehbar waren. Ebenso
überraschend erscheinen uns in diesem Zusammenhang Ge-
pflogenheiten und Regelungen aus anderen Kulturkreisen.

### Frauen als Habe, Söhne als Pflichtsache

Im alten Rom wurden die Töchter an den zukünftigen Mann
verkauft. Dabei trat der Vater dem Käufer alle Rechte an seiner
Tochter ab. Im Haus ihres Gatten und seiner Familie hatte sie
wiederum die Stellung einer Tochter (loco filiae).

Juristisch gesehen befand sie sich im Besitz des Gatten,
hatte aber selbst keinerlei Besitz. Die Kinder gehörten ihrem
Gatten und blieben auch bei diesem, wenn er seine Frau ver-
stieß oder sich von ihr scheiden ließ. In den frühen patriarcha-
lischen Gesellschaften war die Frau zur Hauptsache dazu da,
Kinder zu gebären. Ein alter arabischer Richtspruch lautete:
«Auf dem Markt kauft man Waren; in der Ehe kauft man einen
zu besäenden Acker.»

Für viele alte Kulturen gehörte es umgekehrt zur Hauptauf-
gabe eines Mannes, dass er einen Sohn zeuge. Für den ältesten
Sohn wiederum gehörte es zur religiösen Pflicht zu heiraten um
dann ebenfalls wieder mindestens einen Sohn zu zeugen.

In Rom wurde das Brautbett im Atrium direkt gegenüber der
Eingangstür aufgestellt, neben den Ahnenbildern. Ein verheirateter Mann, der keinen Sohn zeugte, hatte den Ahnen seine
Schuld nicht gezahlt. War es eindeutig, dass die Ehe durch das
Verschulden des Mannes kinderlos blieb, musste er seiner Frau
einen zeugungsfähigen Ersatz auftreiben. In der Regel war dies
der jüngere Bruder des Mannes (das galt in Indien genauso wie
bei den alten Griechen oder Römern).

In einer sudanischen Provinz war es Brauch, dass der Mann in einer kinderlosen Ehe alle seine männlichen Verwandten zu einem Fest zusammentrommelte und einer nach dem anderen wohnte der Gattin bei. Folgte auch aus dieser «großen Treffer-quote» keine Schwangerschaft, hatte der Mann das Recht, seine Frau zu versteigern.

### Vergewaltigung als Sachbeschädigung

Die Rechtsgrundlage gegenüber Sklaven und Sklavinnen war bis kurz vor Christi Geburt von der Vorstellung geprägt, dass es sich hier um einen Besitz, also um eine Sache handele. Die Ver-gewaltigung von Sklavinnen war straffrei, außer es ging nicht um die eigene Sklavin, sondern um die eines Nachbarn. Dann war der Straftatbestand Sachbeschädigung. Für Frauen, die sich einem Sklaven hingaben, gab es gerichtlich keine Gnade. Der Ehemann hatte das Recht, beide zu töten. Die Römerinnen, die sich Sklaven halten konnten, sorgten in der Regel dafür, dass dies gar nicht so weit kommen konnte: Sie ließen die Sklaven kastrieren.

Ähnlich unterschiedlich waren die Gesetze bei den Ägyp-tern: Hatte ein Mann nicht eine Sklavin, sondern eine verhei-ratete Frau vergewaltigt, wurde er von Gesetzes wegen ent-mannt. Wenn aber ein Mann Ehebruch beging, bei dem die Frau freiwillig mittat, dann schrieb das Gesetz tausend Stock-schläge für den Mann vor. Der Frau wurde die Nase abgeschnit-ten. Das wurde damit begründet, dass ihr dasjenige entfernt wurde, was im alten Ägypten am meisten zur Anmut einer vor-nehmen Frau beitrug.

Auch bei uns galt die Frau fast bis zur Aufklärung als Besitz ihres Mannes. Das Wiener Strafrecht von 1340 gestattete dem Ehemann die sofortige Tötung, falls er seine Frau «in flagranti» mit einem Liebhaber ertappte.

Tötete er nur den Mann und ließ die Frau am Leben, wurde er zu einer Geldstrafe von 30 Pfennig verurteilt. Wurden die EhebrecherInnen lebend gefangen, sah das Gesetz den Tod durch Pfählung vor.

## Das Kindschaftsverhältnis bis heute

Bis etwa ins Mittelalter konnte nach römischem und germanischem Recht der Vater über seine Kinder bestimmen. Er konnte sie sogar straflos töten oder veräußern. Auch wenn sich das unter kirchlichem Einfluss mehr und mehr veränderte, das streng patriarchalische System blieb bis zur Aufklärung bestehen. Der Vater übte bis dahin weitgehend von außen unkontrolliert die Straf- und Züchtigungsgewalt aus. Er bestimmte die Lebensführung und entschied darüber, ob und wann die Söhne durch Gründung eines eigenen Hausstandes, die Töchter durch Heirat aus der väterlichen Gewalt «entlassen» wurden.

Im Zeitalter der Aufklärung änderte sich auch das Kindschaftsverhältnis. Jetzt stand nicht mehr die Herrschaft, sondern die Verpflichtung zur Sorge für das Kind im Vordergrund. Das Kind erhielt wie die Erwachsenen den Status, dass ihm Menschenrechte zuerkannt wurden. Noch immer war es der Vater, der Entscheidungsgewalt hatte, doch wurden Vormundschaftsgerichte eingesetzt, welche Aufsicht darüber hatten. Ein fester Mündigkeitstermin wurde eingeführt. Übrigens durften Kinder erst ab dem 19. Jahrhundert ihre Eltern mit «Du» statt dem achtungsgebietenden «Sie» ansprechen.

Das 20. Jahrhundert stand deutlich unter dem Einfluss der Bestrebung, die Rechtspositionen des Kindes gegenüber seinen Eltern zu stärken. Damit traten die Pflichten des Elternrechtes vermehrt in den Vordergrund.

### Verwandtschaft, was ist das?

Aus der juristischen Sichtweise geht es vor allem um Klärung. Man muss überall wissen, wovon man spricht. Darum ist unter anderem auch der Begriff der Verwandtschaft genau definiert.

Das deutsche BGB begründet die Verwandtschaft zweier Personen auf der biologischen Herkunft: «Personen, deren eine von der anderen abstammt, sind in gerader Linie verwandt» (§ 1589 BGB). Ein Verwandtschaftsverhältnis kann zudem durch Adoption begründet werden.

Die Rechtswirkungen der Verwandtschaft sind jedoch vom Vorliegen gesetzlicher Tatbestände abhängig. So kommt es vor, dass der Erzeuger eines Kindes rechtlich gesehen nicht automatisch auch dessen Vater ist. Die rechtliche und die biologische Vaterschaft wird unterschieden, das heißt, sie kann zwei verschiedenen Männern zugeordnet werden.

**Der Begriff der Vaterschaft**

Das Gesetz kennt, abgesehen von der Adoption, lediglich drei Tatbestände, die zu einer originären Vaterschaft im Rechtssinne führen. Demnach ist Vater eines Kindes der Mann,

... der zum Zeitpunkt der Geburt mit der Mutter des Kindes verheiratet ist, oder

... der die Vaterschaft förmlich anerkannt hat, oder

... dessen Vaterschaft gerichtlich festgestellt ist.

Diese Anknüpfung an eine beschränkte Anzahl eindeutiger Entstehungstatbestände erklärt sich aus dem Bedürfnis baldiger Rechtssicherheit bei Abstammungsfragen, bedingt durch die weitreichenden Auswirkungen der Abstammung. Da es früher technisch unmöglich war, die genetische Abstammung zu überprüfen, hat der Gesetzgeber Tatbestände geschaffen, bei denen es am wahrscheinlichsten ist, dass die Person, die rechtlich als Vater angesehen wird, auch der biologische Vater ist. Aus diesen Tatbeständen wird die gesetzliche Vermutung der Vaterschaft abgeleitet. Diese gesetzliche Vermutung ist im Rahmen der Vaterschaftsanfechtungsklage widerleglich. Wir kommen später auf dieses Thema direkt zu sprechen. Vorab die Stellung des Kindes und der Mutter, die für beide eindeutiger zu definieren ist.

**Die Stellung des Kindes**

Mit dem 1998 in Kraft getretenen Kindschaftsrechtsreformgesetz wurde das Abstammungsrecht grundlegend modernisiert. Die vor der Gesetzesreform von 1998 vorgenommene Unterscheidung zwischen ehelichen und unehelichen Kindern wurde aufgehoben. Eine qualitative Zweiteilung der Abstam-

mung in eheliche und nicht eheliche Abstammung gibt es seither nicht mehr. Der Gesetzgeber ist damit einer Vorgabe des
Bundesverfassungsgerichts nachgekommen, das diese Unterscheidung in weiten Teilen für verfassungswidrig hielt. Nichteheliche Kinder müssen sich seitdem nicht mehr als Kinder
zweiter Klasse fühlen, sondern haben im wesentlichen die
selben Rechte wie eheliche.

### Wer ist die Mutter?

Mater semper certa est – Die Mutter ist immer gewiss. Diese
Gewissheit hat die moderne Fortpflanzungsmedizin in Frage
gestellt. Denn mit der so genannten Leihmutterschaft kann es
möglich sein, dass die genetische Mutter und die Frau, die ein
Kind geboren hat, nicht dieselbe Person ist. Die Leihmutterschaft, bei welcher der künftigen Mutter entweder eine fremde
Eizelle oder aber ein fremder Embryo eingepflanzt wird, ist in
Deutschland verboten. Der Gesetzgeber hielt es wegen des bestehenden Fortpflanzungstourismus in das benachbarte euro-
päische Ausland gleichwohl für erforderlich, die Mutterschaft
gesetzlich zu regeln.

Das Gesetz legt auch in diesen Zweifelsfällen fest: Die Mutter eines Kindes ist die Frau, die es geboren hat. Der Gesetzgeber ignoriert also bei der Leihmutterschaft den obersten
Grundsatz der Verwandtschaft nach Abstammung. Denn das
von der Leihmutter ausgetragene und geborene Kind stammt
genetisch nicht von ihr ab. Der Gesetzgeber begründet diesen
Bruch mit den eher zweifelhaften Argumenten der Rechtssicherheit und dem Schutz des Kindes durch feste Mutterzuord-
nung.

Im Gegensatz zur Vaterschaft ist die Mutterschaft gesetzlich
nicht anfechtbar.

### Vater wird Mann, wenn die Ehefrau Kinder bekommt

Der erste Punkt der rechtlich definierten Vaterschaft ist, wir
wiederholen es hier, wenn der Mann zum Zeitpunkt der Geburt
mit der Mutter des Kindes verheiratet ist. Das ist der häufigste

Fall: die Geburt des Kindes in eine bestehende Ehe. Dann gilt der Ehemann rechtlich automatisch als Vater. Und zwar unabhängig davon, ob er das Kind tatsächlich gezeugt hat und ob er es überhaupt als Kind anerkennt. Selbst wenn die Ehe später aufgelöst wird, bleibt er der rechtliche Vater. Im Extremfall auch dann, wenn die Ehe einen Tag nach der Geburt geschieden wird. Auch der Zeitpunkt der Zeugung ist für die Feststellung der Vaterschaft unerheblich. Vor und während der Ehe gezeugte Kinder sind völlig gleichgestellt. Maßgeblich für die Vaterschaftszuordnung ist nach Gesetz einzig und allein der Zeitpunkt der Geburt.

Der Gesetzgeber knüpft die Vaterschaftszuordnung alleine an das Merkmal der Ehe. Der Ehemann der Mutter wird also ohne weiteres Zutun zum Vater eines Kindes, selbst wenn sich alle Beteiligten darüber einig sind, dass er nicht der Erzeuger ist. Dass daraus eine Reihe von Fragen und Benachteiligungen erwachsen, ist nicht verwunderlich. So erhält beispielsweise ein Vater, der nicht mit der Mutter seines Kindes verheiratet ist, das Sorgerecht nur dann, wenn die Mutter zustimmt. Diese kann ihre Zustimmung ohne weitere Begründung verweigern und damit verhindern, dass der Vater seine Vaterrechte im Rahmen des Sorgerechts wahrnehmen kann. Einen einklagbaren Anspruch hat der Vater nicht.

Umgekehrt erhält der Ehemann der Mutter das Sorgerecht ohne Mitwirkung der Mutter; selbst wenn er nicht der leibliche Vater ist. Bevor wir auf Anfechtung oder Änderung des Vaterschaftsstatus näher eingehen, wollen wir umreißen, welche Rechte und Pflichten mit der Vaterschaft verbunden sind.

### Welchen Familiennamen trägt das Kind?

Das Kind verheirateter Eltern erhält den Nachnamen, den die Eltern als gemeinsamen Ehenamen führen. Führen sie keinen gemeinsamen Ehenamen, entscheiden sie gemeinsam, ob das Kind den Namen des Vaters oder der Mutter erhält. Können sie sich nicht einigen, überträgt das Familiengericht das Bestimmungsrecht einem Elternteil.

### Die Unterhaltspflicht des Vaters bzw. der Eltern

Verwandte in gerader Linie sind gegenseitig unterhaltsver-
pflichtet. Besteht also eine Vaterschaft im Rechtssinne, ist sowohl der Vater gegenüber seinem Kind, als auch das Kind gegenüber seinem Vater grundsätzlich unterhaltspflichtig. Die
Unterhaltspflicht besteht lebenslang.

Der Unterhaltsanspruch des Kindes richtet sich grundsätzlich gegen beide Eltern. Voraussetzung ist, dass das Kind unter-
haltsbedürftig ist und dass die Eltern finanziell in der Lage
sind, den Unterhalt zu leisten. Die Unterhaltsbedürftigkeit des
Kindes besteht in der Regel bis zum Abschluss seiner Ausbildung. Lebt das Kind im Haushalt seiner Eltern, wird sein Unter-
haltsbedarf dadurch gedeckt, dass es von ihnen Wohnraum,
Verpflegung, Kleidung etc. erhält (den so genannten Betreuungsunterhalt). Leben Vater und Mutter getrennt, muss in der
Regel derjenige Elternteil einen Barunterhaltsbetrag für das
Kind bezahlen, bei dem das Kind nicht lebt; dies im Rahmen
seiner Leistungsfähigkeit. Die Höhe richtet sich nach der so genannten Düsseldorfer Tabelle. Hat das Kind einen eigenen
Hausstand, sind beide Elternteile entsprechend ihrer Leistungsfähigkeit barunterhaltspflichtig.

### Das Sorgerecht des Vaters bzw. der Eltern

Das minderjährige Kind steht unter elterlicher Sorge. Diese
elterliche Sorge bezieht sich einerseits auf die Person und andererseits auf das Vermögen des Kindes. Unterschieden wird
folglich zwischen Personensorge und Vermögenssorge. Die
Personensorge umfasst alle Fragen der Erziehung, z.B. die religiöse Erziehung und die Wahl der Erziehungsmethoden.
Körperliche Bestrafung, seelische Verletzungen und andere ent-
würdigende Maßnahmen sind ausdrücklich unzulässig; das
heißt, die Erziehung muss gewaltfrei sein. Zur Personensorge
gehört im weiteren das Recht und die Pflicht, das Kind zu
beaufsichtigen. Der Sorgeberechtigte ist auch gesetzlicher Vertreter des Kindes. Als solcher vertritt er das Kind bei rechts-
geschäftlichen Handlungen und verwaltet sein Vermögen.

Sind die Eltern eines Kindes miteinander verheiratet, üben sie automatisch die elterliche Sorge gemeinsam aus. Können sie sich nicht über einzelne Angelegenheiten einigen (z.B. Einschulung), überträgt das Familiengericht die Entscheidungsbefugnis auf einen Elternteil.

Mittlerweile behalten die Eltern meist auch nach Trennung und Scheidung die gemeinsame elterliche Sorge. Dies sieht das Gesetz seit 1998 als Regelfall vor. Der Scheidungsrichter überträgt jedoch einem Elternteil auf Antrag das alleinige Sorgerecht, wenn dies dem Kindeswohl besser entspricht. Dies ist meist dann der Fall, wenn die Eltern derart zerstritten sind, dass sie keine gemeinsamen konstruktiven Entscheidungen mehr treffen können.

Sind die Eltern eines Kindes nicht miteinander verheiratet, ist zunächst nur die Mutter sorgeberechtigt. Der Vater kann jedoch mit Zustimmung der Mutter eine so genannte Sorgeerklärung abgeben und damit das gemeinsame Sorgerecht herbeiführen. Die Sorgeerklärung muss öffentlich beurkundet werden, was beim Jugendamt oder beim Notar geschieht. Der Vater hat jedoch keinen Anspruch gegen die Mutter auf Abgabe einer Sorgeerklärung. Bei unverheirateten Eltern gibt es gegen den Willen der Mutter kein gemeinsames Sorgerecht!

### Das Umgangsrecht des Vaters

Das Umgangsrecht ist unabhängig vom Status des Kindes. Es macht keinen Unterschied, ob ein Kind ehelich ist, oder ob das Kind in einer nichtehelichen Lebensgemeinschaft oder gar ohne Zusammenleben von Vater und Mutter geboren ist.
Der Vater hat also immer ein Recht auf Umgang mit seinem Kind, unabhängig davon, ob er sorgeberechtigt ist oder nicht. Voraussetzung ist lediglich, dass seine Vaterschaft auch juristisch besteht. Umgekehrt hat die Mutter ebenfalls ein entsprechendes Umgangsrecht, wenn das Kind beim Vater wohnt, bzw. vom Vater betreut wird. Bis hierher hatten wir es weitgehend mit dem Normalfall zu tun: Ein Kind, das in eine eheliche Gemeinschaft geboren wird, und ein Vater, der seine aus diesem

Umstand resultierende juristische Vaterschaft akzeptiert. Was geschieht, wenn ein Kind nicht in eine bestehende Ehe hineingeboren wird?

### Das Kind ist da, der Vater noch nicht?

Wird das Kind nicht in eine bestehende Ehe hineingeboren, bekommt es im Rechtssinne erst dann einen Vater, wenn eine Vaterschaftsanerkennung vorliegt oder wenn eine gerichtliche Vaterschaftsfeststellung stattgefunden hat. Die Geburt in eine nichteheliche Lebensgemeinschaft begründet noch keine Vaterschaft, ganz gleich, wie lange die Partnerschaft schon besteht und wie «eheähnlich» sie gelebt wird.

Für die Anerkenntnis- und Zustimmungserklärung bedarf es der so genannten öffentlichen Beurkundung. Es genügt nicht, wenn die verschiedenen Beteiligten – zum Beispiel die Mutter, der leibliche Vater und der Mann, der die Vaterschaft übernehmen will – unter sich eine schriftliche Vereinbarung treffen. Juristisch bleibt ein solches Papier wertlos. Die Beurkundung kann entweder durch einen Notar, durch das Gericht, durch den Standesbeamten oder durch das Jugendamt vorgenommen werden.

Eine rechtsgültige Vaterschaftsanerkennung setzt nicht voraus, dass der Anerkennende auch der Erzeuger des Kindes ist. Selbst eine bewusst wahrheitswidrige Anerkennung der Vaterschaft ist wirksam. Somit toleriert der Gesetzgeber auch hier – ebenso wie im Fall der Vaterschaft bei der Geburt in eine Ehe –, dass der biologische und der rechtliche Vater zwei verschiedene Personen sein können.

### Ohne Zustimmung keine Anerkennung

Andererseits kann nicht einfach jeder Mann ohne weiteres einem Kind (mittels Vaterschaftsanerkennung) seine Vaterschaft aufdrängen. Denn es braucht für eine Vaterschaftsanerkennung immer die Zustimmung der Mutter. Ist das Kind bereits volljährig, ist neben der Zustimmung der Mutter auch dessen Zustimmung erforderlich.

Der Gesetzgeber wollte damit eine Richtigkeitskontrolle gewährleisten, indem die Vaterschaft nicht durch bloße einseitige Erklärung des Anerkennenden herbeigeführt werden kann. Die gesetzgeberische Regelung ist in diesem Punkt jedoch missglückt, da die Mutter ungeachtet der tatsächlichen Vaterschaft gegebenenfalls aus eigensüchtigen Motiven ihre Zustimmung verweigern kann. Mit ihrer verweigerten Zustimmung ist der Vater gezwungen, einen kostenintensiven Vaterschaftsfeststellungsprozess zu führen.

### Die gerichtliche Feststellung der Vaterschaft

Ein gerichtliches Vaterschaftsfeststellungsverfahren setzt jedoch zwei Bedingungen voraus: es hat noch keine Vaterschaftszuordnung durch Anerkenntnis stattgefunden und das Kind wurde nicht in eine Ehe hineingeboren.

Dann nämlich, wir hatten es bereits erwähnt, ist der Ehemann automatisch rechtlicher Vater. Ist der Ehemann juristischer Vater, kann das Vaterschaftsfeststellungsverfahren erst dann anhängig gemacht werden, wenn die Vaterschaft des (früheren) Ehemannes beseitigt wurde (in einem Vaterschaftsanfechtungsprozess).

Trifft der Fall zu, dass bereits eine Vaterschaftsanerkennung durch einen anderen vorliegt, muss ebenfalls zuerst ein erfolgreich verlaufener Vaterschaftsanfechtungsprozess vorausgegangen sein, bevor auf Feststellung der Vaterschaft geklagt werden kann.

### Wer darf auf Vaterschaftsfeststellung klagen?

Das Recht, dieses gerichtliche Verfahren in Gang zu setzen (Klagebefugnis), haben nur drei Personen:

- Das Kind, wenn gegen einen Mann geklagt wird, dessen Vaterschaft gerichtlich festzustellen ist.
- Die Kindesmutter, wenn gegen einen Mann geklagt wird, dessen Vaterschaft gerichtlich festzustellen ist.
- Der Mann, der seine Vaterschaft festgestellt haben will, bei Klagen gegen das Kind.

**Vermeintliche Großeltern stehen außen vor**

Es kann natürlich auch im Interesse anderer Personen sein, die Vaterschaft eines Mannes feststellen zu lassen. Beispielsweise die Eltern dieses Mannes. Ist er der Erzeuger, also tatsächlich der Vater, so haben sie nämlich ein eigenes Recht auf Umgang mit ihrem Enkelkind. Unter Umständen können sie sogar erbberechtigt sein. Sie können allerdings diese Rechte nicht durchsetzen, solange die Vaterschaft nicht wirksam festgestellt ist. Die Großeltern selbst können keine Vaterschaftsfeststellung einklagen. Der Gesetzgeber hat sich bewusst dafür entschieden, außer den oben genannten Personen keinen sonstigen Personen die Befugnis dafür zu geben.

**Wenn ein Beteiligter schon verstorben ist**

Das Vaterschaftsfeststellungsverfahren ist auch dann noch möglich, wenn Kind oder Vater bereits verstorben sind. Dies kommt in der Praxis meist dann vor, wenn Erbansprüche geltend gemacht werden.

Da die Rechtswirkungen der Vaterschaft (und damit auch Erb- und Pflichtteilsansprüche) erst mit wirksamer Feststellung geltend gemacht werden können, reicht es nicht aus, wenn sich alle Beteiligten darüber einig sind, dass zwischen den beteiligten Personen ein Vater-Kind-Verhältnis besteht. Auch der Nachweis durch ein (außergerichtliches) Abstammungsgutachten ist nicht ausreichend. Für die Begründung eines Erbanspruches gegenüber dem Vater bzw. dem Großvater muss vielmehr eine juristische Vaterschaft bestehen.

Gibt es von dem Verstorbenen kein für ein Abstammungsgutachten verwertbares Untersuchungsmaterial, bleibt entweder die Probenentnahme bei Verwandten oder die Exhumierung. Hierbei wird das Gericht die Begutachtung der Verwandten der Exhumierung grundsätzlich vorziehen.

Wird von dem für die Totenfürsorge berechtigten Angehörigen die erforderliche Zustimmung verweigert, entscheidet das Gericht über die Zumutbarkeit der Exhumierung. Grundsätzlich wird davon ausgegangen, dass das Interesse an der Klärung der Abstammung gegenüber der Wahrung der Totenruhe Vorrang hat, wenn auf andere Art kein Untersuchungsmaterial für ein Abstammungsgutachten beigebracht werden kann.

### Bezahlen muss der «Verlierer»

Die Kosten des Vaterschaftsfeststellungsverfahrens trägt immer diejenige Partei, die «unterliegt». Klagt beispielsweise ein Kind gegen seinen (vermeintlichen) Vater auf Vaterschaftsfeststellung, so hat der Vater die gesamten Kosten des Verfahrens zu tragen, wenn das Gericht feststellt, dass er tatsächlich der Vater ist. Weist dagegen das Gericht die Klage ab, hat das Kind die Kosten des Rechtsstreits zu tragen.

### Was, wenn die Vaterschaft festgestellt ist

Die wesentlichen Auswirkungen der rechtlich festgestellten Vaterschaft betreffen das Erbrecht, das Unterhaltsrecht und das Umgangsrecht. Diese Rechte können nach einem Feststellungsurteil geltend gemacht werden. Dagegen können sich vor Rechtskraft des Urteils keine aus der Vaterschaft ergebenden Rechte geltend gemacht werden.

Eine Ausnahme von dieser so genannten Sperrwirkung bildet die Unterhaltsverpflichtung des Mannes. Der Unterhalt der Mutter und des Kindes können – im Rahmen einer einstweiligen Anordnung – bereits im laufenden Vaterschaftsfeststellungsverfahren geltend gemacht werden.

Hiermit soll gewährleistet werden, dass der laufende Bedarf von Mutter und Kind von Beginn an sichergestellt ist und nicht erst das Ergebnis des unter Umständen langwierigen Verfahrens abgewartet werden muss. Wird in dem Verfahren allerdings festgestellt, dass der beklagte Mann nicht der Vater ist, müssen Mutter und Kind den durch die Vollziehung der einstweiligen Anordnung entstandenen Schaden ersetzen.

Bis hierher wurde die Situation der Vaterschaft fast ausschließlich aus dem Blickwinkel des Mannes betrachtet. Was der rechtliche Begriff der Vaterschaft im einzelnen für das Kind und die Mutter bedeuten, soll hier ebenfalls erläutert werden.

**Auch Kinder haben Rechte – und Pflichten**

Wir haben bereits ausgeführt, dass das Kind Anrecht auf Unterhalt hat. Das Kind ist gegenüber dem Vater aber auch gesetzlicher Erbe erster Ordnung. Es ist damit erbrechtlich der nächste Verwandte und es steht ihm ein unentziehbarer Pflichtteilsanspruch zu. Der Vater kann das Kind zwar durch ein Testament oder einen Erbvertrag (Verfügung von Todes wegen) von der Erbfolge ausschließen, das Pflichtteilsrecht sichert dem Kind jedoch eine Mindestteilhabe am Nachlass.

Der Pflichtteilsanspruch beläuft sich auf die Hälfte des gesetzlichen Erbteils. Der gesetzliche Erbteil wiederum richtet sich nach der Anzahl gleichrangiger Erbberechtigter. Hat der Vater zum Beispiel noch ein weiteres Kind (unerheblich ob eheliches oder uneheliches) und eine Ehefrau (im gesetzlichen Güterstand der Zugewinngemeinschaft), ist jedes Kind zu einem Viertel gesetzlicher Erbe. Der Pflichtteilsanspruch beläuft sich demgemäß auf ein Achtel.

Übrigens kann auch der Vater gegenüber seinem Kind einen Erbanspruch (und damit auch einen Pflichtteilsanspruch) haben; dies aber nur dann, wenn das Kind keine eigenen Abkömmlinge hat.

**Unterhaltspflicht des Kindes gegenüber dem Vater**

Nicht nur das Kind hat das Anrecht auf Unterhalt durch den Vater. Es gibt auch das umgekehrte grundsätzliche und lebenslange Anrecht des Vaters auf Unterhaltszahlung durch das Kind.

Das Regulativ bildet wie beim Kindesunterhalt einerseits die Bedürftigkeit des Vaters und andererseits die Leistungsfähigkeit des Kindes. Die Bedürftigkeit eines Elternteils entsteht immer häufiger dann, wenn keine ausreichende Altersvorsorge besteht und die oft sehr hohen Kosten eines Alters- oder Pflegeheims nicht gedeckt werden können.

Der Bedarf besteht dann in den nicht gedeckten Heimkosten. Weil sich viele Eltern in diesen Situationen oft scheuen, Unterhaltsansprüche gegen ihre Kinder geltend zu machen, springt die öffentliche Hand mit Leistungen der Sozialhilfe ein. Der Unterhaltsanspruch geht dann allerdings auf den Träger der Sozialhilfe über; und dieser macht ihn gegen die Kinder geltend. Sind mehrere Kinder vorhanden, haften sie entsprechend ihrer Leistungsfähigkeit anteilig.

### Das Recht des Kindes auf Auskunft

Das Bundesverfassungsgericht hat die Bedeutung der Abstammungskenntnis für die Kindesentwicklung anerkannt und einen Auskunftsanspruch des Kindes aus seinem verfassungsrechtlich geschützten allgemeinen Persönlichkeitsrecht hergeleitet. Damit ist die Mutter verpflichtet, dem Kind den Namen seines Erzeugers zu nennen. Kommen mehrere Männer als Väter in Frage, hat sie alle Männer zu nennen, mit denen sie in der Empfängniszeit Geschlechtsverkehr hatte.

Nur ist in der Praxis eine Durchsetzung dieses Auskunftsanspruches schwierig. Das Kind trägt nämlich die Beweislast, dass die Mutter den Namen des Erzeugers auch wirklich kennt. Oder an einem Beispiel: die Mutter behauptet, der Erzeuger des Kindes sei eine flüchtige Bekanntschaft gewesen und sie kenne dessen Namen gar nicht. Wenn das Kind nicht das Gegenteil beweisen kann, wird seine Auskunftsklage abgewiesen.

Oft hat auch der Scheinvater ein Interesse daran, dass die Mutter den Erzeuger benennt. Die Rechtslage dazu ist noch unklar; eine höchstrichterliche Entscheidung steht noch aus. Gibt die Mutter aber eine Falschauskunft wird sie in aller Regel schadensersatzpflichtig.

### Das Recht des Kindes auf Anfechtung der Vaterschaft

Das Kind hat ohne Einschränkungen ein Recht dazu, die Vaterschaft des juristischen Vaters anzufechten. So kommt es zum Beispiel nicht darauf an, ob die Anfechtung der Vaterschaft den Eltern zumutbar ist. Auch spielt es rechtlich keine Rolle, ob und welche Auswirkungen ein solches Vorgehen auf die Ehe der Eltern oder auf den Familienfrieden hat. Das Kind hat sogar dann, wenn seine Zeugung durch künstliche Befruchtung

mittels Samenspende erfolgte, ein Recht, die Vaterschaft anzufechten; die Eltern haben in diesem Falle kein Anfechtungsrecht.

Ist das Kind minderjährig, kann nur sein gesetzlicher Vertreter das Anfechtungsverfahren betreiben. Damit soll vermieden
werden, dass Jugendliche in einer pubertären Konfliktlage oder
kritischen Entwicklungsphase Unfrieden in die Familie tragen.
Der gesetzliche Vertreter wiederum kann die Anfechtungsklage
nur erheben, wenn sie dem Wohl des Kindes dient. Ficht die
Mutter also als gesetzliche Vertreterin des Kindes die Vaterschaft an, findet eine Kindeswohlprüfung statt, bei einer Anfechtung im eigenen Namen dagegen nicht. Diese unterschiedliche Behandlung leuchtet allerdings nicht ein.

Wer eine Vaterschaft anfechten will, muss dies grundsätzlich innerhalb einer Frist von zwei Jahren ab Kenntnis der Umstände tun, die gegen die Vaterschaft sprechen.

Bei einem Kind beginnt die Anfechtungsfrist mit Eintritt der
Volljährigkeit erneut zu laufen, so dass es bis zur Vollendung
des 20. Lebensjahres die Vaterschaft immer anfechten kann, unabhängig davon, ob es schon Jahre zuvor Zweifel an der Vaterschaft hatte. Erfährt das Kind erst nach seiner Volljährigkeit von
Umständen, die gegen die Vaterschaft sprechen, beginnt bei
seinem Anfechtungsverfahren die zweijährige Anfechtungsfrist
erst ab dann zu laufen.

Unabhängig vom Ablauf dieser Zwei-Jahres-Frist kann das
Kind die Vaterschaft auch dann anfechten, wenn es Kenntnis
von Umständen erlangt, aufgrund derer die Folgen der Vaterschaft für das Kind unzumutbar werden. Eine solche Unzumut-
barkeit ist z. B. bei Straftaten des Vaters – etwa einem sexuellen
Missbrauch – gegeben.

### Das zentrale Thema der Anfechtung

Wir haben uns auf den letzten Seiten den Rechten und
Pflichten des Kindes zugewandt und sind nun auf das – im
Zusammenhang mit dem «Kuckucksfaktor» – zentrale Thema
gestoßen: die Anfechtung der Vaterschaft.

Das Recht, mittels Klage die Vaterschaft anzufechten, haben neben dem Kind nur die Mutter, dann der zum Zeitpunkt der Geburt mit ihr verheiratete Mann oder derjenige Mann, der die Vaterschaft anerkannt hat. Der Scheinvater kann übrigens die Vaterschaft später auch dann noch anfechten, wenn er sie zuvor bewusst durch eine unwahre Anerkennung herbeigeführt hat.

Das Recht auf Anfechtung steht unter bestimmten Voraussetzungen auch noch demjenigen Mann zu, der glaubhaft machen kann, selbst der Erzeuger des Kindes zu sein. Die Anfechtung erfolgt durch Klage vor dem Familiengericht. Das Gericht stellt aufgrund seines Urteils fest, dass entweder der bisher als Vater angesehene Mann nicht der Vater ist oder es weist die Klage ab und damit bleibt vorläufig alles beim Alten.

### Wenn die Mutter die Vaterschaft anficht

Die Mutter kann ohne Einschränkung die Vaterschaft des Mannes anfechten (eine Ausnahme bildet hier nur die künstliche Befruchtung). Sie kann also sowohl die Vaterschaft ihres Ehemannes anfechten als auch desjenigen, der die Vaterschaft anerkannt hat; dies obwohl sie selbst früher der Anerkennung zugestimmt hatte. Für die Mutter, die normalerweise weiß, mit wem sie in der Empfängniszeit Geschlechtsverkehr hatte, beginnt die Anfechtungsfrist mit der Geburt des Kindes zu laufen (ein Fristbeginn vor der Geburt des Kindes ist nicht möglich).

Die zweijährige Frist bedeutet logischerweise, dass die Mutter nicht mehr klagen kann, wenn das Kind sein zweites Lebensjahr vollendet hat. Aber ihr bleibt auch dann noch eine Möglichkeit der Klage: wenn sie ihre Anfechtung nicht aus eigenem Recht, sondern als gesetzliche Vertreterin des Kindes einreicht. Die Motivation zur Anfechtung spielt bei der Mutter keine Rolle. Sie muss die Anfechtung nicht etwa zum Wohl ihres Kindes betreiben, sondern kann sich auch von eigennützigen Motiven leiten lassen. Aus der Sicht des Kindes ist dieses vorbehaltlose Recht der Mutter problematisch, da durch die Vaterschaftsanfechtung der Mutter eine gefestigte Vater-Kind-Beziehung zerstört werden kann.

### Neue Rechte für den biologischen Vater

Bis zum 30. April 2004 hatte der biologische (leibliche) Vater keine Möglichkeit, die Vaterschaft des rechtlichen Vaters anzufechten. Der Gesetzgeber hat jetzt die Situation der biologischen Väter gestärkt, indem ihnen unter engen Voraussetzungen ein eigenes Anfechtungsrecht gegeben wird.

Eine erhebliche Einschränkung bleibt jedoch: die Anfechtung des Erzeugers bleibt weiter unzulässig, wenn zwischen Scheinvater und Kind eine «sozial-familiäre Beziehung» besteht und der Scheinvater dementsprechend eine tatsächliche Verantwortung für das fremde Kind übernommen hat.

Nach der Vorstellung des Gesetzgebers liegt eine «sozial-familiäre Beziehung», in die der tatsächliche Erzeuger mit seiner Anfechtungsklage nicht eindringen darf, in der Regel dann vor, wenn der Scheinvater mit der Mutter verheiratet ist oder mit ihr längere Zeit in häuslicher Gemeinschaft gelebt hat.

Durch diese erheblichen Einschränkungen ist die Möglichkeit des Erzeugers, eine Anfechtungsklage zu betreiben, nach wie vor sehr begrenzt. Am Beispiel eines außerehelich gezeugten Kindes soll dies genauer erläutert werden.

### Beispiel: das außerehelich gezeugte Kind

Eine verheiratete Frau hat ein außereheliches Verhältnis. Mit dem außerehelichen Partner zeugt sie ein Kind. Rechtlicher Vater dieses Kindes ist zunächst der Ehemann der Mutter, gleich, ob er sich zum Zeitpunkt der Geburt (etwa wegen des außerehelichen Verhältnisses) von der Mutter bereits getrennt hat, oder im Glauben ist, das Kind sei von ihm.

Es sei hier noch einmal wiederholt: Jedes Kind, das in eine bestehende Ehe geboren wird, hat automatisch den Ehemann der Mutter zum rechtlichen Vater. Will der Erzeuger (der biologische Vater) zum rechtlichen Vater werden, muss er zunächst die Vaterschaft des anderen Mannes anfechten. Der Ehemann hat jedoch eine «sozial-familiäre Beziehung» zu dem Kuckuckskind, so dass der Erzeuger normalerweise kein Anfechtungsrecht hat. Er muss also darauf hoffen, dass einer der anderen

Anfechtungsberechtigten (Mutter, Ehemann oder Kind) ein Anfechtungsverfahren betreiben. Erst nach einem gerichtlichen
Anfechtungsverfahren kann eine neue förmliche Vaterschaftszuordnung erfolgen; und nur dadurch kann der biologische
Vater im genannten Beispiel auch zum Vater im Rechtssinne
werden. Solange diese rechtliche Vaterschaft nicht besteht, hat
der tatsächliche (biologische) Vater des Kindes keine Vaterrechte. Die Mutter und ihr Ehemann können ihm also zum Beispiel
verbieten, sein Kind zu sehen.

### Wenn der biologische Vater chancenlos bleibt

Das Anfechtungsrecht des biologischen Vaters hängt – wie
oben bereits erwähnt – davon ab, ob zwischen (Schein-)Vater
und Kind eine «sozial-familiäre Beziehung» besteht. Sieht die
Situation so aus, dass der Ehemann im geschilderten Beispiel
das Kuckuckskind akzeptiert, dann hat der Erzeuger kein
Recht, die Vaterschaft anzufechten. Das gilt auch dann, wenn
die Mutter den Ehemann über die Herkunft des Kindes täuscht.
Es spielt also keine Rolle, ob der Ehemann über das Kuckuckskind bescheid weiß oder nicht. Diese Auslegung wird vom Gesetzgeber damit begründet, dass das Kind nicht aus einer intakten Familie herausgerissen werden soll und die Interessen des
Erzeugers gegenüber denen des Kindes zurückstehen müssen.

### Wenn der Vater nicht als Vater gelten will

Wir haben gehört, der Vater ist rechtlich der Mann, der zum
Zeitpunkt der Geburt mit der Mutter verheiratet ist; dies selbst
dann, wenn alle wissen, dass er nicht der biologische Vater ist.
Will er die Vaterschaft nicht übernehmen, weil er weiß oder vermutet, dass er nicht der biologische Vater ist, muss er sie durch
eine Klage vor dem Familiengericht anfechten.

Die Vaterschaft kann jedoch, wie oben schon gesehen, nicht
unbefristet angefochten werden. Die Anfechtungsfrist beträgt
nämlich für alle Anfechtungsberechtigte zwei Jahre. Während
dieser Zeit haben sie die Möglichkeit, sich zu überlegen, ob sie
die Klage einreichen wollen oder nicht.

Der Grund, eine befristete Überlegungszeit vorzusehen, liegt in der Absicht, den Status des Kindes nicht unbegrenzt in der Schwebe zu lassen.

**Auch wenn ich nichts weiß, macht es mich ...**
Die Anfechtungsfrist beginnt in der Regel ab dem Zeitpunkt zu laufen, in dem der Anfechtungsberechtigte von den Umständen erfährt, die gegen die Vaterschaft sprechen.

Doch kann es vorkommen, dass der Anfechtungsberechtigte selbst keine Zweifel an seiner Vaterschaft hat und die zweijährige Frist dennoch zu laufen beginnt. Der Beginn der Frist ist nämlich nicht von der individuellen Sichtweise des Anfechtenden abhängig.

Es genügt vielmehr, dass der Anfechtungsberechtigte Kenntnis von Tatsachen erlangt, aus denen sich objektiv die nicht ganz fern liegende Möglichkeit ergibt, dass ein anderer Mann der biologische Vater sein könnte. Wenn also der Anfechtungsberechtigte die Augen vor den Tatsachen verschließt, verhindert er dadurch nicht, dass die Anfechtungsfrist in Gang gesetzt wird. Die Zwei-Jahres-Frist und ihre schlüssige Beurteilung, ab wann denn diese Frist zu laufen begonnen hat, sind ein häufiger Streitpunkt in Vaterschaftsprozessen.

**Zwei Jahre – welche zwei Jahre?**
Nach Ablauf der Frist kommt eine Vaterschaftsanfechtung nicht mehr in Betracht, selbst dann, wenn sich alle Beteiligten darüber einig sind (oder über ein Abstammungsgutachten zweifelsfrei nachgewiesen werden kann), dass der rechtliche Vater nicht der Erzeuger ist.

Vier Beispiele sollen aufzeigen, wann die Rechtsprechung davon ausgeht, dass die Anfechtungsfrist zu laufen beginnt: Der häufigste Fall ist, dass der als juristischer Vater geltende Mann Kenntnis davon erhält, dass die Mutter/Ehefrau Ehebruch begangen hat bzw. mit anderen Männern Verkehr hatte.

Kenntnis haben heißt hier nicht nur die «Beichte» der Mutter/Ehefrau oder, dass er sie «in flagranti» erwischt; es genügen auch Hinweise anderer, die als objektiv zutreffend einzuschätzen sind.

Ein ebenso eindeutiger Fall ist, wenn der scheinbare Vater in der Zeit der Empfängnis nachweislich keinen Geschlechtsverkehr mit der Kindesmutter haben konnte oder von seiner eigenen Zeugungsunfähigkeit weiß. Klar sind auch auffällige Unterschiede der Hautfarbe, wenn beispielsweise ein Mischlingskind geboren wird, die Mutter und der scheinbare Vater aber weißer Hautfarbe sind.

In einem Verfahren wurde auch die Tatsache als ausreichend beurteilt, dass der scheinbare Vater wusste, dass die Mutter während der Empfängniszeit mit einem anderen Mann in Urlaub war.

Zur Zwei-Jahres-Frist gibt es noch zwei Ausnahmen: Die erste betrifft das Kind (wie auf Seite 218 besprochen), die zweite betrifft Vaterschaftsanerkenntnisse, die in den alten Bundesländern vor dem 1. Juni 1970 rechtswirksam wurden.

### Theoretisch könnte es doch sein, dass das Kind...

Eine «ins Blaue hinein» erhobene Anfechtungsklage wäre unzulässig. Es müssen konkrete Gründe vorgetragen werden, warum der Klagende Zweifel an der Vaterschaft hat. Ansonsten wird die Klage abgewiesen. Es soll verhindert werden, dass durch willkürliche Anfechtungsklagen Unfrieden erzeugt wird.

Ein Anfechtungsverdacht wird zum Beispiel damit begründet, dass ein Geschlechtsverkehr mit der Kindesmutter in der Empfängniszeit nicht stattgefunden habe. Eine weitere Begründung ist die Vermutung oder Tatsache, dass die Mutter in der Empfängniszeit auch mit einem anderen Mann Verkehr hatte oder dass keinerlei äußerliche Ähnlichkeit zwischen scheinbarem Vater und Kind besteht.

### Die genetisch ermittelten Abstammungsgutachten

In jüngster Zeit werden den Gerichten als Begründung für eine Anfechtungsklage immer häufiger privat in Auftrag gegebene Abstammungsgutachten vorgelegt. Diese DNA-Tests schließen die Vaterschaft aus – oder bestätigen sie. Doch stellt sich hierbei die Frage der Verwertbarkeit eines solchen Tests. Ausreichend zur Begründung eines Anfechtungsverdachtes ist ein Gutachten immer dann, wenn es mit Zustimmung aller Beteiligten erstellt wurde und die Identität der Beteiligten einwandfrei nachgewiesen wird. Sind die entsprechenden Standards eingehalten, wird das Gericht kaum selbst ein weiteres Gutachten in Auftrag geben. Problematisch ist jedoch die Verwertbarkeit so genannter heimlicher Abstammungsgutachten.

### Die so genannten «heimlichen» Gutachten

Von «heimlichen» Gutachten wird dann gesprochen, wenn das Spurenmaterial (Körperzellen von Haut, Haarwurzeln, Speichel und anderen Körperflüssigkeiten) ohne das Wissen der beteiligten Person(en) beschafft wurde und der Test dann auch ohne deren Wissen in Auftrag gegeben wird.

Meistens sind es zweifelnde Väter, die ohne Wissen der Mutter Spurenmaterial des Kindes testen lassen. Ob ein solcher heimlicher Test zulässig ist, ist höchst umstritten. Der Gesetzgeber hat diesen Sachverhalt noch nicht geregelt. In der Rechtsprechung wird teilweise vertreten, dass das Ergebnis eines solchen Testes grundsätzlich nicht gerichtsverwertbar ist, da der Test in das grundgesetzlich geschützte Persönlichkeitsrecht des Kindes eingreift. Auch die Bundesärztekammer und das Robert-Koch-Institut gehen in ihren umstrittenen Richtlinien davon aus, dass die Abstammung eines Menschen nur mit seiner Einwilligung festgestellt werden darf.

Das allgemeine Persönlichkeitsrecht des Kindes beinhaltet sein Recht auf informationelle Selbstbestimmung, wonach die Preisgabe seiner genetischen Daten jedem Menschen selbst obliegt. Insofern liegt bei einem heimlichen Abstammungstest sicherlich ein Eingriff in das informationelle Selbstbestimmungsrecht des getesteten Menschen vor.

Bei der pauschalen Ablehnung von heimlichen Tests wird jedoch nicht berücksichtigt, dass dieser Eingriff auch gerechtfertigt sein kann. Denn zum einen hat auch der Vater ein rechtlich geschütztes Interesse an der Kenntnis der Abstammung. Durch die untergeschobene Vaterschaft wird auch in das Persönlichkeitsrecht des Vaters eingegriffen. Und zum anderen liegt es meist auch im Interesse des Kindes, zu wissen, wer sein biologischer Vater ist.

Der vom zweifelnden Vater offen geäußerte Verdacht wird zudem den Familienfrieden mehr stören und damit das Kindeswohl stärker beeinträchtigen, als ein unbemerkt eingeholter Test, der u. U. zum Ergebnis hat, dass der Zweifel unbegründet ist. Dabei ist zu berücksichtigen, dass nur jeder vierte von den privaten Laboren durchgeführte Test zu einem Vaterschaftsausschluss führt; also sich der Verdacht bei 3/4 der zweifelnden Väter als unbegründet herausstellt.

Solange ein Vater von Zweifeln an seiner Vaterschaft geplagt ist, wird er sich aber in aller Regel sowohl mit emotionalen als auch mit finanziellen Investitionen in das möglicherweise nicht von ihm stammende Kind zurückhalten. Ein heimlicher Test kann aus diesem Blickwinkel betrachtet im Sinne des Kindeswohls sein, weil die Zweifel des Vaters damit ausgeräumt werden können.

Richtigerweise sind daher die Interessen von Vater und Kind in jedem Einzelfall gegeneinander abzuwägen und danach zu entscheiden, ob ein heimlich gewonnenes Testergebnis gerichtsverwertbar ist oder nicht.

Bei einer künftig zu erwartenden gesetzlichen Regelung der heimlichen Tests ist auch Art. 6 GG zu berücksichtigen, wonach Ehe und Familie unter dem besonderen Schutz der staatlichen Ordnung stehen. Eine Gesetzgebung, die für den Ehemann zwar vielfältige Pflichten begründet, ihm aber nicht die Möglichkeit gibt, sich gegen untergeschobene Kinder zu wehren, wird diesem Auftrag nicht gerecht. Wenn Abstammungstests ohne Mitwirkung der Mutter grundsätzlich verboten werden, liegt es in den meisten Fällen allein an der Kindesmutter, ob eine Kindesunterschiebung aufgedeckt wird oder nicht. Dies wäre ein weiterer Grund, die Ehe als moderne Lebensform für Männer unattraktiv zu machen.

### Die Kosten des Anfechtungsverfahrens

Die Kosten im Anfechtungsverfahren trägt – anders als im Vaterschaftsfeststellungsverfahren – nicht immer derjenige, der im Verfahren unterliegt. Ist die Vaterschaftsanfechtung erfolgreich, werden die Kosten des Rechtsstreits vielmehr gegeneinander aufgehoben. Das bedeutet, dass jede Partei ihre außergerichtlichen Kosten selbst tragen muss (also insbesondere ihre Rechtsanwaltskosten, die bis zu 2000 Euro betragen können).

Die Gerichtskosten muss jede Partei zur Hälfte tragen. Zu den Gerichtskosten zählen zum einen die Gebühren, die für das Verfahren anfallen (zirka 220 Euro). Zum anderen zählen hierzu auch die Kosten eines gerichtlich angeordneten Abstammungsgutachtens (zirka 1000 bis 2000 Euro). Ist eine Partei nicht in der Lage, die Kosten aufzubringen, besteht die Möglichkeit, Prozesskostenhilfe zu beantragen, mit dem Ziel, dass die Kosten die Staatskasse übernimmt. Unter Umständen besteht auch die Möglichkeit, den Erzeuger hinsichtlich der Kosten des Verfahrens in Regress zu nehmen (siehe Seite 230).

### Was sich rechtlich aus dem Anfechtsverfahren ergibt

Das Gericht stellt in seinem Urteil die Nichtvaterschaft des Scheinvaters fest. Der Urteilstenor lautet dann: «Es wird festgestellt, dass Herr XY nicht der Vater von Z ist». Mit Rechtskraft dieses Urteils wird das Kind vaterlos, und zwar rückwirkend auf den Tag seiner Geburt. Auch eine vom Scheinvater abgeleitete Staatsangehörigkeit entfällt für das Kind rückwirkend. Einen neuen Vater kann es nur bekommen, wenn ein anderer Mann seine Vaterschaft anerkennt oder ein gerichtliches Vaterschaftsfeststellungsverfahren betrieben wird.

### Keine Rechte und Pflichten mehr für den Scheinvater

Mit Rechtskraft des Urteils entfällt die gemeinsame elterliche Sorge von Mutter und Scheinvater. Die Mutter erhält die alleinige elterliche Sorge. Nur wenn durch ein Gerichtsurteil bzw. durch Vaterschaftsanerkennung der Erzeuger auch zum rechtlichen Vater wird, kann er durch eine gemeinsame Sorgeerklärung (siehe Seite 210) mit der Mutter die gemeinsame elterliche Sorge erhalten. Wenn die Mutter jedoch den Erzeuger heiratet – dessen Vaterschaft auch rechtlich durch Anerkennung oder gerichtliche Feststellung besteht – bekommt er automatisch das gemeinsame Sorgerecht mit der Mutter.

Beim Umgangsrecht verhält es sich ähnlich: Mit Rechtskraft des Anfechtungsurteils verliert der Scheinvater grundsätzlich das Recht auf Umgang mit dem Kind. Ist jedoch die Voraussetzung gegeben, dass er mit dem Kind in einer «sozial-familiären Beziehung» gelebt hat, ist auch nach erfolgreicher Vaterschaftsanfechtung ein Umgangsrecht möglich. Damit trägt der Gesetzgeber dem Gedanken Rechnung, dass in den meisten Fällen der Scheinvater für das Kind zu einer wichtigen Bezugsperson geworden ist.

**Streitpunkt Geld: Unterhaltszahlungen**

Mit dem Urteil entfallen rückwirkend auf den Tag der Geburt auch die Unterhaltsansprüche des Kindes gegen den Scheinvater. Bis zur rechtskräftigen Feststellung der Nichtvaterschaft bleibt der Unterhaltsanspruch jedoch bestehen. Der Scheinvater kann seine Unterhaltszahlungen also erst dann einstellen, wenn das Verfahren rechtskräftig abgeschlossen ist.

Manchmal kann dies zu misslichen Ergebnissen führen. Steht etwa bereits (durch ein Gutachten) fest, dass der Scheinvater nicht der Erzeuger ist, muss er für ein Kind bis zur Rechtskraft des Urteils weiter Unterhalt bezahlen, obwohl es offenkundig nicht seines ist.

Eine paradoxe Situation entsteht dann, wenn das Kind selbst die Anfechtungsklage erhoben hat. Es setzt sich mit seiner Unterhaltsforderung in Widerspruch zu seinem eigenen Verhalten, indem es einerseits die Feststellung begehrt, eine bestimmte Person sei nicht sein Vater, andererseits eben diese Person als Vater auf Unterhaltszahlungen in Anspruch nimmt. Teilweise korrigiert die Rechtsprechung solche Fälle, in dem sie das Unterhaltsverlangen des Kindes als rechtsmissbräuchlich ansieht.

Unter bestimmten Voraussetzungen kann der Scheinvater die geleisteten Unterhaltszahlungen und die von ihm verauslagten Prozesskosten zurückverlangen. Die Ansprüche richten sich im häufigsten Fall gegen den Erzeuger, können sich aber auch gegen die Kindesmutter oder das Kind richten.

Die Regressansprüche gegen das Kind sind meist nur theoretischer Natur, da das Kind den Unterhalt nicht zurückzahlen muss, wenn es ihn verbraucht hat. Nur im seltenen Fall, wo aus den Unterhaltszahlungen ein noch bestehendes Vermögen gebildet wurde, kommt ein Regressanspruch in Betracht.

**Streitpunkt Geld: Regressansprüche gegen die Mutter**
Die Mutter weiß normalerweise, dass als Erzeuger ihres Kindes ein anderer Mann als der rechtliche Vater in Frage kommt. Die Tatsache alleine, dass sie dem Scheinvater ein Kuckuckskind untergeschoben hat, für das er unter Umständen jahrelang finanzielle Aufwendungen erbracht hat, berechtigt diesen jedoch nach ständiger Rechtsprechung nicht ohne weiteres zu Schadensersatzforderungen gegen die Mutter.

Der häufige Fall, dass die Ehefrau bei einem Seitensprung schwanger wird und dieses Kind ihrem Ehemann «unterschiebt», löst keine Schadensersatzansprüche des Ehemannes aus. Die Mutter hat nicht die Pflicht, von sich aus die anderweitige Abstammung zu offenbaren.

Kommen zum Ehebruch weitere Umstände hinzu, kann eine «sittenwidrige schädigende Verletzungshandlung» vorliegen, die einen Schadensersatzanspruch zur Folge hat. Dies ist nach der Rechtsprechung etwa dann der Fall, wenn die Mutter den Mann durch wahrheitswidrige Behauptungen zur Anerkennung der Vaterschaft veranlasst hat oder wenn dem Mann Zweifel an seiner Vaterschaft kommen und sie diese zerstreut.

**Streitpunkt Geld: Regressansprüche gegen den Erzeuger**
Die vom Scheinvater bis zur rechtskräftigen Feststellung seiner Nichtvaterschaft geleisteten Unterhaltsbeträge können beträchtlich sein. Als Unterhaltsleistung ist hier nicht nur der

sogenannte Barunterhalt zu verstehen, also monatliche Unterhaltsbeträge, die der Scheinvater, der nicht mit der Mutter zu-
sammenlebt, für das Kind bezahlen muss (gemäß Düsseldorfer
Tabelle). Unterhalt kann vielmehr auch als so genannter Na-
turalunterhalt geleistet werden. Hierunter versteht man die allgemeinen Versorgungsleistungen, die der Scheinvater dadurch
erbringt, dass er dem Kind Kleidung, Nahrungsmittel, Wohnraum etc. zur Verfügung stellt.

Nach erfolgreicher Anfechtung kann der Scheinvater diese
Leistungen vom Erzeuger zurückverlangen. Denn mit Rechtskraft des Anfechtungsurteils steht fest, dass er in der Vergangenheit Unterhaltsleistungen erbracht hat, zu denen ein
anderer Mann – nämlich der Erzeuger – verpflichtet gewesen
wäre. Das Gesetz gibt dem Scheinvater daher einen direkten
Regressanspruch gegen den Erzeuger.

### Die schweren Hürden für den Scheinvater

Dieser Regressanspruch gegen den Erzeuger ist in der Praxis
jedoch oft schwer durchzusetzen. Abgesehen davon, dass der
Scheinvater oft nicht weiß, wer der Erzeuger ist, setzt er nämlich voraus, dass die Vaterschaft des Erzeugers auch rechtlich
besteht, dass der Erzeuger also entweder die Vaterschaft anerkannt hat oder die Vaterschaft gerichtlich festgestellt wird (so
genannte Regresssperre).

Der Scheinvater selbst hat jedoch keine Möglichkeit, diesen
Statuswechsel herbeizuführen. Er hat weder die Möglichkeit,
den Erzeuger dazu zu zwingen, seine Vaterschaft anzuerkennen, noch ist er für eine Vaterschaftsfeststellungsklage klage-
befugt (siehe Seite 213).

Ist der Erzeuger also nicht bereit, die Verantwortung als
rechtlicher Vater zu übernehmen und wollen auch die Klagebe-
rechtigten (Mutter bzw. Kind) den Statuswechsel nicht herbeiführen, scheitert der Rückforderungsanspruch des Scheinvaters
an der Regresssperre. In Ausnahmefällen sieht es die Rechtsprechung jedoch als rechtsmissbräuchlich an, wenn sich der
Erzeuger auf die Regresssperre beruft.

Zudem unterliegt der Regressanspruch bestimmten Rück-
griffsschranken. Der Regressanspruch kann zum einen nicht
zum Nachteil des Kindes geltend gemacht werden. Dies wäre
etwa dann der Fall, wenn durch die Rückforderung die gegenwärtigen Unterhaltsansprüche des Kindes gefährdet würden.
Wenn der Erzeuger keine entsprechenden Rücklagen hat, scheitert der Anspruch meist schon hieran. Zudem darf der Rückforderungsanspruch für den Erzeuger keine «unbillige Härte»
darstellen.

Hier hat der Richter nach einer Gesamtwürdigung aller Umstände eine Ermessensentscheidung zu fällen. Wurde z. B. dem
Scheinvater mit Einverständnis des Erzeugers das Kind untergeschoben, liegt in der Regel keine unbillige Härte vor. Wird
der Erzeuger dagegen nach einem langen Zeitraum damit überrascht, dass er Vater eines Kindes ist, ist genau zu prüfen, wie
sehr ihn die Rückforderungsansprüche wirtschaftlich treffen
würden.

### Rückforderung der Kosten des Anfechtungsverfahrens

Ist die Anfechtungsklage erfolgreich, werden die Kosten
stets gegeneinander aufgehoben. Es werden daher der Scheinvater und das Kind (bzw. die Mutter) mit Kosten belastet. Beide
können diese Kosten beim Erzeuger geltend machen, soweit sie
für die Führung des Anfechtungsprozesses tatsächlich erforderlich waren. Ersatzfähig sind in jedem Fall die Gerichtskosten und die für das Verfahren entstandenen Anwaltskosten.
Auch ein außergerichtlich eingeholtes Abstammungsgutachten
kann zu den ersatzfähigen Kosten gehören.

### Rechtliche Vaterschaftsfragen mit Ausländern

Nach welchem Recht richtet sich die Vaterschaft, wenn beispielsweise in Deutschland ein Kind geboren wird, das einen
österreichischen Erzeuger und eine spanische Mutter hat?

Bei der Beurteilung abstammungsrechtlicher Fragen mit
Auslandsbezug stellt das deutsche Recht verschiedene Anknüp-
fungspunkte zur Verfügung: Die Abstammung unterliegt zum

einen dem Recht des Staates, in dem das Kind seinen gewöhnlichen Aufenthalt hat. In unserem Beispielsfall also nach deutschem Recht. Alternativ kann die Abstammung zu jedem Elternteil nach dessen jeweiligem Heimatrecht bestimmt werden. Hier kann die Vaterschaft also auch nach Österreichischem Recht bestimmt werden.

Daneben ist die Feststellung der Abstammung eines von einer verheirateten Frau geborenen Kindes zusätzlich über das auf die Ehewirkungen anwendbare Recht möglich. Leben unsere spanische Mutter und unser österreichischer Vater in Deutschland, ist dies ebenfalls das deutsche Recht.

Wenn diese unterschiedlichen Anknüpfungsalternativen zur Anwendung unterschiedlicher Rechtsordnungen führen, ist diejenige Rechtsordnung maßgeblich, die zuerst zu einer Vaterschaftszuordnung führt (Prioritätsprinzip).

Auch die Vaterschaftsanfechtung richtet sich nach den oben beschriebenen Rechtsordnungen (im Beispiel nach dem deutschen und dem Österreichischen Recht). Es kann hierbei jeder Anknüpfungstatbestand gewählt werden, unabhängig davon, nach welchem Anknüpfungstatbestand die Abstammung tatsächlich festgestellt worden ist. Ist also die Vaterschaft nach dem Österreichischen Recht festgestellt worden, kann der Anfechtende seine Vaterschaftsanfechtung sowohl auf Österreichisches als auch auf Deutsches Recht stützen.

Alp Goeçmen (Jahrgang 1969) ist Rechtsanwalt und Notar und lebt in Zug (Schweiz). Er hat in seiner Praxis oft mit Klientinnen und Klienten zu tun, die ihn in Kindes- und Familienrechtsfragen konsultieren. Er ist Partner im Zuger Anwaltsbüro Zwicky, Windlin Rechtsanwälte (www.zwlawyers.com). Alp Goeçmen konzentriert sich in seinen Ausführungen auf die Besonderheiten des Schweizer Rechtes.

# Alles was recht ist ...

## Juristisches rund um Mutter, Kind und ...Vater
## im Schweizer Recht

Neben der Kindesunterschiebung gibt es heute auch andere Gründe dafür, dass sich die rechtliche und die biologische Mutterschaft oder Vaterschaft voneinander unterscheiden können. Die in der heutigen Zeit immer häufiger anzutreffenden «Patchwork-Familien» haben jedoch in der Regel ein klares Wissen darüber, wer der Vater und wer die Mutter bei welchem Kind ist; dies im Gegensatz zu Kuckuckskindern, wo die meisten Betroffenen die wahren Verhältnisse spät – wenn überhaupt – erfahren.

Kindesunterschiebungen tangieren in rechtlicher Hinsicht insbesondere das Kindesrecht. Beim Kuckucksfaktor sind neben dem Kindesrecht oft noch weitere Rechtsgebiete – wie z.B. das Personen-, das Erb- und das Strafrecht, das Verfassungsrecht oder gar das Verwaltungsrecht (im Zusammenhang mit dem Zivilstandsregister oder dem Datenschutz) – mit zu berücksichtigen..

### Auch Schweizer haben ihre Kuckuckskinder

Allgemein befasst sich das Kindesrecht vor allem mit dem Verhältnis des unmündigen Kindes zu seinen Eltern, der Verantwortung der Eltern für ihr Kind sowie dem Kindesverhältnis an sich. Als Kind wird übrigens im UNO-Übereinkommen über die Rechte des Kindes jeder Mensch definiert, der das 18. Lebensjahr noch nicht vollendet hat.

Das Schweizerische Kindesrecht unterscheidet sich nicht grundsätzlich von den gesetzgeberischen Regelungen, wie sie in den Nachbarländern Deutschland und Österreich bestehen. Die nationalen Unterschiede sind meistens historisch bedingt, je nachdem, welche Einflüsse auf die jeweilige Gesetzgebung ausschlaggebend waren.

## Schweizer sind ein bisschen anders

Unterschiede gibt es beispielsweise zwischen ehelichen und nichtehelichen Kindern in der Frage der Vaterschaftsanfechtung; und zwar je nachdem, ob die Vaterschaft durch Ehe, nachträgliche Heirat der Eltern oder durch Anerkennung begründet worden ist; z.B. hat ein Mann, der mit einer verheirateten Frau ein Kind gezeugt hat oder der meint, der Vater dieses Kindes zu sein, kein Anfechtungsrecht. Auch die Kindesmutter hat, solange sie verheiratet ist, kein Anfechtungsrecht gegen ihren Ehemann als «Nichtvater» ihrer Kinder.

Unterschiedlich ist auch die Rolle des Schweizerischen Datenschutzbeauftragten und dessen Kompetenzen. Seine Empfehlungen – wie auch diejenigen der kantonalen oder kommunalen Datenschutzbeauftragten – werden vom Gesetzgeber und den Gerichten ernst genommen.

Insgesamt bestehen in der Schweiz, genau wie in den Nachbarländern, nicht in allen Belangen befriedigende Lösungen im Zusammenhang mit Kuckuckskindern. Obwohl das Phänomen scit alters vorkommt, war es in der Gesellschaft praktisch bis heute tabuisiert.

Doch insbesondere mit dem Aufkommen neuer naturwissenschaftlicher Methoden, wie etwa den DNA-Tests – mit ihrer Ergebnissicherheit und ihrer relativ einfachen Handhabung – wird die Diskussion dieses Themas breiter und offener geführt. Die nachfolgende Zeitungsmeldung ist eines von vielen Beispielen, dass DNA-Tests in der Schweizer Rechtsprechung vermehrt zum Thema werden.

### «Vater muss Vater bleiben»

Unter diesem Titel kommentierte der Tages-Anzeiger Zürich am 18. November 2003 einen Entscheid des Schweizerischen Bundesgerichts. Im Fall ging es um einen Mann, der 1992, fünf Monate nach der Geburt seiner Tochter, die Vaterschaft anerkannte. Neun Jahre später, im Frühjahr 2001, hatte er aufgrund eines DNA-Tests erfahren, dass er als Vater auszuschließen sei und er klagte gegen seine damalige Partnerin. Das Zürcher Obergericht ließ seine Klage zu, obschon die gültige Anfechtungsfrist von fünf Jahren bereits abgelaufen war. Das Gesetz lasse auch eine verspätete Klage zu, wenn wichtige Gründe vorlägen; im Falle des DNA-Tests sei dies gegeben, begründete das Obergericht.

Irrtum, konterte das Bundesgericht, nachdem die Tochter selbst dort Klage eingereicht hatte. Eine verspätete Klage könne nur begründet sein, «wenn bis anhin keine zureichende Veranlassung zu Zweifeln an der Vaterschaft» bestanden hätten. Der Mann hatte also zu spät gezweifelt. Der Hintergrund: Die Mutter arbeitete zu jener Zeit als Prostituierte. Damit habe der Kläger zumindest in Betracht ziehen müssen, nicht der Vater zu sein. Seine Anerkennung der Vaterschaft kann er in diesem Fall nicht als Irrtum bezeichnen. Er bleibt gesetzlich der Vater, auch wenn er nicht der biologische Vater ist (Urteil 5C.130/2003).

### Das natürliche und das rechtliche Kindesverhältnis

Das Kind hat biologisch eine Mutter und einen Vater. Dieses vorrechtliche, natürliche Kindesverhältnis gründet auf der biologischen Tatsache der Abstammung. Das Kindesverhältnis im Rechtssinne bezeichnet dagegen die (rechtliche) Verwandtschaft von Mutter und Kind sowie Vater und Kind. Diese rechtliche Zuordnung eines Menschen zu einer Mutter bzw. zu einem Vater kann sich von der biologischen Abstammung insbesondere dann unterscheiden, wenn nicht biologische, sondern sozialpsychische Gründe vorliegen, die von Gesetzes wegen ein Kindesverhältnis begründen. Die häufigsten Beispiele dafür sind die Ehe oder die Adoption eines Kindes.

Das Schweizerische Zivilgesetzbuch (ZGB) kennt denn auch verschiedene Entstehungsgründe für ein Kindesverhältnis im Rechtssinne. Dabei wird einerseits das Verhältnis zwischen dem Kind und seiner Mutter definiert und andererseits das Verhältnis zwischen dem Kind und seinem (rechtlichen) Vater.

## Ab wann entsteht ein Kindesverhältnis?

Beginnen wir mit der Mutterschaft: Seit alters her entsteht das Kindesverhältnis im rechtlichen Sinne zwischen Mutter und Kind entweder durch die Geburt (Grundsatz: mater semper certa est) oder auch durch Adoption. Der äußerlich feststellbare Vorgang, die Geburt des Kindes, genügt in der Regel, um das natürliche Kindesverhältnis zur Mutter zu ermitteln und das rechtliche zu bejahen.

Die (rechtliche) Mutterschaft des Kindes besteht grundsätzlich – von der Adoption und der Zeugung durch die sogenannte In-Vitro-Fertilisation abgesehen – immer zur biologischen Mutter. Selbst in der modernen Fortpflanzungsmedizin, wo Eizellen nicht von der Gebärenden stammen können, entsteht das Kindesverhältnis – auch wenn es sich um eine «gespaltene Mutterschaft» handelt – trotzdem zur Geburtsmutter. Embryonenspende und Leihmutterschaft hingegen sind in der Schweiz unzulässig. Erfolgt dennoch eine verbotene Eispende, entsteht das entsprechende Kindesverhältnis zur Geburtsmutter und nicht zur Eispenderin.

Eine Anfechtung der Mutterschaft ist grundsätzlich ausgeschlossen.

## Vier Möglichkeiten, Vater zu werden

Das Kindesverhältnis zur Mutter ist auch die Grundlage für die Begründung des Kindesverhältnisses zum Vater. Im Unterschied zur Mutterschaft ist die väterliche Abstammung nicht ohne weiteres sofort und eindeutig feststellbar.

Daher knüpft das Kindesverhältnis zwischen Vater und Kind (auch) in der Schweizerischen Gesetzgebung nicht unmittelbar an die Abstammung an, sondern ist auf Anhaltspunkte angewiesen, die nur mittelbar auf die Vaterschaft schließen.

Das ZGB regelt vier Entstehungsgründe:
– Vaterschaft kraft der Ehe mit der Kindesmutter
– Vaterschaft durch die Anerkennung
– Vaterschaft durch gerichtliches Urteil
– Vaterschaft durch Adoption.

## Der Ehemann als Vater

Wird ein Kind in eine bestehende Ehe hineingeboren, so gilt der Ehemann als Vater des Kindes. Das Schweizerische Recht folgt dem Grundsatz: Pater is est, quem nuptiae demonstrant. Das Bestehen des formalen Ehebandes allein genügt. Denn die Vaterschaftsvermutung gilt unabhängig davon, ob der Ehemann der Mutter beigewohnt hat oder nicht. Auch aus einer so genannten Scheinehe erwächst die Vaterschaftsvermutung.

Der Ehemann gilt nicht nur bei homologer (Samen des Ehemannes), sondern auch bei heterologer, künstlicher Insemination (Verwendung von Samen eines Dritten) als Vater. Die Geburt durch die Ehefrau genügt als Beweis. Die gesetzliche Vermutung verbindet das Kind von der Geburt bzw. der Empfängnis an mit dem Manne, der in den meisten Fällen auch tatsächlich der Vater ist.

Heiraten die Eltern einander und findet eine Vaterschaftsanerkennung oder eine gerichtliche Vaterschaftsfeststellung statt, so gelten die vor der Ehe geborenen Kinder ebenfalls als leibliche Kinder des Ehepaares.

Das im Zeitpunkt der Scheidung oder in einer ungültigen Ehe gezeugte, aber noch ungeborene Kind wurde im Zuge der letzten Revision des ZGB von dieser Wirkung ausgeschlossen.

Die im Geburten- und Familienregister eingetragene Vaterschaft des Ehemannes und das Kindesverhältnis gilt auch für Dritte, solange sie nicht rechtskräftig formell angepasst worden ist.

## Die Anfechtung: Der Ehemann als Kläger

Der Ehemann kann die vom Gesetz bestimmte Vermutung der Vaterschaft anfechten. Allerdings ist diese Anfechtung für ihn ausgeschlossen, wenn er der Zeugung durch einen Dritten zugestimmt hat. Dabei ist es gleichgültig, ob diese Zeugung durch Beiwohnung oder künstliche Übertragung fremden Samens erfolgt ist.

Verstirbt der Ehemann vor Ablauf der Klagefrist oder wird er urteilsunfähig, können an seiner Stelle sein Vater und seine

Mutter als Kläger auftreten. Die Anfechtung der Vaterschaft des Ehemannes muss innerhalb eines Jahres eingereicht werden; und zwar von dem Zeitpunkt an, da er Kenntnis von der Geburt hat sowie von der Tatsache, dass er nicht der Vater ist (z. B., wenn ein Dritter der Mutter um die Zeit der Empfängnis beigewohnt hat). In jedem Fall aber muss die Vaterschaftsanfechtung innerhalb von fünf Jahren geschehen – von der Geburt des Kindes an gerechnet.

Der Ehemann muss zur Anfechtung sichere Kenntnis davon besitzen, dass er nicht der Vater ist. Diese Kenntnis kann schon zum Zeitpunkt der Geburt vorliegen, kann aber auch später erst erlangt werden; etwa im Rahmen von medizinischen oder erbbiologischen Untersuchungen. Bloße Zweifel allein oder lediglich Befürchtungen an der Vaterschaft reichen nicht aus, um die einjährige Verwirkungsfrist auszulösen.

Aber auch trotz Fristversäumung kann die Anfechtung zugelassen werden, wenn die Verspätung mit wichtigen Gründen – etwa Krankheit, Abwesenheit, aber auch die Hoffnung des Ehemannes, die Ehe mit der Mutter weiterzuführen – entschuldigt wird. Bei bloßer Unkenntnis der Umstände, die gegen die Vaterschaft sprechen, wird die Klage nicht zugelassen.

Beklagte im Anfechtungsprozess durch den Ehemann sind das Kind und die Mutter.

### Die Anfechtung: Das Kind als Kläger

Auch dem Kind steht es zu, die Vaterschaft mit einer Klage anzufechten; allerdings nur unter sehr eingeschränkten Voraussetzungen: nämlich dann, wenn während seiner Unmündigkeit der gemeinsame Haushalt der Ehegatten aufgelöst wurde (z.B. wegen Scheidung, gerichtlicher Trennung seiner Eltern oder Tod eines Ehegatten).

Ist das Kind urteilsfähig, so übt es sein Recht selbst aus, anderenfalls handelt ein Beistand für das Kind. Das Kind kann seine Klage in jedem Falle bis zum Ablauf eines Jahres ab Erreichen seines Mündigkeitsalters (18 Jahre) einreichen. Im Anfechtungsprozess, bei dem das Kind als Kläger auftritt, sind die

Beklagten die Mutter und deren Ehemann (der «noch» rechtliche Vater). Hat eine Samenspende zur Zeugung des Kindes geführt, hat es – gestützt auf das am 1. Januar 2001 in Kraft getretene Fortpflanzungsmedizingesetz – grundsätzlich kein Anfechtungsrecht.

### Keine Anfechtung: Mutter und leiblicher Vater

Im Unterschied zu Deutschland hat die verheiratete Mutter in der Schweiz kein Anfechtungsrecht gegen die Vermutung der Vaterschaft des Ehemannes. Ebenfalls nicht zugelassen wird die Anfechtungsklage des biologischen bzw. mutmaßlichen Vaters des Kindes, solange die Kindesmutter mit einem anderen Mann verheiratet ist.

### Braucht der Kläger Beweise?

Ist das Kind während der Ehe und in einem gemeinsamen Haushalt gezeugt worden, hat der Kläger im Anfechtungsprozess den Beweis seiner Nichtvaterschaft zu erbringen. Präzisiert wird hier, dass die Zeugung frühestens 180 Tage nach der Eheschließung und spätestens 300 Tage nach Auflösung der Ehe stattgefunden haben muss.

Falls das Kind vor der Ehe oder zu einer Zeit gezeugt wurde, da der gemeinsame Haushalt der Eheleute bereits aufgehoben war, ist die Anfechtung nicht weiter zu begründen; es sei denn, es scheint glaubhaft, dass der Ehemann der Mutter um die Zeit der Empfängnis beigewohnt hat.

### Was genügt als Beweis der Nichtvaterschaft?

Der Beweis der Nichtvaterschaft kann unter anderem erbracht werden, wenn der Ehemann der Mutter in der Empfängniszeit – etwa wegen räumlicher Distanz oder Isolierung – nicht beigewohnt hat. Ein anderer Beweis ist der so genannte Vaterschaftsausschluss aufgrund eines naturwissenschaftlichen Gutachtens. Außerehelicher Geschlechtsverkehr der Mutter ist keine ausreichende Tatsache, um als Beweis für eine Nichtvaterschaft zu dienen.

## Die wissenschaftlichen Abstammungsbeweise

Für den Abstammungsbeweis kommen grundsätzlich vier wissenschaftliche Gutachten in Frage: Das andrologische Gutachten (das die Zeugungsfähigkeit des in Frage stehenden Mannes bestätigt), das gynäkologische oder geburtshilfliche Gutachten (das die Empfängnisfähigkeit der Mutter bestätigt), der Reifegrad- oder das Tragzeitgutachten (das den Moment der Zeugung definiert) und das erbbiologische (genetische) Gutachten (das aufgrund von Erbmerkmalen die Wahrscheinlichkeit der Abstammung oder der Nichtabstammung beurteilt).

Seit 1991 wird jedoch in der Schweiz fast ausschließlich das DNA-Gutachten von den Gerichten als wissenschaftlicher Abstammungsbeweis verwendet.

## Und außergerichtliche DNA-Tests?

Schweizer Gerichte geben Abstammungsgutachten selbst in Auftrag und lassen außergerichtliche Gutachten als Beweismittel nicht zu. Werden private, außergerichtliche Abstammungsgutachten in Auftrag gegeben, so treten persönlichkeitsrechtliche Fragen auf. Darum bedarf es der Zustimmung aller betroffenen Personen, damit das Testmaterial, das auch als Personendaten bezeichnet werden kann, überhaupt untersucht werden darf. Ist das Kind nicht urteilsfähig, bedarf es der Zustimmung seines gesetzlichen Vertreters. Hingegen ist die Zustimmung Dritter, die vom Untersuchungsergebnis nur mittelbar betroffen werden, nicht erforderlich.

## Die Datenschützer sind wachsam

Für die Datenverarbeitung im Zusammenhang mit genetischen Tests, die von privaten Firmen angeboten werden, ist das Bundesgesetz über den Datenschutz (DSG) anwendbar. Bei den DNA-Profilen und den hieraus resultierenden Testergebnissen handelt es sich um besonders schützenswerte Personendaten. Auch die Durchführung eines genetischen Tests stellt im Sinne dieses Gesetzes eine Bearbeitung von Personendaten dar. Es bedarf dazu deshalb eines Rechtfertigungsgrundes. Als mögliche Rechtfertigungsgründe kann die Einwilligung der Betroffenen gelten, ein übergeordnetes Interesse oder eine gesetzliche Regelung.

Daraus geht hervor, dass für die außerhalb der behördlichen Verfahren durchgeführten Tests einzig die Zustimmung aller Betroffenen als Rechtfertigungsgrund in Frage kommt. Gemäß dem Eidgenössischen Datenschutzbeauftragten muss – angesichts der besonderen Sensibilität der hier in Frage stehenden Daten – die Einwilligung für die Durchführung eines genetischen Tests schriftlich vorliegen. Damit sich die beteiligte Person der Tragweite ihrer Einwilligung bewusst ist, muss sie zudem in voller Kenntnis der Sachlage und der möglichen Folgen einwilligen («aufgeklärte Einwilligung»).

### Strikte Schweizer rund um Persönlichkeitsrechte

In der Schweiz wird heute in der Literatur die (herrschende) Meinung vertreten, dass ein Vaterschaftstest, der ohne Einwilligung aller betroffenen Personen durchgeführt wird, als unrechtmäßig gilt. Aus juristischen Gründen, insbesondere der oben besprochenen Datenschutzproblematik, verletzen solche «heimlichen» Vaterschaftstests die Persönlichkeitsrechte des betroffenen Kindes und des nicht informierten Partners erheblich. Diese Haltung spiegelt sich deutlich in den Empfehlungen des Eidgenössischen Datenschutzbeauftragten wider.

### Vater als Ehemann, Vater als Anerkennender

Ein Kindesverhältnis im Rechtssinne zwischen Vater und Kind kann neben der eingangs erwähnten Tatsache der Geburt während der Ehe, im Weiteren durch eine Anerkennung begründet werden. Die Anerkennung kann bereits während der Schwangerschaft erfolgen, dann selbstverständlich zu Lebzeiten des Kindes, aber auch nach dessen Tod.

Besteht ein Kindesverhältnis zwischen dem Kind und der Mutter jedoch zu keinem Vater – d. h., das Kind steht zu keinem anderen Mann im Kindesverhältnis – so kann es anerkannt werden. Eine biologische Abstammung für die Anerkennung der

Vaterschaft wird nicht vorausgesetzt. Die Vaterschaft könnte aber in diesem Fall erfolgreich gerichtlich angefochten werden (vgl. weiter unten). Tritt jedoch die Situation ein, dass ein Mann die Vaterschaft anerkennen will, der bereits gerichtlich als Nichtvater feststeht, so ist die Anerkennung für ihn ausgeschlossen.

Die Anerkennung hat als Erklärung durch den Vater vor dem Zivilstandsamt oder durch Testament oder im Rahmen einer bereits erhobenen Vaterschaftsklage vor Gericht zu erfolgen. Im Unterschied zu Deutschland ist in der Schweiz zur Anerkennung weder eine Zustimmung des Kindes noch der Mutter notwendig.

### Auch die Anerkennung kann angefochten werden

Das durch eine Anerkennung begründete Kindesverhältnis kann in der Schweiz von jedermann, der ein Interesse hat, beim Gericht angefochten werden (im Unterschied zum deutschen Recht, bei dem nur der Anerkennende, die Mutter und das Kind die Vaterschaftsanerkennung anfechten dürfen). Namentlich klageberechtigt sind auch hier die Mutter, der mutmaßliche Vater und das Kind selbst. Nach dem Tod des Kindes können aber auch seine Nachkommen sowie Bürger der Heimat- oder Wohnsitzgemeinde des Anerkennenden die Vaterschaft anfechten. Der Anerkennende, also der Mann, der bereits die Vaterschaft anerkannt hatte, kann seine Vaterschaft quasi nur «widerrufen» bzw. anfechten, wenn ein Irrtum vorlag oder wenn die Anerkennung unter Drohung zustande kam. Als Drohung gilt eine nahe und erhebliche Gefahr für sein Leben, seine Gesundheit, seine Ehre oder für sein Vermögen; aber auch eine solche Drohung für eine ihm nahestehende Person.

Mit der erfolgreichen Anfechtung fällt das Kindesverhältnis zum Anerkennenden rückwirkend dahin.

### Die Anfechtung der Anerkennung braucht Beweise

Entsprechend der Regelung bei der Anfechtung der Vaterschaft des Ehemannes ist auch hier der Anfechtungsgrund die

Behauptung: «Der Anerkennende ist nicht der Vater». Mutter und Kind haben einen Beweis dafür nur zu erbringen, wenn der Anerkennende glaubhaft macht, dass er der Mutter um die Zeit der Empfängnis beigewohnt habe.

Auch hier hat die Klage innerhalb einer Verwirkungsfrist zu erfolgen, wobei sie innerhalb eines Jahres seit Kenntnis der Fakten (z. B. des Irrtums) und in jedem Fall innerhalb von fünf Jahren ab Anerkennung zu erheben ist. Erforderlich ist wiederum eine sichere Kenntnis; bloße Zweifel an der Vaterschaft oder Befürchtungen genügen nicht. Eine Anfechtung nach Ablauf der Verwirkungsfrist ist hier ebenfalls aus wichtigen Gründen möglich.

Wichtige Gründe zur verspäteten Klageeinreichung liegen unter anderem vor, wenn der Kläger bis anhin keine zureichende Veranlassung zu Zweifeln an seiner Vaterschaft hatte. Im eingangs beschriebenen Fall verneinte dies das Bundesgericht, und der Anfechtende wurde wegen Verspätung der Klage nicht zugelassen (siehe Zeitungsmeldung «Vater muss Vater bleiben» auf Seite 234).

### Die «klassische» Vaterschaftsklage

Wenn keine andere Ausgangslage zu einer rechtlichen Vaterschaft führt, kann schließlich das Kindesverhältnis mit der Vaterschaftsklage rechtsgültig festgestellt werden. Wie bei den übrigen Entstehungsgründen darf auch hier kein Kindesverhältnis zu einem anderen Mann bereits vorliegen.

Besteht schon ein Kindesverhältnis zu einem anderen Mann, so muss die Klage innerhalb eines Jahres nach Beseitigung dieses vorhandenen Kindesverhältnisses eingereicht werden. Sowohl die Mutter (binnen Jahresfrist seit der Geburt) als auch das Kind (binnen Jahresfrist seit seiner Mündigkeit) – unter Umständen vertreten durch einen Beistand – können auf Feststellung der Vaterschaft klagen. Nach Ablauf der Frist wird eine Klage nur zugelassen, wenn die Verspätung mit wichtigen Gründen entschuldigt wird (siehe auch «Die Anfechtung: Der Ehemann als Kläger» auf Seite 237).

Dem biologischen Vater ist in der Schweiz die Möglichkeit der Feststellung seiner Vaterschaft mittels Klage verwehrt. Falls die Voraussetzungen dazu gegeben sind, kann er aber das Kind anerkennen.

### Nicht verheiratet, aber als Vater vermutet

Die Vaterschaft wird (auch bei nicht verheirateten Partnern) vermutet, wenn der beklagte Mann in der Zeit vom 300. bis zum 180. Tag vor der Geburt der Mutter beigewohnt hat. Die Vermutung fällt weg, wenn der Beklagte – z. B. durch ein DNA-Gutachten – nachweist, dass seine Vaterschaft ausgeschlossen oder weniger wahrscheinlich ist als die eines anderen. Umgekehrt kann die Beiwohnung selbstverständlich auch durch ein Geständnis des Beklagten bewiesen werden.

### Was nach der erfolgreichen Anfechtung passiert

Wird die Vaterschaft erfolgreich mittels Anfechtungsklage beseitigt, wird damit die Vaterschaft rückwirkend auf den Zeitpunkt der Geburt aufgehoben. Gleichzeitig entfällt eine entsprechende Unterhaltspflicht des «Scheinvaters».

Jetzt könnte der Mann, dem bis anhin als «Scheinvater» Kosten entstanden sind, Rückforderung stellen. Allerdings enthält das ZGB in diesem Zusammenhang keine Regelungen über Rückforderungen von Kindesalimenten. Dennoch wird in der Schweiz seit längerem die Lehrmeinung vertreten, dass die Bestimmungen über die ungerechtfertigte Bereicherung (Art. 62 ff. des Obligationenrechts) auf diesen Fall angewendet werden könnten.

In einem neueren Entscheid hat das Bundesgericht dann auch folgendermaßen entschieden: «Wird das rechtliche Kindesverhältnis zum Registervater durch Anfechtungsklage beseitigt, entfällt dessen Unterhaltsverpflichtung rückwirkend auf den Zeitpunkt seiner Entstehung, während gleicherweise das rechtliche Kindesverhältnis zum anerkennenden, leiblichen Vater rückwirkend auf den Zeitpunkt der Geburt entsteht. Folglich habe der Registervater gegen den leiblichen Vater einen Anspruch aus ungerechtfertigter Bereicherung» (BGE vom 16. Oktober 2003 – 5C. 109/2003).

Die Lehre geht zudem davon aus, dass der Registervater nach Aufhebung des Kindesverhältnisses seine Klage nicht nur gegen den Erzeuger, sondern auch gegen die Mutter oder das Kind richten könne. Wobei die Klage gegen das Kind in der Regel an dessen fehlender Leistungsfähigkeit oder mangelnder Bereicherung scheitern würde.

Gesetzliche Regelungen des Allgemeinen Bürgerlichen Gesetzbuches (ABGB): Der Aktualität halber wurde hier nur die Rechtslage ab 1. Januar 2005 dargestellt, da die bisherigen Bestimmungen mit dem 31. Dezember 2004 außer Kraft treten. Für Interessierte ist die alte Rechtslage im Internet frei zugänglich: http://www.ris.bka.gv.at/bundesrecht.

Dr. Günter Tews (Jahrgang 1956) ist Rechtsanwalt in Linz und Wien. Er ist außerdem tätig als Ehe- und Familienberater, eingetragener Mediator und Obmann des Vereines «Dialog für Kinder Österreich» (www.dialogfuerkinder.at). Daneben ist er in Deutschland ausgebildet als Anwalt des Kindes. Seit 10 Jahren ist Dr. Tews ein ausgewiesener Fachmann auf dem Gebiet des österreichischen Familienrechts mit großer Präsenz in den österreichischen Medien. Er hat im Eigenverlag folgende Publikationen veröffentlicht: «Informationsbroschüre Besuchsrecht in Österreich» (September 2003) und «Unterhaltsrecht betreffend Kinder – Leitfaden für Amateure» (März 2003).

Dr. Tews stellt im Internet – www.tews.at – eine europaweit einzigartige Fülle an Information zum nationalen Ehe- und Familienrecht frei zur Verfügung (mit 2.500 Entscheidungen des OGH und anderer Gerichte im Volltext).

# Alles was recht ist ...

## Juristisches rund um Mutter, Kind und ...Vater im Österreichischen Recht

Die Rechte und Pflichten zwischen Eltern und ihren Kindern werden auch in Österreich durch die rechtliche Mutter- bzw. Vaterschaft begründet, die sich einzig und allein aufgrund gesetzlicher Tatbestände ergibt. D.h., dass die leiblichen oder biologischen Eltern nicht «ex lege» bereits Eltern im Rechtssinn sind.

Was Eltern und Familie im Rechtssinn bedeuten wird durch § 40 ABGB (Allgemeines Bürgerliches Gesetzbuch) definiert. Unter Familie heißt es: «die Stammeltern mit allen ihren Nachkommen», worunter alle durch Ehe oder Verwandtschaft verbundenen Personen fallen. Unter Eltern versteht das ABGB in § 42 alle Vorfahren; Kinder sind alle deren Nachkommen.

Andererseits kommt es auch in Österreich nicht selten vor, dass «Mann» nach Jahren erfährt, dass die Vaterschaft zum vermeintlich eigenen Kind mit an Sicherheit grenzender Wahrscheinlichkeit ausgeschlossen ist.

### Zwischen Recht auf Kenntnis und Schutz der Familie

In Österreich gab es im Jahr 2004 (BGBl. I Nr. 58/2004) eine Reform des Abstammungsrechts, da der Verfassungsgerichtshof (2003/06/23, G 78/00-13) unter anderem die Interessen des Kindes verfassungsrechtlich nicht ausreichend gewahrt sah. Unter anderem konnte das Kind nach der alten Rechtslage die Vaterschaft überhaupt nicht anfechten. Das Anfechtungsrecht war auf den Ehemann – bzw. den Vater der anerkannt hatte – und den Staatsanwalt beschränkt. Bei der Neuregelung versuchte man vor allem eine ausgewogene Abwägung zwischen dem Recht auf Kenntnis der eigenen Abstammung und dem

Schutz der intakten Familie zu erreichen. Ob die Neuregelung verfassungsrechtlichen Bestand haben wird, ist abzuwarten.

Eine Regelung in Bezug auf «heimliche» Vaterschaftstests und deren rechtliche Folgen fehlt in Österreich. Da mittels DNA-Gutachten Ungewissheiten unkompliziert und sicher ausgeräumt werden, verwundert es nicht, dass sehr viele potenzielle «Nichtväter» diese Möglichkeit in Anspruch nehmen.

### Ein Schnuller, der nur Getuschel bringt

Anders als in der Schweiz kann ein Test auch ohne Zustimmung der betroffenen Personen in Auftrag gegeben werden. Natürlich gibt es auch hierzulande Diskussionen über deren Rechtmäßigkeit. Die Meinungspalette ist vielfältig und reicht von (exzessiver) moralischer Entrüstung bis hin zur uneingeschränkten Akzeptanz.

Dabei werden von den Gegnern die seltsamsten Argumente ins Feld geführt: «Wer weiß, was der Vater einschickt, vielleicht ist es der Schnuller vom Nachbarskind». – Nun gut, dann weiß der Einschicker wenigstens, dass er nicht der Vater vom Nachbarskind ist (oder doch?). Eine unmittelbare Gerichtsverwertbarkeit dieser heimlichen Tests gibt es jedoch nicht, weil eben oft genug die Herkunft der Proben nicht gesichert ist.

Um es vorweg zu nehmen: Ein Vaterschaftstest mit dem Ergebnis, dass der Putativvater nicht Vater des Kindes ist, kann nur die Basis sein, um einen Vaterschaftsbestreitungsantrag bei Gericht anzustrengen.

Es liegen in Österreich noch keine publizierten Gerichtsentscheide vor, wonach solche heimlichen Tests ein Grund gewesen wären, um als Grund für die Klage abgelehnt oder anerkannt zu werden.

### Kuckuckskinder in Österreich

In den letzten Jahren gibt es auch in Österreich einen Boom an privaten Vaterschaftstests. Die Zweifel darüber, ob das Kind auch wirklich das eigene ist, veranlassen viele Väter dazu, DNA-Gutachten einzuholen. Glaubt man Experten, tun sie das nicht zu Unrecht, denn ihren Schätzungen zufolge sind rund 10% der Kinder so genannte Kuckuckskinder.

Obwohl auch in Österreich die «Unterschiebung eines Kindes» einen Straftatbestand darstellt, kommt es praktisch zu keinen Verurteilungen. Der Grund liegt darin, dass es sich um ein Vorsatzdelikt handelt. Die Mutter müsste also bei der Unterschiebung ernstlich damit rechnen, dass ein anderer Mann der Vater ist und sich damit abfinden.

### Was ist nun genau anders in Österreich?

Allgemein gesagt gibt es keine gravierenden Unterschiede zwischen dem deutschen, dem schweizerischen und dem österreichischen Abstammungsrecht. Vor allem zwischen Deutschland und Österreich gibt es sehr viele Parallelen.

Anders als in Deutschland unterscheidet man jedoch in Österreich noch immer zwischen ehelicher und unehelicher Abstammung. Die Stellung des unehelichen Kindes ist aber der eines ehelichen angepasst, sodass kaum Unterschiede bestehen.

Ein wesentlicher Unterschied der österreichischen Abstammungsregelung besteht darin, dass die Mutter kein Anfechtungsrecht in Bezug auf eine rechtlich gültige Vaterschaft hat. Die Mutter kann nur einem Anerkenntnis widersprechen. Sowohl die Schweiz als auch Deutschland lassen auch eine Anfechtung der Vaterschaft durch die Kindesmutter zu.

### Mutterschaft und Vaterschaft im österreichischen Recht

Als Mutter eines Kindes gilt gemäß § 137b ABGB ausnahmslos jene Frau, die das Kind geboren hat. Mit dieser Regelung wird auch für die Leihmutterschaft, die in Österreich verboten ist, klargestellt, wer die Mutter ist. Denn § 3 Absatz 3 FMedG bestimmt, dass bei einer medizinisch unterstützten Fortpflanzung die Eizellen einer Frau nur bei dieser selbst verwendet werden dürfen.

Die Vaterschaft wird durch § 138 ABGB geregelt, der besagt, dass als Vater derjenige gilt...,

... der mit der Mutter im Zeitpunkt der Geburt verheiratet war

... der die Vaterschaft anerkannt hat

... dessen Vaterschaft gerichtlich festgestellt ist.

Wurde durch den Tod des Ehemanns die Ehe vor der Geburt aufgelöst, gilt er weiterhin als Vater, sofern das Kind innerhalb von 300 Tagen nach dem Tod geboren wird.

Hat die Mutter vor der Geburt eine neue Ehe geschlossen, gilt dieser Ehemann als Vater des Kindes. Die Vaterschaft des ersten Ehemannes kann aber weiterhin gerichtlich festgestellt werden.

### Elternschaft bei Adoption

Neben der biologischen Elternschaft gibt es auch die Nachbildung eines Eltern-Kind-Verhältnisses durch Adoption. Dabei handelt es sich um einen rechtlichen Akt, der der ehelichen Verwandtschaft zwischen den Annehmenden und dessen Nachkommen sowie dem Wahlkind samt seinen minderjährigen Kindern entspricht. Die Adoption kann die Blutsverwandtschaft zu den biologischen Eltern nicht beseitigen, wohl aber zurückdrängen.

### Die eheliche Abstammung...

Anders als im Deutschen Recht unterscheidet man, wie bereits erwähnt, in Österreich zwischen ehelicher und unehelicher Abstammung. § 138b ABGB bestimmt, dass die Ehelichkeit des Kindes durch Geburt während aufrechter Ehe oder innerhalb von 300 Tagen nach dem Tod des Ehemannes der Mutter sowie durch Legitimation begründet wird. Außerdem bleiben Kinder aus einer nichtigen Ehe weiterhin ehelich.

### ...und die gerichtliche Feststellung

Daneben wird in § 138c ABGB geregelt, dass die Vermutung der Unehelichkeit widerlegt werden kann, indem gerichtlich festgestellt wird, dass das Kind vom früheren Ehemann der Mutter abstammt.

Für Fälle, in denen das Kind noch innerhalb von 300 Tagen nach einer Scheidung, Aufhebung oder Nichtigerklärung der Ehe geboren wird, besteht die Möglichkeit, die eheliche Abstammung des Kindes juristisch festzustellen. Voraussetzung ist, dass entweder der frühere Ehemann die Vaterschaft anerkennt oder das Gericht aufgrund eines Antrages des Kindes oder des früheren Ehemannes feststellt, dass das Kind vom früheren Ehemann abstammt.

### Ausnahmen der 300-Tage-Frist

Auch bei Kindern, die nach Ablauf der 300-Tage-Frist geboren werden, kann durch das Gericht festgestellt werden, dass diese dennoch unter bestimmten Umständen als eheliche gelten. Es muss dann bewiesen werden, dass das Kind in der Ehe durch den Ehemann der Mutter oder durch heterologe oder homologe Insemination gezeugt wurde. Voraussetzung dabei ist, dass der medizinisch unterstützten Fortpflanzung formgerecht zugestimmt worden war.

### Auch das Kind kann eine Feststellung begehren

Die eheliche Abstammung kann nach § 138c Absatz 3 ABGB auch dann festgestellt werden, wenn bereits die Abstammung eines anderen Mannes besteht. In diesem Fall kann nur das Kind die Feststellung begehren, dass der frühere Ehemann der Mutter der Vater ist. Die Wertung des Gesetzes lässt sich damit erklären, dass einem Dritten (das kann auch der biologische Vater sein) nicht ermöglicht werden soll, sich in eine intakte Familie zu drängen.

### Die uneheliche Abstammung – im Umkehrschluss

Da das Gesetz die uneheliche Abstammung nicht explizit regelt, ergibt sich – im Umkehrschluss zur Ehelichkeit –, dass Kinder als unehelich gelten, wenn sie...

... von einer Frau geboren werden, die nicht verheiratet war

... vor Ablauf von 300 Tagen nach einer Scheidung, Aufhebung oder Nichtigerklärung der Ehe geboren werden und weder

der frühere Ehemann die Vaterschaft anerkannt hat noch diese durch das Gericht festgestellt wurde
... 300 Tage nach Scheidung, Aufhebung oder Nichtigerklärung einer Ehe geboren werden
... nach Ablauf von 300 Tagen nach dem Tod des Ehemannes der Mutter geboren werden.

**Der Ehemann als Vater**

§ 138 Absatz 1 Ziffer 1 ABGB bestimmt jenen Mann als Vater, der mit der Mutter zum Zeitpunkt der Geburt verheiratet war. Insofern besteht eine gesetzliche Vermutung der Vaterschaft zugunsten des Ehemannes.

Wird während aufrechter Ehe ein Kind geboren, das durch medizinisch unterstützte Fortpflanzung gezeugt wurde, gilt (zunächst) der Ehemann als Vater des Kindes, selbst wenn er der medizinisch unterstützten Fortpflanzung nicht zugestimmt hat.

Bei einer medizinisch unterstützten Fortpflanzung – die übrigens nur in einer Ehe oder in einer Lebensgemeinschaft zulässig ist – muss aber der Ehemann seine Zustimmung zur künstlichen Befruchtung schriftlich erteilen, auch wenn sein eigener Samen verwendet wird. In einer Lebensgemeinschaft und bei heterologer Insemination bedarf es zudem eines gerichtlichen Protokolls oder Notariatsaktes.

**Wie kann die Vaterschaft angefochten werden?**

Stammt das Kind, das während aufrechter Ehe geboren wurde, nicht vom Ehemann ab, so hat dies das Gericht festzustellen. Antragslegitimiert sind dafür sowohl der Ehemann gegen das Kind als auch das Kind gegen den Ehemann. Die Anfechtungsmöglichkeit durch das Kind wurde deswegen eingeführt, da der österreichische Verfassungsgerichtshof in seiner Entscheidung 2003/06/28, G 78/00, in der fehlenden Antragslegitimation des Kindes eine Verletzung des Rechts auf Achtung des Familienlebens gesehen hat. Dem Kind muss als Hauptbetroffenen in Statusangelegenheiten die Möglichkeit geboten werden, seine Nichtabstammung vom Ehemann der Mutter geltend zu machen.

Weder die Mutter, noch der Mann, der behauptet biologischer Vater zu sein, haben das Recht, einen derartigen Antrag bei Gericht einzubringen. Der Mutter kommt im Verfahren lediglich Parteistellung zu, für den biologischen Vater gibt es nur das qualifizierte Anerkenntnis, mit dem er juristisch als Vater festgestellt werden kann. Dafür braucht er aber die Zustimmung von Mutter und/oder Kind.

Aber auch Rechtsnachfolger des Vaters bzw. des Kindes können nach § 138a Absatz 2 ABGB die Feststellung der Nichtabstammung beantragen.

### Frist für die Anfechtung

Die Frist für die Feststellung der Nichtabstammung beträgt 2 Jahre ab Kenntnis der Umstände, die gegen eine Vaterschaft sprechen. Die Frist läuft frühestens mit der Geburt. Für den Mann statuiert § 158 Absatz 3 ABGB eine absolute Frist von 30 Jahren ab Geburt des Kindes. Nach Ablauf dieser Frist kann nur noch das Kind den Antrag auf Feststellung der Nichtabstammung stellen.

Bei noch nicht eigenberechtigten Personen beginnt die Frist ab Erreichung der Eigenberechtigung neu zu laufen.

Anders als in der Schweiz gibt es in Österreich nur für den Ehemann eine absolute Frist für die Anfechtung der Vaterschaft.

### Anfechtungsmöglichkeiten bei künstlicher Befruchtung

Wurde bei der medizinisch unterstützten Fortpflanzung der Samen des Ehemannes verwendet, so ist dieser auf jeden Fall biologischer Vater des Kindes. Lediglich im Falle einer heterologen Insemination kann es zu Problemen kommen. Nicht geklärt sind Fälle der Verwechslung von befruchteten Eizellen. (Eine solche Verwechslung ist in Österreich bereits vorgekommen, jedoch konnte die Mutter die Schwangerschaft nicht austragen.)

In § 157 ABGB wird klargestellt, dass der Ehemann das Recht auf Feststellung der Nichtvaterschaft verliert, wenn er der künstlichen Befruchtung mit Samen eines Dritten formgerecht zugestimmt hat.

### Feststellung bei medizinisch unterstützter Fortpflanzung

Ist an der Mutter eine künstliche Befruchtung mit dem Samen eines Dritten durchgeführt worden, so ist derjenige Vater, der dieser Insemination formgerecht zugestimmt hat. Die Vaterschaft kann nur durch den Beweis widerlegt werden, dass das Kind nicht aus dieser künstlichen Befruchtung stammt. Der Mann dessen Samen verwendet wurde kann aufgrund ausdrücklicher gesetzlicher Anordnung auf keinen Fall als Vater festgestellt werden.

### Ein vaterloses Kind aus künstlicher Befruchtung?

Der OGH hat in seiner Entscheidung vom 1996/03/13, GZ 7 Ob 527/96 bestimmt, dass es – beim Fehlen der Formerfordernisse für die Zustimmung – dem Ehemann die Möglichkeit gibt, die Ehelichkeit zu bestreiten. Die Konsequenz daraus ist, dass das Kind rechtlich ohne Vater dasteht. Anders wird diese Situation in Deutschland und der Schweiz gelöst, wo eine Anfechtung ausgeschlossen ist, sobald der Ehemann der Mutter der Insemination zugestimmt hat.

Die Konsequenz dieser Entscheidung auf Unterhaltsfragen hat der OGH in seinem Erkenntnis vom 1997/07/23, GZ 7 Ob 212/97w beantwortet. Die Eltern haben vor der Insemination eine Erklärung abzugeben, die ein Versprechen darstellt, das Kind in jeder Beziehung und mit allen rechtlichen Konsequenzen als gemeinsames zu behandeln.

### Anfechtung der ehelichen Abstammung

Die eheliche Abstammung kann nicht aufgrund des § 156 ABGB (Feststellung der Nichtabstammung) angefochten werden. Vielmehr unterscheidet sich die Art der Anfechtung danach, ob die Vaterschaft gerichtlich festgestellt wurde oder ein Anerkenntnis abgegeben wurde. Im Falle der gerichtlichen Feststellung bedarf es einer Nichtigkeits- oder Wiederaufnahmeklage. Ab 1. Januar 2005 kann auch ein Abänderungsantrag nach § 72 AußerStrG gestellt werden.

Wurde die Vaterschaft aufgrund eines Anerkenntnisses festgestellt, muss dieses für rechtsunwirksam erklärt werden. Eine weitere Möglichkeit der Anfechtung besteht darin, dass ein anderer Mann ein qualifiziertes Anerkenntnis abgibt, wofür er allerdings die Mitwirkung von Mutter und Kind benötigt.

### Die Feststellung der Vaterschaft bei unehelichen Kindern

Die §§ 163 ff ABGB regeln die Feststellung der Vaterschaft bei unehelichen Kindern. Antragslegitimiert sind sowohl der Vater als auch das Kind. Das Gericht muss dabei denjenigen als Vater feststellen, der das Kind gezeugt hat.

Bislang konnte der Vater eines unehelichen Kindes nur durch ein Anerkenntnis von sich aus seine rechtliche Vaterschaft begründen. Damit war der Mann dem Risiko ausgesetzt, rechtlich Vater zu werden ohne Klarheit über seine auch biologische Vaterschaft zu bekommen. Aufgrund der neuen Rechtslage hat der Mann nun die Möglichkeit, in einem gerichtlichen Verfahren die Bestätigung seiner biologischen Vaterschaft zu erlangen.

Aber auch das Kind kann dieses Feststellungsverfahren einleiten, um vor Gericht den positiven Abstammungsbeweis zu erbringen. Das Kind muss dann beweisen, dass es von dem Mann abstammt, gegen den sich der Antrag richtet.

Im Falle der Antragstellung durch das Kind hält § 163 Absatz 2 ABGB an der widerlegbaren Vermutungswirkung der Beiwohnung während der kritischen Zeit fest. Es wird der Mann als Vater festgestellt, der der Mutter innerhalb eines Zeitraumes von 180 bis 300 Tagen vor der Geburt beigewohnt hat. Der Mann hat die Beweislast dafür, dass das Kind nicht von ihm abstammt. Er hat folglich einen Ausschlussbeweis zu erbringen.

Ist der Mann zum Zeitpunkt des Antrages länger als 2 Jahre verstorben, kann er nicht mehr als Vater festgestellt werden, es sei denn, dem Kind gelingt der positive Abstammungsbeweis. In der Regel werden auch nach dem Tod noch verwertbare DNA-Spuren vorhanden sein, sodass eine Zeugungszuordnung möglich ist.

### Das Kind als Kläger

§ 163b ABGB regelt das so genannte «Vätertauschverfahren». Nunmehr kann ein Kind, auch bei bereits feststehender (ehelicher oder unehelicher) Abstammung, die Feststellung der Vaterschaft eines anderen Mannes erwirken.

Dem Kind wird ein subjektives Recht auf Beseitigung einer bereits bestehenden Vaterschaft eingeräumt. Gelingt dem Kind der Beweis der Vaterschaft, so muss das Gericht die Nichtabstammung vom ersten rechtlichen (bzw. vermeintlichen) Vater feststellen.

### Wie geht das mit dem Vaterschaftsanerkenntnis?

Die Vaterschaft wird durch eine persönliche Erklärung des Mannes in einer inländischen öffentlichen oder öffentlich-beglaubigten Urkunde anerkannt. Das Anerkenntnis wirkt ab dem Zeitpunkt der Erklärung, an dem diese beim Standesbeamten eingetroffen ist.

Sowohl die Mutter als auch das Kind können gegen dieses Anerkenntnis Widerspruch einlegen, wobei sie eine Zweijahresfrist berücksichtigen müssen.

### Das durchbrechende Anerkenntnis...

§ 163e Absatz 2 ABGB schafft ein qualifiziertes Anerkenntnis, welches ermöglicht, die festgestellte Vaterschaft eines anderen Mannes zu beseitigen. Das Vaterschaftsanerkenntnis wird zum Zeitpunkt seiner Erklärung wirksam, wenn das Kind dem Anerkenntnis in einer öffentlich beglaubigten Urkunde zustimmt. Für die Zustimmung des Kindes ist nicht die Mutter gesetzliche Vertreterin, sondern der Jugendwohlfahrtsträger. Ist das Kind nicht einsichts- und urteilsfähig, gilt dieses Anerkenntnis nur, wenn die Mutter in einer beglaubigten Urkunde den Anerkennenden als Vater bezeichnet.

### ...und der Widerspruch dagegen...

Der Mann, der bislang als Vater feststand, kann gegen das durchbrechende Anerkenntnis Widerspruch erheben. Die Mutter kann dies nur, wenn sie selbst den Anerkennenden nicht als Vater bezeichnet hat.

### ...und dessen Rechtsunwirksamkeit

Das Gericht hat die Möglichkeit ein Anerkenntnis für rechtsunwirksam zu erklären, wenn die dafür notwendigen Voraussetzungen (§ 164 ABGB) vorliegen. Das Gericht kann dies entweder von Amts wegen oder aufgrund eines Antrages des Anerkennenden oder aufgrund eines Widerspruches.

Dr. med. Jutta Jancso (Jahrgang 1954) ist Ärztin und Psychotherapeutin. Studium der Humanmedizin und Promotion an der LMU München, anschließend Assistenzärztin an der Pädiatrischen Abteilung des Klinikums Rosenheim. In den Jahren der Geburten ihrer drei Kinder Beginn der psychotherapeutischen Weiterbildung, tiefenpsychologisch orientiert. Seit 1992 niedergelassen als praktizierende Ärztin und Psychotherapeutin in Gemeinschaftspraxis mit Dr. med. Paul Jancso (Internist). 1997 erster Kontakt mit der Methode der Familienaufstellung, mehrjährige Ausbildung bei Dr. med. Albrecht Mahr in Würzburg. Tätigkeitsschwerpunkt: Psychotherapie und Einzel-, Paar- und Familienberatung unter Einbeziehung der Familienaufstellung. Leitung eigener Seminare in Familienaufstellung zur Selbsterfahrung sowie beruflicher Fortbildung und Supervision (www.jancsosysteme.de).

# Das Klopfen am Stammbaum

Interview aus psychotherapeutischer Sicht

*Wenn Sie das Thema Kuckuckskinder hören, kommt Ihnen da aus Ihrer therapeutischen Praxis ein sofortiger Bezug in den Sinn?*
Zu mir kam bis jetzt noch nie jemand, der sagte, «ich habe ein Problem, ich habe bis vor kurzem meinen richtigen Vater nicht gekannt». Die Frage taucht anders auf. Allein schon der Schritt zu einem Psychotherapeuten ist ja ein weiter Weg: Es hat jemand Beschwerden, zum Beispiel chronische Rückenschmerzen oder Migräne. Dann geht er zu einem Arzt, zu einem nächsten, wird zigfach untersucht. Es wird von sieben Jahren im Durchschnitt gesprochen, in denen ein psychosomatischer Patient mit seinem Leiden von Pontius zu Pilatus läuft bis er dann irgendwann beim Psychotherapeuten «landet». Aus meiner jahrelangen Arbeit kenne ich viele solcher Fälle.

Ich habe häufig Patienten, die mit ganz handfesten, somatischen Beschwerden kommen, hinter denen wir dann etwas anderes entschlüsseln können. Da kann beispielsweise auch das Thema auftauchen, dass der Vater verheimlicht wurde oder dass bei den Großeltern ein Familiengeheimnis verborgen ist.

*Sie sagten: «... hinter denen wir etwas anderes entschlüsseln können». Was meinen Sie damit?*
Problematiken, die mit der Herkunft, mit den Wurzeln zu tun haben. In meiner Arbeit mit Familienaufstellungen schaue ich auf einen weiten Rahmen, der mehrere Generationen einbezieht. Dabei geht es um unsere Bindung zu den Wurzeln, dem Stammbaum. Es gibt ja diesen Satz «Blut ist dicker als Wasser». Das ist tatsächlich so, ob wir das wollen oder nicht. Lassen Sie mich das an einem Beispiel kurz erklären.

Manchmal kommen Menschen zu mir, die sagen «Vater habe ich keinen». Sie sagen das, weil sie zu ihm ein schlechtes Verhältnis oder gar keinen Kontakt mehr haben. Da antworte ich dann lächelnd: «Das wäre ein Weltwunder! Sie haben einen, aber kennen oder mögen ihn vielleicht nicht». Daraufhin müssen sie dann selbst lachen. Aber konkret zur Frage: Man stelle sich vor, da hat ein Kind einen Vater, der nicht sein Vater ist. Die späteren Kinder von diesem Kind haben dann Großeltern, die nicht ihre Großeltern sind. Sie sind von 50% bzw. 25% ihrer Verwandtschaft abgeschnitten. Das ist doch «ver-rückt» im wahrsten Sinne des Wortes.

Ein weiterer Aspekt kommt hinzu: Der leibliche Vater, der als solcher offiziell nicht genannt wird, ist später vielleicht eine andere Beziehung eingegangen und hat seinerseits erneut Kinder bekommen: das sind dann die Halbgeschwister. Bei der Arbeit mit Familienaufstellungen ist es berührend zu sehen, wie wichtig es für die jeweilige Person ist zu wissen, dass sie Geschwister hat. Die anderen Geschwister haben möglicherweise ihrerseits Symptome in ähnlicher Schattierung.

*Das sind erwachsene Menschen. Wie ist das aber bei Kindern:*
*Wie erleben Kinder eine solche Situation. Ist das nicht ein Schock?*
Das erfahre ich eher rückwirkend. Mir erzählen die erwachsenen Klienten, wann sie als Kind erste Zweifel hatten oder, und das ist gar nicht selten, durch Zufall die entsprechenden Unterlagen gefunden haben.

Das ist dann ganz schlimm. In der Regel schweigen sie als Kind darüber und konfrontieren die Eltern nicht damit. Es ist die tiefe Bindungsliebe des Kindes zu seinen Eltern, die das verhindert. Und natürlich ist es auch Angst, dass die Eltern dem Kind dann böse sind. Die Kinder leben in der Folge oft viele Jahre allein mit dem entdeckten Geheimnis – eine schwere Belastung für die Seele eines jungen Menschen.

Ein Kind, vor allem ein kleines Kind, hätte mit der Wahrheit gar kein Problem. Wenn man einem Kind erklärt: «Das ist nicht dein richtiger Papa, das ist jetzt der Mann von der Mama, den sie sehr gern hat. Dein richtiger Papa, der ist weggegangen, aber den kannst Du immer besuchen» oder auf welche Weise das sonst aufgezeigt wird. Für das Kind ist das in Ordnung, das ist halt dann so. Es ist vielleicht für eine Weile schwer, aber es ist in Ordnung. Warum es oft anhaltend schwierig wird, kommt erst dadurch, dass wir Erwachsene dieses Geheimnis darum machen. Wenn ein Kind aber später, vielleicht in der Pubertät, auf solch ein Geheimnis stößt, denkt es: «Das muss einen ganz furchtbaren Grund haben, warum mir das nicht gesagt wurde». Es rührt in der Regel jahrelang nicht daran. Es bleibt allein mit einer Mischung aus Gefühlen wie Trauer, Angst und Wut. Bereits in dieser Zeit können die vielfältigsten Symptomatiken auftreten, insbesondere Verhaltensauffälligkeiten. Diesen jungen Menschen geht es nicht gut, sie sind innerlich einsam. Jeder Mensch hat einen großen Wunsch nach Zugehörigkeit. Und wenn man ein Tabu als Familienangehöriger verletzt, dann gehört man nicht mehr dazu. Die Zugehörigkeit setzt man nur ungern aufs Spiel. Man fürchtet, der Nestbeschmutzer zu sein...

*...Und das Familiengeheimnis bleibt dann tabu...*
Ja, für lange Zeit. Dieser Wunsch nach Zugehörigkeit ist verständlicherweise so groß, dass eben von keinem daran gerührt wird. Das geschieht oft erst Generationen später. Aber so lange es unter der Decke bleibt, wird es weiter getragen und treibt seine Blüten in Symptomatiken, die schließlich irgendeinen Enkel oder Urenkel zum Arzt und manchmal zum Psychotherapeuten führt. Wenn dieser Therapeut jemand ist, der sich mit dem Blick auf mehrere Generationen befasst, wird fast immer ein Stammbaum erstellt (siehe Beispiele auf Seite 269 «Herkunftsfamilie» – in die man hineingeboren wird; Seite 271 «Gegenwartsfamilie» – mit derzeitigem Partner). So kann man auf alte Familiengeheimnisse stoßen, die sich oft Schritt für Schritt auflösen können – und damit kann auch die Beschwerdensymptomatik des Patienten zur Ruhe kommen! Es ist eher selten, dass ein schweres Familiengeheimnis schon von der nächsten Generation, also von den Kindern, angerührt wird.

*Der Stammbaum scheint für Sie etwas eminent Wichtiges zu sein. Was ist daran so bedeutsam?*

Einen Stammbaum zu erstellen, bedeutet die spannende Entdeckung, dass die Welt nicht mit den eigenen Eltern begonnen hat! Damit beginnen wir, uns einzureihen in eine transgenerationale Perspektive.

Zu Beginn einer therapeutischen Arbeit mit einem Klienten erstellen wir in der Regel einen Stammbaum. Dabei wird die Herkunftsfamilie genau aufgezeichnet. Die Herkunftsfamilie umfasst die Eltern, Geschwister, Großeltern, Onkel, Tante, Urgroßeltern – soweit das eben noch herauszufinden ist.

Für den Stammbaum, der auch zur Vorbereitung auf eine Familienaufstellung notwendig ist, benötigt man aber noch weitere Informationen über Personen, von denen man bislang weniger oder gar nichts weiß: erste wichtige Liebschaften von Eltern oder Großeltern beispielsweise gehören genauso dazu wie Totgeburten, Fehlgeburten oder abgetriebene Kinder. Alle Wesen also, die in der Familiengeschichte zu Bindungen geführt haben. Manchmal ist ein Elternteil adoptiert oder war in Pflege weggegeben oder die Mutter war ein uneheliches Kind. Und bereits durch die Tatsache, dass im Stammbaum an der Stelle von Vater und Mutter stets die leiblichen Eltern eingetragen werden – viele wollen ja spontan in dieses Feld ihren Stiefvater einset-zen –, entsteht viel Klarheit. Jetzt sieht das der Klient meist zum ersten Mal so, das ist schon eindrucksvoll. Niemals habe ich in all den Jahren erlebt, dass jemand zu mir sagt: «Was soll denn das, ich komme doch wegen etwas ganz anderem zu Ihnen». Im Gegenteil, diese Art der Beschäftigung mit der eigenen Familie empfinden die meisten Menschen als spannend und befreiend!

Mein Wunsch ist es, dass für jedes Kind bei seiner Geburt ein Stammbaum angelegt wird! So selbstverständlich wie die Vorsorgehefte, in welche alle Impfungen usw. eingetragen werden. Es wäre ein schöner Brauch, wenn die Eltern für ihr kommendes Kind einen Stammbaum anfertigen würden. Da müsste auch drin stehen, wann und wo es vielleicht schwere

Schicksalsschläge gab, wer früh gestorben ist, wo tödliche Unfälle passierten und so weiter und so weiter. Später könnten diese Kinder, wann immer es sie interessiert, ihre Wurzeln nachvollziehen.

Ich möchte an dieser Stelle noch etwas aus meiner persönlichen Berufserfahrung als Psychotherapeutin anmerken: Seitdem dieser Mehrgenerationenblick ein wichtiger Teil meiner Arbeit geworden ist, arbeite ich mit jedem Menschen, der zu mir kommt, deutlich kürzer. Diese Sichtweise hilft, zähe Knoten zu lösen. Ich habe kaum noch Langzeittherapien (Langzeittheraphie heißt mindestens 50 Stunden). Wenn sich die familiären Beziehungen klären, klären sich in der Folge viele individuelle psychische und somatische Symptomatiken. In der Therapie sieht man die gute Wirkung, aber wir sind noch weit davon entfernt, das in seiner Ganzheit zu verstehen. Allerdings hat die Menschheit früher auch vieles nicht verstanden, was wir heute verstehen. Und so wird es auch mit dieser Arbeitsweise sein, deren Evaluierung erst in den Anfängen liegt.

Der therapeutische Ansatz des «Mehrgenerationenblickes», welcher der Arbeit mit Familienaufstellungen zugrunde liegt, ist im Vergleich zur Freudschen Psychoanalyse – nur als Beispiel – immer noch relativ neu. Aber was vorerst zählt ist, dass ich sehe, wie hilfreich und heilsam dieser Ansatz sein kann. Da muss ich ganz bescheiden sein und es benützen, auch wenn ich es noch nicht verstehe.

*Um noch einmal zurückzukommen auf das Thema*
*Familiengeheimnis – und Kuckuckskinder gehören ja meist dazu:*
*Was ist, wenn ein Mensch das mit ins Grab nimmt?*
Ein Familiengeheimnis gibt nie Ruhe. Beispielsweise erzählen mir immer wieder hausärztliche Kollegen, die öfters die Rolle eines Sterbebegleiters haben, wie viele Menschen vor ihrem Tod jemandem ihr Geheimnis anvertrauen müssen. Sie wollen das einfach nicht mit ins Grab nehmen. Dazu gehören eben auch solche Themen wie «Der und der war der Vater» oder «Ich hab' da noch ein uneheliches Kind, das lebt da und da». Das heißt,

die Wahrheit drängt unweigerlich – ob uns das gefällt oder nicht – ans Licht.

*Würden Sie also in jedem Falle dafür plädieren, dass die Wahrheit offen zu legen ist?*
Die Wahrheit ist nicht schlimm – wenn sie wahr sein darf! Es ist für mich aus meiner Arbeit heraus eine wesentliche Erfahrung: die Wahrheit ist, auch wenn sie zunächst schwer ist, von allem langfristig das Beste. Und jeder kann sie aushalten, erst recht, wenn er eine gute Unterstützung erfährt. Letztere ist besonders dann notwendig, wenn Menschen einem Sterbenden das Versprechen geben müssen, das am Totenbett offenbarte Geheimnis bei sich zu bewahren. Dies kann zu tiefer innerer Zerrissenheit führen. Nach meinem Verständnis ist man nach dem Tod eines Menschen an ein solches Versprechen nicht mehr gebunden. Bei diesen inneren Zweifeln – wo die Verzweiflung oft nicht weit ist – ist es sehr hilfreich, auf Unterstützung zu treffen. Bei einem Vaterschaftstest...

*...wo übrigens 70% aller getesteten Konstellationen ergeben, dass die Vaterschaft nachgewiesen, also «korrekt» ist...*
...Ja, dann stellt sich die Frage: Was mache ich mit dem Wissen und den vorangegangenen Zweifeln? Das sind Aspekte, die auch betrachtet werden müssen. Erst recht, wenn der Test nicht für alle Beteiligten offen ist. Denn auch ein heimlicher Vaterschaftstest ist – unabhängig vom Ergebnis – zunächst wieder ein «Geheimnis»! In jedem Fall steht danach ein Stück «Beziehungsarbeit» an. Noch besser ist es natürlich, dies vor einem Test anzustreben. Meines Erachtens ist es sehr wichtig, den Menschen vor einem Test schon die richtigen Hinweise zu geben. Allzu schnell sind sonst Tatsachen geschaffen, über deren volle Konsequenzen man sich nicht ausreichend Klarheit verschafft hat. Aber aus meiner therapeutischen Sicht: in allen mir bekannten Fällen ist die Wahrheit langfristig eine große Erleichterung. Und in der Tiefe des Herzens, davon bin ich überzeugt, weiß es sowieso jeder.

*Wenn es aber jeder so tief im Innern weiß, warum hören*
*oder sehen die Menschen das nicht?*
Diese Fragen stellen sich oft: Warum hat jemand so lange mit
dieser Ungewissheit gelebt? Was wollte oder will er mit einem
weiteren Schweigen für sich nicht riskieren? Und dann kommt
plötzlich jemand von außen und rührt an einem wunden Punkt.
Im Unbewussten kann von diesem Moment an ein tiefes Aufatmen entstehen und die innere Stimme sagt «da ist etwas, ich
weiß es ja selber».

Gleichzeitig ist da eine große Angst, die Angst vor Verlus-
ten, die Angst vor Bloßstellungen, vor Verurteilungen, vor dem
Ausgeschlossen werden. Ich erinnere mich an einige Fälle, in
denen mich Klienten lange im Glauben ließen, ihre Familien-
situation mit Vater und Mutter sei ganz klar.

Irgendwann, viel später, wurde dann diese Aussage korrigiert, eher beiläufig. Ich betrachte das für mich als Hinweis, in
diesem Fall ganz behutsam vorzugehen. Denn einerseits wird
mir schlagartig die ganze Situation und Thematik dieser Person
in einem anderen Licht deutlich und andererseits ist es wichtig,
dass die Klientin oder der Klient ihr «Geheimnis» selbst benen-
nen kann. Es wird dann noch eine Weile dauern, bis sie oder er
erstmals von sich aus das Wort «Stiefvater» gebraucht.

Allein schon diese andere Benennung, wenn jemand ein Leben lang zu dieser nahestehenden Person «Vater» gesagt hat, ist
ein wichtiger Schritt. Diese Menschen können dieses für sie
neue Wort «Stiefvater» lange nicht aussprechen. Wenn ich dann
merke, hoppla, jetzt hat er oder sie das richtig benannt, dann ist
das ein äußeres Zeichen dafür, dass innerlich schon ganz viel
passiert ist.

*Wir kennen von unserer Seite zahlreiche Klienten, die uns erzählen,*
*wie viele verdächtige Hinweise von außen gekommen waren, die sie*
*nie richtig wahrnahmen.*
*Erst im Rückblick wird ihnen alles völlig klar.*
Es können Monate oder Jahre ins Land gehen, bis ein Mensch
von innen her bereit ist, die Wahrheit anzuschauen. Und dann

kommen so viele, ich sage mal «zufällige» Begebenheiten, die förmlich zur Wahrheit drängen. Aber wenn ein Mensch einmal innerlich sensibilisiert ist für dieses Thema, dann darf man auch darauf vertrauen, dass es wächst und sich entfaltet. Wenn man voreilig daran rührt und zu heftig agiert, macht man mehr kaputt. Noch einmal: da ist ganz viel Angst, so ein Thema in der Familie offen anzugehen. Zum Beispiel der Mutter gegenüber, «das kann ich der Mutter doch nicht antun». Oder häufiger bei erwachsenen Menschen: «Das kann ich dem Stiefvater nicht antun». Es gibt ja wunderbare Stiefväter. Die könnten noch viel wunderbarer sein, wenn für alle klar ist, wer sie sind und wenn jeder weiß, wer er ist. Dann kann man demjenigen gegenüber auch so richtig aus vollem Herzen dankbar sein, dass er diese Rolle so gut übernommen hat und für dieses ihm fremde Kind so gut gesorgt hat. Das lässt sich natürlich auch auf die so genannten «Ziehväter» übertragen, die nie wussten, dass es nicht ihr eigenes Kind ist. Aber all diese Schritte brauchen Zeit – und der Respekt voreinander darf nicht verloren gehen.

*Das hört sich alles so positiv an. Nun gibt es aber auch vehemente Verfechter unter Fachleuten, die davon abraten, an einem Familiengeheimnis zu rühren.*

Ja, das begegnet mir immer wieder. Oftmals kommen dann als Begründungen Hinweise auf dieses oder jenes Familienmitglied, das «die Wahrheit nicht ertragen könnte» oder gar «die Wahrheit nicht überleben würde». Grundsätzlich – ich habe das schon mehrfach erwähnt –, bin ich für die Wahrheit. Es ist wichtig für jeden Menschen zu wissen, wer Vater und Mutter sind. Das sage ich jedem, der mich hierzu fragt. Doch muss das immer in einem liebevollen, ganzheitlichen Rahmen stehen. Das kann keine Doktrin sein. Ich habe Respekt vor jedem Menschen, der beispielsweise sagt: «Nein, ich möchte das jetzt nicht wissen» oder: «Nein, das will ich jetzt meiner Familie nicht zumuten, lieber leide ich auf meine Weise weiter». Generell aber sollten in der gesamten Thematik der Vaterschaftstests, dem «Kuckucksfaktor», wie Sie es nennen, alle Beteiligten mehr über die positive Wirkung der Wahrheit wissen. Vor allem diejenigen, die beruflich damit zu tun haben: Vormundschaftsbehörden, Jugendämter, Juristen, Ärzte, Therapeuten und so weiter.

*Die eigentliche Entscheidung liegt aber dann doch bei jedem Einzelnen?*
Selbstverständlich, doch Voraussetzung für eine gute Entscheidung ist auch ein breites Wissen. Wissen macht uns ein Stück freier und klarer. Und diesen Wissensboden sollte man niemandem vorenthalten.

Umfassend aufgeklärt, muss sich aber jeder selber entscheiden, und er trägt dafür auch die Verantwortung. Und niemand von außen kann sagen, so ist es besser oder anders ist es besser, das wäre anmaßend. Der Betroffene selbst ist es ja, der mit der einen oder anderen Variante leben muss.

Nicht zuletzt sollte bei Entscheidungen, die das Wissen eines Menschen über seine Abstammung betreffen, berücksichtigt werden, dass das nicht nur für das eigene Leben Folgen hat, sondern ebenso für das Leben der kommenden Generationen. Dieser Aspekt ist in der gegenwärtigen Diskussion noch weitgehend ausgeblendet.

Beim Stammbaum der Herkunftsfamilie geht man vom «Ich» aus und zeichnet alle Geschwister ein. Auch diejenigen, die eventuell nicht mehr leben; dazu gehören auch Fehlgeburten und Abtreibungen. Dann werden die eventuellen früheren Beziehungen – auch erste wichtige Liebesbeziehungen – der Eltern eingetragen. Stiefvater oder Stiefmutter werden nicht an Stelle von «V» oder «M» platziert, sondern bekommen einen Platz auf der weiß gestrichelten Linie. Falls aus früheren Beziehungen der Mutter (M) oder des Vaters (V) Halbgeschwister vorhanden sind, bezeichnet man auch die Halbgeschwister und davon auch diejenigen, die eventuell nicht mehr am Leben sind.

Sofern das Wissen vorhanden ist, folgen alle weiteren Angaben zu den Großeltern (GV/ GM) und Urgroßeltern (UGV/UGM) im gleichen Sinne! Wichtig sind bei allen Angaben das Geburts- und Todesdatum sowie die Todesursache. Auch Informationen über schwere Krankheiten, Sucht, Schicksalsschläge oder besondere Eigenheiten der einzelnen Personen sind wertvoll.

# Herkunftsfamilie

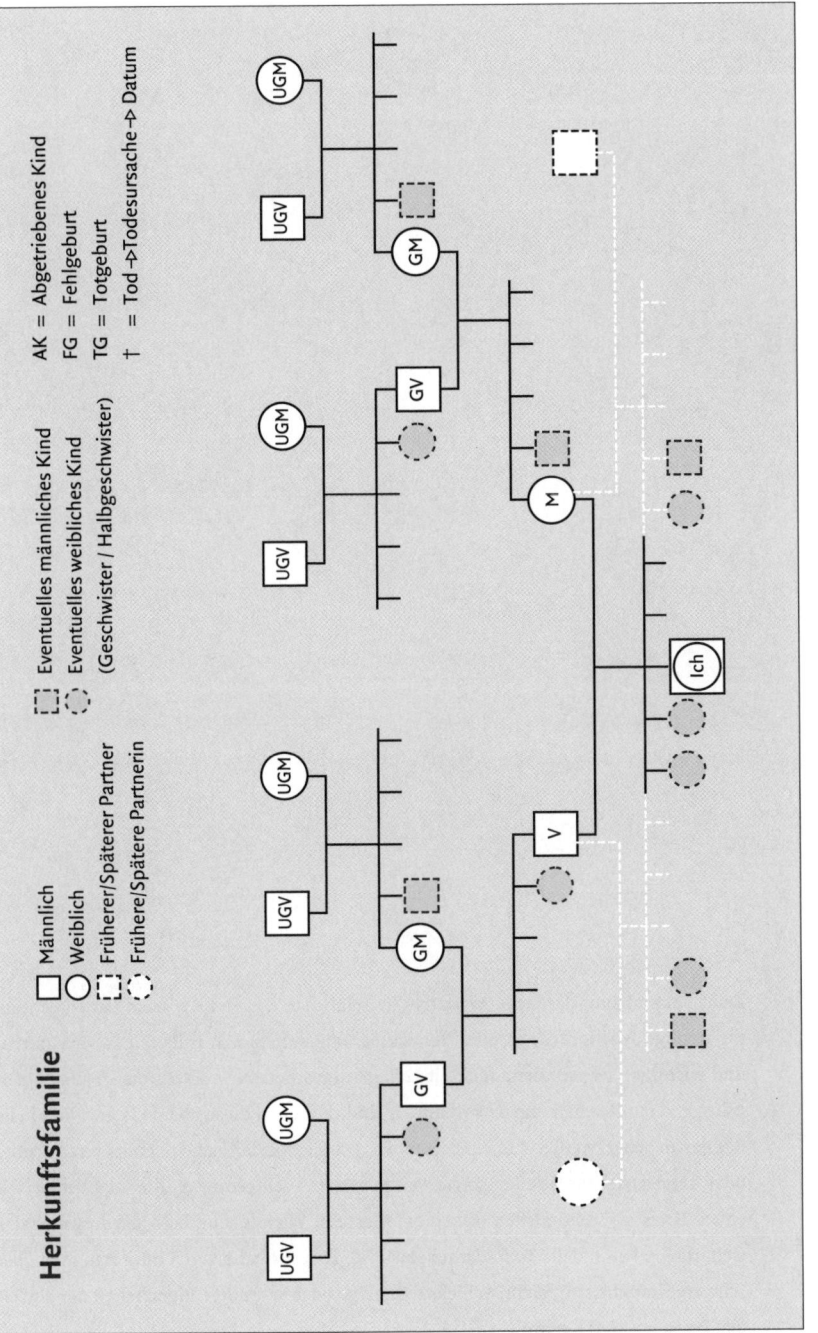

**Männlich**
☐ Männlich
○ Weiblich
⬚ ⬭ Früherer/Späterer Partner
Frühere/Spätere Partnerin

⬚ ⬭ Eventuelles männliches Kind
Eventuelles weibliches Kind
(Geschwister / Halbgeschwister)

AK = Abgetriebenes Kind
FG = Fehlgeburt
TG = Totgeburt
† = Tod →Todesursache →Datum

Beim Stammbaum der Gegenwartsfamilie setzt man das «Ich» je nach Geschlecht an die richtige Position (Kreis oder Viereck). Dann werden alle früheren Partner(innen) und wichtige Liebesbeziehungen eingetragen (gestrichelte weiße Linie). Falls gegenwärtige «Fremdbeziehungen» vorhanden sind, kommen diese ebenfalls auf die Ebene der gestrichelten weißen Linie. Danach werden alle Kinder – auch bereits verstorbene, oder abgegetriebene Kinder sowie Fehlgeburten – eingetragen (die weiblichen mit einem Kreis, die männlichen mit einem Viereck). Wichtig sind bei allen Angaben das Geburts- und eventuelle Todesdatum sowie die Todesursache. Auch Informationen über schwere Krankheiten, Sucht, Schicksalsschläge oder besondere Eigenheiten der einzelnen Personen sind wertvoll.

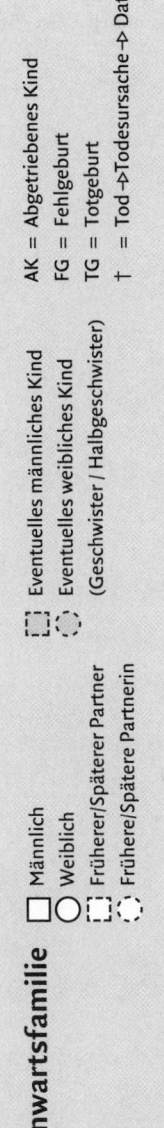
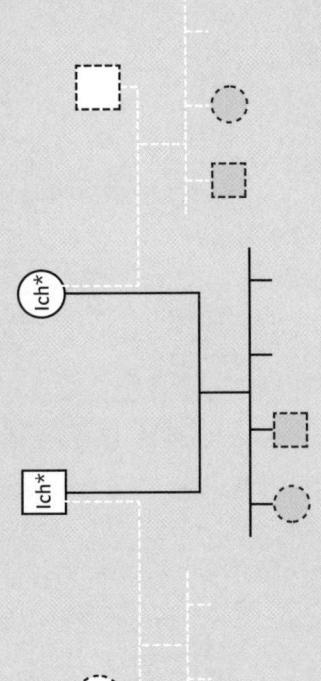

# Gegenwartsfamilie

☐ Männlich
○ Weiblich
☐ ○ Früherer/Späterer Partner
Frühere/Spätere Partnerin

Eventuelles männliches Kind
Eventuelles weibliches Kind
(Geschwister / Halbgeschwister)

AK = Abgetriebenes Kind
FG = Fehlgeburt
TG = Totgeburt
† = Tod→Todesursache→Datum

Ich*

Ich*

* Das «Ich» (männlich oder weiblich) wird mit seinen jetzigen – und eventuellen früheren – Beziehungen dargestellt
Kinder aus der jetzigen – und aus eventuell früheren Beziehungen – werden eingetragen

Im Kapitel 6 können Sie sich einfach von den Überschriften leiten lassen, die Sie interessieren, um in das Thema «Kuckucksfaktor» einzusteigen. Es vermittelt einen ersten Einblick in die Thematik des «Kuckucksfaktors».

# Ein erster Einblick

## Stichworte und Kommentare der Herausgeber und Koautoren

### Kuckuckskind

Abgeleitet vom Kuckuck, der seine Eier in fremde Nester legt und sie dann von anderen Singvögeln ausbrüten lässt, umschreibt der Begriff Kuckuckskind ein – meist in einem Seitensprung gezeugtes – Kind, dessen Vater ein anderer ist als derjenige, den die Mutter zum Partner hat. Von einem Kuckuckskind wird aber nur dann gesprochen, wenn die wahre Vaterschaft verheimlicht wird. Der juristische Begriff lautet «Kindesunterschiebung» (➤ s. Vorwort Seite 7).

### Kuckucksfaktor

Ein von den Herausgebern dieses Buches geprägter Begriff für alle Auswirkungen und Folgeerscheinungen, die sich aus einem untergeschobenen Kind (➤ Kuckuckskind) ergeben. Der Begriff beinhaltet eine Auseinandersetzung mit der Häufigkeit von Kuckuckskindern und der Triebfeder ihres Entstehens. Weiterhin zählen dazu die psychologischen Auswirkungen auf das Kind, den Mann aber auch die Frau. Außerdem gehört der gesamte juristische Fragenkomplex dazu (➤ s. Vorwort Seite 7).

### Was tut ein Genetiker

Der Genetiker befaßt sich mit der Lehre der Vererbung, das heißt mit der Weitergabe der Eigenschaften und Merkmale der Organismen von den Vorfahren auf die Nachkommen. Im Zusammenhang mit einem Vaterschaftstest untersucht er bestimmte Abschnitte (➤ Allele) der DNA. Zu seiner Tätigkeit gehört die Auswertung der Ergebnisse sowie die Beratung der Betroffenen.

### Die Mutter will es wissen

Unter bestimmten Umständen kann die Frau verunsichert darüber sein, welcher der Männer, mit denen sie Verkehr hatte, der leibliche Vater ihres Kindes ist. Mit Material (➤ Testmaterial) vom Kind und von den in Frage kommenden Männern kann sie das mittels eines DNA-Tests klären lassen.

Ein solcher Test lässt sich auch bereits in der Schwangerschaft durchführen, dann spricht man von einem «Pränatalen Vaterschaftstest». In diesem Fall wird als genetisches Material für das Kind Fruchtwasser verwendet.

### Pränataler Vaterschaftstest

(➤ «Die Mutter will es wissen»)

### Als Kuckuckskind den Vater suchen

Nicht immer ist es einem erwachsenen Menschen möglich, von der Mutter die Wahrheit über den leiblichen Vater zu erfahren. In solchen Fällen lässt sich die Vaterschaft ebenfalls durch den DNA-Test bestätigen oder ausschließen (➤ Vaterschaftseinschluss/Vaterschaftsausschluss).

Sind in Frage kommende Männer schon verstorben, lässt sich über eine DNA-Untersuchung naher Verwandter dieser in Frage kommenden Männer, z.B. deren Geschwister (➤ Tanten-/Onkelschaftstest), deren Kinder (➤ Geschwisterschaftstest/Halbgeschwisterschaftstest) oder Eltern (➤ Großelternschaftstest), Kinder der Geschwister (➤ Cousinschaftstest) die Frage klären.

### Der Mann will es wissen (Vaterschaftstest)

Will ein Mann die Vaterschaft bestätigt sehen – oder beweisen, dass er nicht der Vater ist –, so benötigt er für einen DNA-Test Material von sich und dem Kind (➤ Testmaterial); im Idealfall auch von der Kindesmutter. Gut ist es, wenn alle Beteiligten über die Beschaffung des Testmaterials informiert sind und der Test mit deren Einverständnis stattfindet (➤ «Der heimliche Abstammungstest»).

## Möglicher Vater/Putativvater

Der mögliche oder wahrscheinliche Vater. Vom Lateinischen «putare» = glauben, meinen. Im Vaterschaftstest wird derjenige Mann als Putativvater bezeichnet, der in das Testverfahren einbezogen wird. Durch die Untersuchung (➤ Privatgutachten; ➤ gerichtliches Gutachten) wird dieser Putativvater zum leiblichen Vater (➤ Vaterschaftseinschluss) oder von der Vaterschaft ausgeschlossen (➤ Vaterschaftsausschluss).

## Personenkonstellationen im Test

In der Regel werden beim Vaterschaftstest drei Personen getestet: die Mutter, das Kind und der mögliche Vater («Triofall») oder mehrere mögliche Väter. Beteiligt sich die Mutter nicht am Test so ist die Vaterschaftsfeststellung durch die Untersuchung des Kindes und des Vaters möglich, ohne dass die Sicherheit des Testes darunter leidet.

Durch Untersuchung von Geschwistern oder Halbgeschwistern der Betroffenen ist die Frage der Vaterschaft ebenfalls klärbar (➤ Geschwisterschaftstest/Halbgeschwisterschaftstest).

## Identitätsnachweis

Wenn ein DNA-Test gerichtlich verwertbar sein soll, muß das verwendete Testmaterial nachweislich von den angegebenen Personen stammen. In diesem Fall wird das Untersuchungsmaterial (➤ Testmaterial) von einem Arzt entnommen. Der Identitätsnachweis wird durch Kontrolle des Personalausweises der beteiligten Personen bzw. bei Minderjährigen der Geburtsurkunde, Anfertigung eines Fingerabdrucks sowie eines Bildes geführt.

Außerdem ist eine Unterschriftsleistung aller Beteiligten notwendig. Für ein privates Gutachten (➤ Privatgutachten) ist ein solcher Nachweis nicht zwingend.

## DNA-Test

Grundlage des DNA-Tests ist die Untersuchung von genetischem Material (➤ Testmaterial). Dabei werden bestimmte

Abschnitte der Erbinformation untersucht und die Ergebnisse der untersuchten Personen miteinander verglichen (➤ Personenkonstellation im Test).

Da die Hälfte der genetischen Information vom Vater und die andere Hälfte von der Mutter stammt, kann mit diesem Verfahren die Abstammung eines jeden Menschen zweifelsfrei festgestellt werden.

Deshalb wird der DNA-Test auch in der Ahnenforschung (➤ Großelternschaftstest; ➤ Ahnenforschung) eingesetzt.

### Gerichtliches Gutachten

Ein gerichtliches Gutachten erfolgt auf richterliche Anordnung. Bei einem solchen Gutachten werden im Normalfall Kindesmutter, Kind und Putativvater (➤ möglicher Vater) in den Test einbezogen und ein Identitätsnachweis (➤ Identitätsnachweis) geführt. Ob ein privates Gutachten (➤ Privatgutachten) gerichtlich anerkannt wird, liegt im Ermessen des Richters. Die Anerkennung wird durch einen Identitätsnachweis (➤ Identitätsnachweis) erleichtert.

### Privatgutachten

Privatgutachten werden von Privatpersonen zunächst ohne Einschaltung eines Gerichts veranlasst. Sie werden sowohl von Männern, Kindern, betroffenen Frauen (➤ pränataler Vaterschaftstest), Großeltern (➤ Großelternschaftstest) oder Geschwistern (➤ Geschwisterschaftstest) in Auftrag gegeben. Solche Tests dienen der Klärung von Verwandtschafts- und Abstammungsverhältnissen. Die Untersuchungsergebnisse sind manchmal Grundlage für weitere, auch gerichtliche Verfahren.

### Testmaterial für die DNA-Analyse

Grundsätzlich eignen sich alle Materialien, die Zellen des Körpers enthalten. Hierzu zählen Zellen im: Speichel, Nasenschleim, Haarwurzelzellen, Knochen, Blut sowie Samenflüssigkeit, Scheidensekret, Ohrenschmalz und Urin. Dabei ist es gleichgültig, ob solches Zellmaterial frisch entnommen wurde oder in getrockneter Form vorliegt. Deswegen können auch Kaugummi, Zahnbürsten, Zigarettenkippen, Trinkgläser, Briefmarken, Briefumschläge, Besteck, Strohhalm, Armbänder, Armbanduhren, Ringe, Brillen, Ohrstecker, Piercingschmuck, Kettenanhänger oder Mundstücke von Blasinstrumenten verwendet werden. Bedingung ist, dass die Gegenstände und Materialien ausschließlich von der in Frage kommenden Person stammen bzw. von dieser benutzt wurden.

### Geschwisterschaftstest/Halbgeschwisterschaftstest

Hierbei wird der Verwandtschaftsgrad von möglichen Geschwistern festgestellt. Mit dem DNA-Test kann eindeutig festgestellt werden, ob die untersuchten Personen Halb- oder Vollgeschwister sind. Eine solche Fragestellung besteht häufig bei Menschen, deren Eltern verstorben sind oder auch bei Familienmitgliedern, die zweifeln, ob sie selbst ein Kuckuckskind sind.

### Zwillinge

Der DNA-Test klärt die Frage, ob Zwillinge ein- oder zweieiig sind. Handelt es sich um eineiige Zwillinge, sind im Test die DNA-Profile gleich. Eineiige Zwillinge sind die einzigen Menschen mit identischen DNA-Profilen, bei zweieiigen Zwillingen sind die DNA-Profile unterschiedlich.

Bei einem Vaterschaftstest mit eineiigen Zwillingen genügt es daher einen der Zwillinge in den Test einzubeziehen. Bei zweieiigen Zwillingen können in seltenen Fällen zwei verschiedene Väter in Frage kommen.

### Tanten- und Onkelschaftstest

Möchte eine Nichte oder ein Neffe wissen, ob eine Person tatsächlich Tante oder Onkel ist, so ist dies durch die DNA-Analyse möglich. Auf diesem indirekten Wege lässt sich auch auf die Frage der Vaterschaft eine Antwort finden, indem die Untersuchung mit Material (➤ Testmaterial) der Geschwister eines möglichen Vaters erfolgt.

## Cousin- und Cousinenschaftstest

Mit den heutigen Möglichkeiten der DNA-Technologie kann unter Einbeziehung von mindestens zwei Cousins / Cousinen ersten Grades festgestellt werden, ob eine Cousin-/ Cousinenschaft väterlicherseits oder mütterlicherseits vorliegt. Auf diese Weise kann «indirekt» auch eine Vaterschaft / Mutterschaft geklärt werden (➤ Testmaterial; ➤ Ahnenforschung). Von einer Cousin-/Cousinenschaft geht man aus, wenn die Wahrscheinlichkeit über 80 % liegt und man schließt sie aus, wenn sie unter 20 % liegt.

## Großelternschaftstest

Sind sich Großeltern über die Abstammung ihres Enkels unsicher, so können sie diese Frage über den DNA-Test (➤ DNA-Test) klären, ohne Testmaterial (➤ Testmaterial) der Eltern des Enkelkindes zu benötigen.

## Ahnenforschung

Bei DNA-Tests über mehrere Generationen werden im Falle männlicher Abstammungslinien schwerpunktmäßig Abschnitte des Y-Chromosoms (➤ Chromosom), im Falle weiblicher Abstammungslinien Abschnitte des X-Chromosoms oder der sogenannten mitochondrialen DNA untersucht (➤ «Was, wenn die Verwandten schon tot sind?»).

## Was, wenn die Verwandten schon tot sind?

Sind die zu testenden Personen bereits verstorben, kann dennoch ein DNA-Test (➤ DNA-Test) vorgenommen werden – sofern geeignetes Testmaterial (➤ Testmaterial) zur Verfügung steht. In besonderen kriminalistischen Fällen (➤ Forensisch) und wenn kein verwertbares Testmaterial zur Verfügung steht, kann eine Exhumierung der Verstorbenen beantragt werden.

## Forensisch

Aus dem Englischen «forensic». Wird im Zusammenhang mit DNA-Tests dann gebraucht, wenn gerichtsverwertbare

Beweise zu erbringen sind. Der Begriff spielt bei Spurenuntersuchungen, Erpressung, Vergewaltigung, Kindesmisshandlung und anderen Kriminaldelikten eine Rolle.

## Erbentest

Bei Erbauseinandersetzungen ist es mittels eines DNA-Tests möglich den Verwandtschaftsgrad zu klären (➤ Geschwisterschaftstest/Halbgeschwisterschaftstest; (➤ Großelternschaftstest; ➤ Ahnenforschung). In Abhängigkeit vom Ergebnis kann ein Erbanspruch geklärt werden (➤ «Die Konsequenzen der Vaterschaft»).

## DNA / DNS Desoxyribonukleinsäure

In der DNA sind die genetischen Erbinformationen gespeichert (➤ Genetischer Code). Die DNA ist ein Makromolekül, dessen Bausteine Phosphorsäurereste, Desoxyribose und die organischen Basen Adenin (A), Thymin (T), Guanin (G) und Cytosin (C) sind. Die DNA bildet einen Doppelstrang, in dem sich die Basen A und T sowie C und G gegenüberstehen. Der Doppelstrang ist in sich spiralig verdreht. Die DNA-Moleküle bilden die Chromosomen (➤ Chromosomen).

## Allele

Bestimmte Abschnitte der DNA, die sich in ihrer Zustandsform unterscheiden. Die Zustandsformen unterschiedlicher Abschnitte (DNA-Loci) werden bei einem DNA-Test untersucht und so die Frage der Abstammung geklärt.

## Gene

Der Mensch hat ca. 50.000 bis 100.000 Gene. Sie bestimmen die Ausbildung spezifischer Merkmale. Gene sind die Abschnitte des DNA-Doppelstranges, auf dem die Information für die Synthese eines spezifischen Eiweißes (Polypeptids) festgelegt ist. Die Gesamtheit aller Gene eines Organismus nennt man Erbanlagen (Genom). Sie sind auf den Chromosomen linear angeordnet, wobei jedes Gen einen ganz bestimmten Platz

(Genort oder Locus) belegt. Die Reihenfolge der Gene auf den Chromosomen kann in genetischen Karten erfasst werden.

### Chromosom

Die aus Chromatin bestehenden, in der Kernteilung als faden- oder stäbchenförmige Körper sichtbaren Träger der Gene. Sie tragen im Zellkern die DNA. Im Zellkern sind 46 Chromosomen, dabei hat die Frau zwei X-Chromosomen und der Mann ein X- und ein Y-Chromosom (➤ Ahnenforschung).

### Genetischer Code

Der genetische Code ist die Verschlüsselung der genetischen Information für die Eiweißsynthese in der DNA und RNA. Da alle Körperzellen eines Individuums den gleichen Code in sich tragen, kann für eine DNA-Analyse jedes beliebige Zellmaterial verwendet werden (➤ Testmaterial). Der genetische Code ist universell. Er gilt für alle Lebewesen in gleicher Weise.

### Genetischer Fingerabdruck

Der Begriff genetischer Fingerabdruck soll die genetische Einzigartigkeit eines Menschen, wie er bei einem Fingerabdruck gegeben ist, zum Ausdruck bringen. (➤ Genetischer Code)

### Mutation

Eine bleibende Veränderung des genetischen Materials (➤ Vaterschaftseinschluss/Vaterschaftsausschluss).

### Vaterschaftseinschluss/Vaterschaftsausschluss

Der Begriff Vaterschaftseinschluss wird dann gebraucht, wenn der DNA-Test nachgewiesen hat, dass der betreffende Mann (➤ Putativvater) tatsächlich der Vater ist. Das kann mit 99,9 % Sicherheit bestätigt werden. Umgekehrt bedeutet Vaterschaftsausschluss, wenn der DNA-Test nachweist, dass der betreffende Mann als Vater nicht in Frage kommt. Hierbei werden drei und mehr Ausschlusskonstellationen auf verschiedenen

Chromosomen als Kriterium für einen Vaterschaftsausschluss bewertet. Bei weniger als drei Ausschlusskonstellationen muss eine biostatistische Würdigung unter Einbeziehung von möglichen Mutationen (➤ Mutation) erfolgen.

### Sachverständiger für Abstammungsgutachten
Sachverständige sind vom Gericht beigezogene DNA-Experten. Es handelt sich hierbei nicht um einen gesetzlich geschützten Begriff.

### Vaterschaftswahrscheinlichkeit
Bei einem DNA-Test wird die Vaterschaftswahrscheinlichkeit individuell berechnet (➤ Putativvater). Weist der untersuchte Mann nicht die DNA-Merkmale auf, die für den Vater des Kindes zu erwarten sind, so kann die Vaterschaft sicher ausgeschlossen werden (➤ Vaterschaftsausschluss). Weist der untersuchte Mann alle DNA-Merkmale auf, die auch das Kind vom Vater hat (➤ Vaterschaftseinschluss), so wird die Vaterschaftswahrscheinlichkeit berechnet. Diese Vaterschaftswahrscheinlichkeit sollte mindestens bei 99,9% garantieren. Die Richtlinien des Robert Koch Institutes lassen dann das Prädikat «Vaterschaft praktisch erwiesen» zu.

### Zu etwa 50% sind es die Gene
Die individuellen Unterschiede im Wesen oder «in der Persönlichkeit», wie Psychologen sagen, werden etwa zur Hälfte durch Unterschiede in den Genen hervorgebracht, zur anderen Hälfte durch individuelle Erfahrungen. Dieser Befund hat sich in einer Vielzahl von Zwillings- und Adoptionsstudien bestätigt. Je älter ein Mensch wird, desto mehr zeigt sich die Wirkung der Gene. Im höheren Alter werden sie noch einflussreicher als die gesammelten Erfahrungen.

### Wer sich nahe steht und wer sich mehr kümmert
Je mehr Gene zwei Personen miteinander gemeinsam haben, desto näher verwandt sind sie und desto näher stehen sich

diese Personen folglich auch. «Nahe stehen» kann Verschiedenes bedeuten: gerne zusammen sein und miteinander reden, oft an die andere Person denken, bereitwillig helfen, sich nach einem Streit wieder versöhnen, Anteil nehmen an Sorgen oder Glück des Anderen. Am nächsten stehen sich eineiige Zwillinge, gefolgt von Geschwistern und Elter-Kind-Paaren. Weibliche Verwandte stehen sich im Durchschnitt näher als vergleichbare männliche Verwandte. So kümmern sich Tanten mehr als Onkel um Neffen oder Nichten. Und Tanten kümmern sich auch mehr um die Kinder einer Schwester als um die Kinder eines Bruders.

**Bei Bedrohung halten wir zusammen**

Geschwister mögen sich bei innerfamiliären Angelegenheiten häufig streiten, aber wenn eine Bedrohung von außen auftritt, halten sie zusammen. Ein arabisches Sprichwort verdeutlicht den Zusammenhang zwischen abnehmender Verwandtschaft und Familiensolidarität eindrucksvoll: «Ich gegen meinen Bruder – ich und mein Bruder gegen unsere Vettern – ich, mein Bruder und meine Vettern gegen die, die nicht mit uns verwandt sind – ich, mein Bruder, meine Vettern und Freunde gegen unsere Feinde im Dorf – sie alle und das ganze Dorf gegen das nächste Dorf ...».

**Die vier Lebensleistungen**

Damit sind vier Aufgaben im Laufe eines Lebens gemeint, die Prof. Harald Euler Lebensleistungen oder einfach «Leistungen» nennt. Die erste bezeichnet «somatische Leistungen» wie z.B. Essen, Trinken, Schlafen usw. – Ist ein Individuum geschlechtsreif, kommt die Reproduktionsaufgabe, die «Paarungsleistung» hinzu. – Die dritte Aufgabe folgt als «elterliche Leistung». – Die vierte Reproduktionsaufgabe ist die «nepotistische Leistung».

Das aus dem Lateinischen abgeleitete Wort wird heute im Italienischen als «nipote» für «Enkel» und «Neffen» gebraucht; «Nepotisieren» heißt «Verwandte begünstigen». Damit kann auch gemeint sein, seinen Geschwistern in ihren Reproduktionsaufgaben zu helfen oder Enkel, Vettern, Cousinen, Neffen und Nichten zu unterstützen.

### Von klein auf zum «Streuner» geboren

Geschlechterunterschiede zeigen sich schon früh in den Vorlieben für bestimmte Spiele. Kleine Mädchen spielen unter anderem bevorzugt mit Puppen und machen Mutter-Kind-Spiele. Jungen toben lieber herum und machen Rauf- und Bewegungsspiele. Kleinere Brüder werden von älteren Schwestern eingespannt, beim Mutter-Kind Spiel mitzumachen, doch die Jungen tun dies nur halbherzig und lustlos. Die Spielvorlieben werden, entgegen allgemeiner Annahme, nicht von der Umwelt ansozialisiert.

Kinder haben bereits eine geschlechtstypische Neigung, die einem evolutionären Erbe entstammt: Mädchen bereiten sich auf das Mutterdasein vor, Jungen nicht auf das Dasein eines Vaters, sonders eines Streuners. In der Vorzeit war männliches Streunen angesagt, um das eigene Territorium zu patrouillieren, dem Jagdwild nachzuspüren und nach anderen Frauen Ausschau zu halten. Versuche, diese Neigungen heute erzieherisch zu nivellieren oder gar umzukehren, enden unweigerlich in Misserfolg, wie eine Fülle von empirischen Ergebnissen belegt.

### Was wird beim Wunschpartner gesucht?

Bei der sexuellen Partnerwahl sind Frauen meist kritisch, wählerisch und eher abwartend. Sie suchen Versorgerqualitäten (Langzeitversorger). Männer dagegen sind häufiger draufgängerisch, besonders, wenn es nicht gleich um eine feste verbindliche Beziehung geht. Frauen haben aber nicht nur mehr, sondern auch ganz andere Auswahlkriterien als Männer. Sie suchen Versorgerqualitäten, während Männer eher nach Fruchtbarkeitskriterien (Attraktivität, Körperform, Jugendlichkeit) schauen.

Die Versorgerqualitäten werden in unserer Kultur durch Ansehen und Status, vor allem aber auch durch zukünftige Einkommenserwartung signalisiert. Bis zum zweiten Weltkrieg war beispielsweise auch eine männliche Uniform für eine Frau ein Zeichen für gesichertes Einkommen und geregelte Verhältnisse. Ein Offizier in Uniform galt als «gute Partie».

### Die Ähnlichkeiten sind es, die anziehend machen

Je mehr sich Menschen im Aussehen oder Wesen ähneln, desto besser kommen sie miteinander aus. Ehen und Freundschaften entstehen nach der Devise «Gleich zu gleich gesellt sich gern» und eben nicht nach der Devise «Gegensätze ziehen sich an».

Ehepartner ähneln sich sowohl nach körperlichen wie auch nach psychologischen Merkmalen, mit nur wenigen Ausnahmen (Geschlecht, Immunsystem). Die Ähnlichkeit zwischen Vater und Sohn vermittelt gegenseitige Sympathie, ohne dass den Beteiligten dies bewusst sein muss.

### Die erste große Liebe

Die erste richtige Liebe im Leben hinterlässt sehr oft nachhaltige Eindrücke. Den möglichen Grund dafür haben die amerikanischen Psychologen Peter Todd und Geoffrey Miller in Zusammenhang mit der Partnerwahl gebracht. Da die potentiellen Ehekandidaten unvorhersehbar und nacheinander auftauchen, kann nicht wie bei einer Stellenbewerbung ein direkter Vergleich stattfinden. Außerdem kann der bessere Kandidat immer noch kommen.

Die Frau will den bestmöglichen Mann auswählen, aber ihre biologische Fruchtbarkeitsuhr tickt schnell und merklich. Todd und Miller vermuten, dass diese schwierige Entscheidung bei der Frau nach der groben Daumenregel «Probiere ein Dutzend» getroffen wird.

Von der Pubertät an werden etwa ein Dutzend Liebschaften getestet. Aus diesem Dutzend merkt man sich dauerhaft und eindrücklich den besten Partner, die wahre Jugendliebe, und nimmt diesen von nun an als Messlatte. Wer von den weiteren Bekanntschaften diese Messlatte toppen kann, wird nach Möglichkeit ausgewählt. Die erste wahre Liebe aber bleibt für die meisten Menschen ein ganzes Leben lang bedeutsam.

### Andere Beziehungen: Was wird nachgefragt?

Der Mann will meist wissen, ob Kopulationen stattgefunden haben, und welche und wie viele, weil dies ein Anzeichen für eine Befruchtung sein kann. Sie will in vergleichbaren Situationen wissen, ob er die Andere liebt. Aufgrund der geschlechtstypischen Fortpflanzungsstrategien ist dieser Unterschied erklärbar: Er fürchtet das Kuckuckskind, sie fürchtet den Verlust von Ressourcen des Partners.

Auch bei frisch Verliebten taucht die Frage nach dem «Wer und wie mit Vorherigen» auf und kann sich bis zu einem Verhör entwickeln. Sie will im Grunde wissen, ob seine Liebe echt, ehrlich und verlässlich ist, ob sie also darauf bauen kann. Sexuelle Details interessieren sie dabei wenig.

Er hingegen will wissen, mit wie vielen anderen Männern sie schon geschlafen hat und hofft dabei, dass er diesbezüglich der Beste sei und sie sich deswegen nicht nach weiteren Alternativen umschauen werde.

### Beziehung als «Partnermarkt»?

Es ist zwar nüchtern und unromantisch, aber zum besseren Verständnis durchaus angebracht, eine Partnerschaft einmal als einen Handel zu betrachten. Auf einem so sich vorgestellten «Partnermarkt» bietet das eine Geschlecht an, was das andere Geschlecht sucht.

Eine Partnerschaft ruht auf solidem Fundament, wenn das Geben und Nehmen beidseitig ausgewogen ist. Der unausgesprochene und archaische Handelsvertrag lautet wissenschaftlich gesprochen so: Sie bietet ihm Fortpflanzungschancen und verlangt dafür materielle und psychologische Versorgung; er versucht, möglichst günstig die Fortpflanzungschancen einzutauschen.

In der Alltagssprache heißt das «Liebe» für «Sex»: Die Frau will einen Mann, und der Mann will Sex. Bietet der Mann nicht genügend Liebe, verweigert sie Sex. Details mit gut belegten Befunden finden sich im Buch «Die Evolution des Begehrens. Geheimnisse der Partnerwahl» von David Buss.

### Prämissen für die Partnerwahl

In vielen Kulturen wird die eheliche Partnerwahl noch von nahen Verwandten überwacht. Der Heiratspartner darf weder zu nah verwandt noch zu fremd sein. Nahe Verwandte, in der Regel Verwandte ersten und zweiten Grades, dürfen wegen Inzest und den daraus folgenden möglichen Erbschäden nicht heiraten.

Andererseits sollte der Heiratspartner nicht zu fremd und exotisch sein. Bei der Partnerwahl gilt die Regel «Gleich zu gleich gesellt sich gern». Dies führt dazu, dass bevorzugt Heiratspartner mit gleicher Sprache, gleicher Religion, gleichen Einstellungen, gleichem Aussehen ausgewählt werden. Partner also, die aus der eigenen Sippe, dem eigenen Stamm oder Volk kommen.

Die Beschränkung auf Partner aus dem Nahbereich hat oft - handfeste ökonomische Vorteile für die beteiligten Familien, die ja Gemeinschaftsunternehmen in genreproduktivem Interesse sind: Durch Heirat werden nutzbringende kooperative Bündnisse zwischen verschiedenen Familien geschlossen. Biologisch-medizinisch gibt es allerdings gegen Ehen aus verschiedenen Ethnien oder Rassen keinerlei Einwände. Im Gegenteil, aus solchen «Mischehen» gehen gesündere Kinder hervor.

### Wenn das Unbewusste die Regie übernimmt

Selbst vermeintliche Willkürhandlungen sind oft schon im Gehirn entschieden. Der Impuls ist schon gesendet, bevor wir überhaupt etwas davon wahrnehmen können. Unsere bewusste Vernunft kommentiert oft nur das, was unsere Psyche schon unbewusst für uns entschieden hat. Der britische Psychologe Robin Baker behauptet, dass das gesamte menschliche Sexualverhalten aus Sicht des unbewussten «Spermienwettbewerbes» umgedeutet werden kann. Das Sexualverhalten der Frauen sei

überwiegend als Bemühen zu begreifen, Einfluß darauf zu nehmen, welcher Mann mit seinen Spermien die besten Erfolgs-
chancen haben soll. Das Verhalten der Männer sei unbewusst
dazu ausgerichtet, diesen Wettbewerb zu verhindern oder zu
gewinnen. Robin Baker «Krieg der Spermien». In der Formulie-
rung ist dies wohl etwas übertrieben, aber die Psyche des Menschen ist beim Sex anscheinend tatsächlich nicht frei von solchen Einflüssen.

## Woher die ständige Bereitschaft kommt

Die wahllose Bereitschaft des Mannes zum Sex (➤ Coolidge
Effekt Seite 41) war für die Männer unserer fernen Vorfahren
immer ein Fortpflanzungsnutzen, der in günstigem Verhältnis
zum Aufwand stand (Zeit, Ressourcenverschwendung, Gefahr
durch Rivalen oder männliche Verwandte der Frau, sexuell
übertragbare Krankheiten usw.).

Dabei ist zu bedenken, dass in früheren Zeiten die Gelegenheiten, überhaupt empfängnisbereite Frauen anzutreffen, deutlich seltener waren als heute. Man lebte in kleinen Gruppen,
deren Mitglieder untereinander verwandt waren. Die Frauen
waren die meiste Zeit schwanger bzw. stillten und waren dadurch nicht empfängnisbereit. Die wahllose Bereitschaft zum
Sex ist andererseits so in der Psyche des Mannes eingepflanzt,
dass sie sich mit inniger und ehrlicher Liebe zu einer einzigen
Dauerpartnerin gut verträgt.

## Wollen Männer immer?

Viele Männer nutzen jede sich bietende Gelegenheit aus, um
mit einer weiteren Frau Sex zu haben. Ein amerikanischer
Spruch lautet: «Wenn ich nicht bei derjenigen sein kann, die ich
liebe, liebe ich die, bei der ich bin». Moralische Bedenken werden dabei oft ohne allzu große Mühe beiseite gewischt, und ein
schlechtes Gewissen plagt höchstens punktuell oder peripher.
Die Männer folgen hierbei einem genetisch-biologischen
«Programm». Das entschuldigt allerdings keineswegs unmora-
lisches Verhalten.

**Sex ohne Liebe?**

Die Frau will die Zuneigung des favorisierten Mannes immer wieder unter Beweis gestellt haben, weil dies ein Zeichen dafür ist, dass für ihr zukünftiges Kind väterliche Ressourcen zur Verfügung gestellt werden. Sex ohne Liebe ist für Frauen viel weniger wünschenswert als für Männer. Männer bezahlen Prostituierte nicht nur für den sexuellen Zugang, sondern auch dafür, dass sie die Frau nach dem Geschlechtsverkehr ohne weitere Verbindlichkeiten wieder verlassen können.

**Die Lust nach Partnerwechsel**

Die Neigung zum Schürzenjägertum variiert erheblich von Mann zu Mann. Wie sehr das männliche Interesse nach Partnerwechsel auch von ihren Partnerinnen beschnitten wird (die diese Neigungen nun mal nicht gutheißen), zeigt sich in der männlichen Homosexualität. Hier treffen männliche auf männliche Interessen. Homosexuelle Männer haben im Durchschnitt deutlich mehr Sexualpartner pro Lebenszeitraum als heterosexuelle Männer, aber auch hier sind die Unterschiede zwischen den Männern sehr groß.

Als Faustregel über den diesbezüglichen Unterschied zwischen heterosexuellen und homosexuellen Männern kann man etwa sagen: 90 % aller heterosexuellen Männer hatten weniger als 25 Sexualpartner im Leben; 90 % aller homosexuellen Männer hatten mehr als 25 Sexualpartner. Interessanterweise trifft Vergleichbares nicht auf homosexuelle Frauen zu. Lesbische Frauen haben nicht deutlich mehr Partnerinnen als heterosexuelle Frauen Partner haben.

**Anzeichen von Untreue**

Seitensprünge werden in der Regel verheimlicht. Mehrdeutige Anzeichen von Untreue aber sind erkennbar, wie die amerikanischen Psychologen Todd Shackelford und David Buss heausfanden. Zum Beispiel zeigt sie ihm gegenüber plötzlich wieder mehr Lust auf Sex oder umgekehrt, sie ist sexuell plötzlich überhaupt nicht mehr aktiv (➤ Siehe auch Seite 70).

## Verräterische Emotionen

Menschliches Verhalten wird nicht nur von biologischen Faktoren bestimmt, sondern auch von individuellen Besonderheiten, z. B. von erworbenen Gewohnheiten oder von dem individuellen Temperament. Manche Menschen rasten eher aus, wenn sie sich ungerecht behandelt oder bedroht fühlen.

Da das Verhalten von verschiedenen, oft widerstreitenden Impulsen angetrieben wird, obsiegt manchmal der eine, manchmal der andere Impuls. Die Biologie stärkt bestimmte Impulse oder schwächt sie ab, ist aber nicht der einzig bestimmende Faktor.

## Frauen spüren mehr

Frauen haben im Allgemeinen ein feineres Gespür als Männer für Nuancen in sozialen Interaktionen, für indirekte Botschaften zwischen den Zeilen, für die seelischen Befindlichkeiten anderer Menschen. Die Sprache der Frauen lässt sich eher als Beziehungssprache bezeichnen, die der Männer eher als Berichtssprache.

## Wie du mir so ich dir...

Auch wenn eine Frau den vermuteten Seitensprung ihres Mannes eher gelassen hin nimmt (Männer können dabei selten gelassen bleiben, so sie ihre Frau lieben) kann es doch dazu führen, dass sie Rache nimmt. Gleiches mit Gleichem zu vergelten, ist ein häufiges Motiv oder Begleitmotiv des Seitensprungs von Frauen.

## Der Seitensprung ist für jeden anders

Frauen und Männer haben unterschiedliche Gründe für einen Seitensprung: Die Frau geht fremd, wenn sie einen besseren Mann als ihren derzeitigen Partner findet. Ein guter Mann ist jemand, bei dem die Frau das Gefühl hat, dass er sie versteht, also einer, der mit ihr spricht, ihr zuhört, sich für ihre persönlichen Belange interessiert, sie akzeptiert, für sie mitempfindet.

Für den Mann muss es nicht unbedingt eine «bessere» Frau sein, um ihn zu einem Seitensprung zu verlocken; vielfach reicht es aus, dass es einfach nur eine Andere ist (➤ Siehe auch Seite 58).

### Wie ein Seitensprung geahndet wird

Die männertypische Doppelmoral lautet: Wenn die Frau es tut, ist es schlimm; wenn er es hingegen tut, ist es höchstens halb so schlimm. Männer neigen dazu, ihre Frau als sexuellen Besitz zu betrachten. Bei einem Seitensprung der Frau wird dieser Besitz «beschädigt» oder «befleckt».

In vielen Kulturen ist oder war diese Doppelmoral auch juristisch festgeschrieben: Außerehelicher Sexualkontakt der Frau ist ein Vergehen oder Verbrechen, das geahndet wird. Umgekehrt ist Untreue des Mannes kein Straftatbestand. Der biologische Ursprung für diese widersprüchliche Moral liegt in den unterschiedlichen Fortpflanzungsstrategien.

### Was Schwiegermütter antreiben könnte

Schwiegerbeziehungen sind wegen fehlender Blutsbande durchgängig schlechter als leibliche Beziehungen. Am konfliktreichsten ist die Beziehung zwischen Schwiegermutter und Schwiegertochter, wohingegen die Beziehung von Schwiegermutter zu Schwiegersohn erstaunlich gut ist, nicht viel schlechter als die zwischen Vater und Sohn. Am besten von allen Beziehungen ist die zwischen Mutter und Tochter.

Für diese Unterschiede in den Beziehungen zwischen einem Paar und dessen Eltern gibt es ebenfalls unbewusste evolutionäre Gründe. Dass zum Beispiel Schwiegermütter ein innigeres Verhältnis zu einem Schwiegersohn als zu einer Schwiegertochter pflegen, hat vermutlich folgenden Grund:

Für das lange und beschwerliche Großziehen ihres Kindes benötigt eine Frau alle Unterstützung, die sie bekommen kann. Die Mutter kann also ihrer Tochter unter anderem dadurch hilfreich sein, dass sie deren Ehemann also den Schwiegersohn, willkommen heißt und nicht etwa vergrämt und vergrault.

### Wenn Verwandte Andeutungen machen

Es kommt häufig vor, dass es Verwandte sind, die zweifeln, ob das Kind nicht einen anderen Vater hat. Auch Verwandte haben ein Interesse daran, dass väterliche Fürsorge den leiblichen Verwandten zukommt und damit die «Investitionen» in der eigenen Familie bleiben. Deswegen achten Verwandte auf Familienähnlichkeiten im Aussehen und kommentieren dies gerne.

### Kuckuckskinder als Erstgeborene?

Viele Kuckuckskinder entstehen bei einem Beziehungswechsel. Andererseits brechen Beziehungen oft zu Beginn einer Schwangerschaft auseinander, weil sich Männer dann lieber aus dem Staub machen, statt Verpflichtungen zu übernehmen, und Frauen ihrerseits müssen zu diesem Zeitpunkt strengere Kriterien an ihren Partner als «Versorger» legen. – Verlassene Schwangere gab es übrigens auch in Zeiten, als es noch keine Schwangerschaftstests und keine Kenntnisse über oder Mittel zur Verhütung gab. Die traditionelle Verlobungszeit hatte auch den Zweck, während einer abstinenten Wartezeit bis zur Hochzeit eine schon existierende Schwangerschaft aufzudecken.

Auch im Tierreich sind häufig längere Werbephasen zu beobachten, damit ein Männchen nicht an ein Weibchen gerät, das schon befruchtete Eizellen in sich trägt.

### Unbewusste Bevorzugung der leiblichen Kinder

Es ist keineswegs ungewöhnlich, dass ein Vater seine Kinder unterschiedlich behandelt, auch wenn er nicht wirklich weiss, ob eines davon ein Kuckuckskind ist. Eine unbewusste Bevorzugung der leiblichen Kinder gegenüber dem Kuckuckskind kann in der subjektiv wahrgenommenen Ähnlichkeit zu sich selbst begründet sein.

### Der Klatsch um Kuckuckskinder

Warum wird oft von eher Unbeteiligten über Vaterschaft gemutmaßt? Angelegenheiten, die die Fortpflanzung betreffen, sind bevorzugt Inhalt von Klatsch und Tratsch. Zwar wird das Gerede über intime Angelegenheiten anderer Leute geächtet, aber es erfüllt einen wichtigen Zweck: Es informiert im sozialen Netz über Sachverhalte, die wichtig sind (Wer ist ein begehrenswerter Junggeselle? Wer schläft mit wem? Wer ist wirklich reich, und wer gibt nur an?).

In vergangenen Zeiten, in denen man in Gruppen mit überschaubaren Größen lebte, gab es keine wirklich Unbeteiligten, und alles Wichtige ging auch irgendwie jeden an. So ist es nicht verwunderlich, dass auch über andere Personen außerhalb der eigenen Verwandtschaft geklatscht wird. Wenn eine Mutter ihrem Sohn mitteilt, dass deren Partnerin ihm ein Kuckuckskind untergeschoben haben könnte, dann hat sie – evolutionsbiologisch gesehen – selbst ein eigenes Interesse daran, dass ihr Sohn seine väterliche Fürsorge nicht für die fremden Gene des anderen Mannes investiert.

### Die große Enttäuschung des hintergangenen Mannes

Die elterliche Investition ist eine der vier grundlegenden Lebensleistungen (➤ «Die vier Lebensleistungen»). Die Erkenntnis, dass diese Leistung möglicherweise vergeblich war hat existenzielle Störkraft. Menschen versuchen ein positives Selbstbild aufrecht zu erhalten, etwa indem schwerwiegende Fehler umgedeutet werden um so die Vergeblichkeit zu mildern. Selbst wenn der Seitensprung einer Frau nicht die Konsequenz eines Kuckuckskindes mit sich bringt, ist ein betrogener Mann massiv empört, selbst wenn er ebenfalls fremd gegangen ist. Überall auf der Welt neigen Männer diesbezüglich zu einer doppelten Moral: Die Partnerin darf längst nicht all das, was sich Männer ohne weitere moralische Bedenken herausnehmen. Die biologischen Ursachen für diese Doppelmoral liegen in den geschlechtstypischen Fortpflanzungsbedingungen.

### Das Wissenwollen, wer die leiblichen Eltern sind

Aus Studien über Adoptionen ist bekannt, dass kleine Kinder wenig an der Frage interessiert sind, ob ihre Eltern die leiblichen sind. Für das Kind ist wichtig, dass es geliebt und umsorgt wird. Im Erwachsenenalter wollen dann aber viele Adoptiv-, Stief- und Pflegekinder ihre leiblichen Eltern kennen lernen. Je älter Menschen werden, desto wichtiger wird die eigene Familiengeschichte für sie.

### Auch Frauen wollen den Erzeuger wissen

Frauen machen einen Großteil der Klientel von Vaterschaftstest-Instituten aus. Auch für sie ist es wichtig, den leiblichen Vater des Kindes zu kennen. Sie wissen oder ahnen, dass es schwieriger sein könnte, ein Kind zusammen mit einem Mann groß zu ziehen, der nicht der leibliche Vater ist ohne es zu wissen. Frauen neigen auch eher zur Abtreibung, wenn der leibliche Vater des zu erwartenden Kindes nicht der Lebens- oder Ehepartner der Frau ist.

### Wie sicher können Großeltern sein?

Von den vier Großeltern hat der Großvater väterlicherseits grundsätzlich die geringste Gewissheit, dass er wirklich der leibliche Großvater ist. Vermutlich achten darum die Großväter bei den Kindern ihrer Söhne am ehesten auf Ähnlichkeit mit ihnen selbst. Andererseits ist die Beziehung zwischen der Großmutter mütterlicherseits und der Enkeltochter diejenige Großelter-Enkel-Konstellation, die am häufigsten besonders innig ist.

### Der Übergang in eine andere Lebensphase

Für viele Mensch ist alt zu werden schwerer zu meistern als alt zu sein. Jede der vier Lebensleistungen (➤ Lebensleistungen) hat ihre Zeit im individuellen Lebenslauf.

Eine männliche Midlife-Krise kann auftreten, wenn die Lebensphase der Paarungsleistung und ihre Erscheinungsformen (körperliche, berufliche und kulturelle Leistungsfähigkeit) zu Ende gehen. Wer den Übergang von der einen Lebensleistung in die nächste noch nicht erfahren hat, glaubt, dass die gegenwärtigen Interessen von Dauer sind:

Die jugendliche Person belächelt erwachsene Menschen, die ständig über ihre Kinder reden, und kann sich nicht vorstellen, dass mit der eigenen Elternschaft das Kind zum bevorzugten Gesprächsthema wird. Genauso wenig wird er sich vorstellen können, dass es auch eine tiefe Liebe ohne Sex geben kann.

### Rückgang des Testosteronspiegels

Des Mannes Libido (Wollen) und Potenz (Können) wird maßgeblich von der Konzentration des Sexualhormons Testosteron bestimmt. Die Testosteronkonzentration im Körper nimmt etwa ab dem 35. Lebensjahr leicht und stetig ab, so leicht, dass der Abfall zuerst nicht bemerkt wird. Libido und Potenz hängen aber ebenso maßgeblich von dem, wie es die Wissenschaft nennt, «Angebot an Sexualobjekten» ab, d.h. von der Attraktivität der Frau. Wenn ein Ehepaar altert, nimmt ihre Attraktivität ebenso ab wie sein Testosteronspiegel. Weil Attraktivität des Sexualobjekts und Testosteronspiegel multiplikativ zusammen wirken, hören ältere Paare irgendwann auf, miteinander zu schlafen, obwohl er noch ein Interesse daran hätte, mit jungen, also für ihn attraktiveren Frauen Sex zu haben.

### Das Erworbene an die Kinder weiter geben

Im Alter tritt die vierte Lebensleistung (➤ Lebensleistungen), die nicht-elterliche Verwandtenunterstützung, in den Vordergrund: Menschen wollen nun ihre Errungenschaften ihren erwachsenen Kindern weitergeben, damit diese sie für ihre eigenen Kinder nutzen können. Die Erbschaftssteuer wird als Verlust betrachtet, denn das Vermögen soll den eigenen Nachkommen zugute kommen. Wenn die eigenen Nachkommen die Firma weiterführen, das eigene Land weiter bestellen und alle Schätze weiter hegen, dann stellt sich eine Zufriedenheit ein, die keine existentielle Leere aufkommen lässt.

### Echte Freundschaften sind rar

Die Fähigkeit des Menschen, eine enge Bindung mit einer anderen Person einzugehen, beschränkt sich auf nur wenige

Personen. Meist ist es nur einer bzw. eine (Männer haben oft gar keinen echten Freund). So können wir uns auch nicht oft in unserem Leben tief und dauerhaft verlieben. Die meisten älteren Menschen sagen rückblickend, dass es in ihrem ganzen Leben nur wenige (zwei oder drei) wahre Lieben gab.

### Wer ist denn der Vater?

Vaterschaft im Rechtssinne kann auf drei verschiedenen Tatsachen begründet sein: Wenn die Frau eines verheirateten Mannes ein Kind gebärt, so ist der Ehemann der rechtliche Vater (auch wenn er nicht der biologische Vater ist); wenn ein Mann formell die Vaterschaft anerkennt; wenn bei einem Mann die Vaterschaft gerichtlich festgestellt ist.

### Und wenn er einfach Vater sein will?

Wenn ein Mann rechtlicher Vater eines Kindes werden will, das nicht das seine ist, so gibt es nur die rechtliche Vaterschaftsanerkennung oder die Adoption. Beides bedarf der Zustimmung der Mutter.

In der Schweiz und in Österreich gilt dies ebenso, wobei bei der Anerkennung die Zustimmung der Mutter nicht vorausgesetzt wird.

### Wie wird der leibliche Vater zum rechtlichen Vater?

Ein leiblicher Vater, der nie mit dem Kind und dessen Mutter zusammen lebte, kann erst rechtlicher Vater werden, wenn eine bestehende rechtliche Vaterschaft (z.B. des Ehemanns der Mutter) angefochten wird.

Erst nach der Anfechtung kann eine Vaterschaftsanerkennung erfolgen. Das bedingt die Zustimmung der Mutter. Ist die Mutter dagegen, bleibt dem leiblichen Vater nur noch der Weg zum Familiengericht mit einer Klage auf Feststellung der Vaterschaft.

Die Abweichung in der Schweiz: Auch hier muss erst das zuvor bestehende Vaterschaftsverhältnis erfolgreich angefochten worden sein.

Das neue Vaterschaftsverhältnis kann jedoch auch ohne Zustimmung der Mutter oder des Kindes anerkannt werden.

### Die Vaterschaft anfechten?

Wenn ein Kind in eine bestehende Ehe hineingeboren wird, ist der Ehemann der Mutter automatisch der rechtliche Vater. Eine solche rechtliche Vaterschaft kann nur aufgehoben werden, wenn ein gerichtliches Anfechtungsverfahren erfolgreich durchgeführt wird. Die Anfechtung erfolgt durch Klage vor dem Familiengericht. Ein Kind hat ohne Einschränkungen das Recht dazu, die Vaterschaft des juristischen Vaters anzufechten. Minderjährige Kinder können nur durch einen gesetzlichen Vertreter das Anfechtungsverfahren betreiben; und auch nur dann, wenn es dem Wohl des Kindes dient. Ficht die Mutter als gesetzliche Vertreterin des Kindes die Vaterschaft an, findet eine Kindeswohlprüfung statt, unternimmt sie die Anfechtung im eigenen Namen, braucht es diese Kindeswohlprüfung nicht.

In der Schweiz kann der Ehemann der Mutter die Vaterschaft anfechten; in Einzelfällen auch das Kind und – wenn der Ehemann bereits verstorben ist – sind auch die Eltern des Ehemannes anfechtungsberechtigt. Die Mutter und der biologische Vater haben kein Anfechtungsrecht. Die durch Vaterschaftsanerkennung erlangte Vaterschaft kann von jedermann, der Interesse daran hat, gerichtlich angefochten werden.

In Österreich ist der Vater, das Kind und der Staatsanwalt anfechtungsberechtigt, die Mutter hat kein Anfechtungsrecht.

### Wenn die Vaterschaft festgestellt wird

Die Feststellung der Vaterschaft ist ein gerichtliches Verfahren. Dieses kann erst dann eingeleitet werden, wenn das Kind rechtlich vaterlos ist. Zuständig ist ausschließlich das Familiengericht, in dessen Bezirk das Kind seinen Wohnsitz hat oder, wenn die Mutter klagt, auch das Familiengericht am Wohnsitz der Mutter. Über ein Abstammungsgutachten wird festgestellt, ob der Mann der biologische Vater des Kindes ist oder ob er als Vater auszuschließen ist.

In der Schweiz können sowohl die Mutter als auch das Kind auf auf Feststellung des Kindesverhältnisses klagen. Dem Vater steht das Klagerecht nicht zu. Er könnte aber das Kind, wenn die Voraussetzungen gegeben sind, anerkennen, weil die Zustimmung der Mutter nicht vorausgesetzt wird.

### Die Konsequenz der Vaterschaft

Der Mann, der als rechtlicher Vater feststeht, wird unterhaltspflichtig. Zudem wird das Kind gegenüber seinem rechtlichen Vater erbberechtigt.

### Das «Kuckuckskind» nicht anerkennen?

Wenn ein Mann mit einer verheirateten Frau in einem Seitensprung ein Kind zeugt, so ist rechtlich gesehen deren Ehemann der Vater des Kindes. Erst wenn nach einer Vaterschaftsanfechtung auch eine neue rechtliche Vaterschaftszuordnung (durch Anerkennung oder gerichtliches Urteil) vorliegt, kann der leibliche Vater zu Unterhaltszahlungen verpflichtet werden. Ebenfalls ist «sein» Kind erst von da an erbberechtigt.

### Das «Kuckuckskind» enterben?

Solange die Vaterschaft nicht angefochten wurde, bleibt auch der Erbanspruch des Kindes gegenüber dem – noch immer – rechtlichen Vater bestehen. In einem Testament kann zwar die Enterbung festgehalten sein. Das Kind hat jedoch auch dann die Möglichkeit, den ihm zustehenden Pflichtteilsanspruch geltend zu machen.

### Sorry, kein Umgang mit dem Kind...?

Nein, eine Mutter kann dem Mann, der «längere Zeit in häuslicher Gemeinschaft» mit ihr und den Kindern gelebt hat, den Umgang mit den Kindern nicht verbieten (§ 1685 II BGB). Es spielt dabei keine Rolle, ob der Mann auch der leibliche Vater der Kinder ist oder nicht. Der Gesetzgeber geht hier davon aus, dass derjenige, der für das Kind tatsächliche Verantwortung getragen hat, eine wichtige Bezugsperson für das Kind ist und dass es für die seelische Entwicklung des Kindes wichtig ist, den Kontakt zu dieser Bezugsperson aufrecht zu erhalten.

In der Schweiz ist es möglich, dass die Frau auch dem leiblichen Vater – solange sie von ihm getrennt lebt – den Umgang mit dem Kind nachträglich verbietet, wenn dieser mit dem Kind in keinem (rechtlichen) Vaterschaftsverhältnis steht. Andererseits kann bei außerordentlichen Umständen der Anspruch auf persönlichen Verkehr auch anderen Personen eingeräumt werden, sofern dies dem Wohle des Kindes dient.

Zusammenfassend: ohne rechtliche Vaterschaft – auch beim leiblichen Vater – kein Anspruch auf persönlichen Verkehr oder gar elterliche Sorge oder Obhut. Umgekehrt steht dem rechtlichen Vater – auch gegen den Willen der Mutter – zumindest ein Besuchsrecht zu.

In Österreich hat auch derjenige Elternteil, der mit dem Kind nicht in einem gemeinsamen Haushalt lebt, das Recht, mit ihm persönlich zu verkehren.

**Wie muss der Umgang mit dem Kind geregelt sein?**

Eine Umgangsregelung ist formlos möglich. Üblich ist ein Umgang im 2-Wochen-Rhythmus.

Falls keine Einigung erzielt wird, muss das Familiengericht eine Umgangsregelung treffen. Wenn ein Mann über längere Zeit in familiärer Gemeinschaft mit den Kindern zusammen gelebt hat, hat er Anspruch auf ein Umgangsrecht; unabhängig davon, ob er der leibliche Vater ist oder ob eine Vaterschaft im Rechtssinne besteht.

Für die Schweiz: Gegen den Willen der Mutter hat der «Nichtvater» im rechtlichen Sinne kein Besuchsrecht.

Für Österreich: Wenn zwischen den Beteiligten kein Einvernehmen erzielt wird, wird der Umgang durch das Gericht (auf Antrag) geregelt.

**Und was ist mit dem Sorgerecht?**

Das Umgangsrecht und das Sorgerecht sind zwei verschiedene Dinge. Die Mutter ist in der Regel sowieso sorgeberechtigt; ihr Ehemann ebenfalls. Ein nichtehelicher Vater kann nur dann das Sorgerecht – gemeinsam mit der Mutter – bekommen, wenn er die Vaterschaft anerkannt hat. Außerdem bedarf es einer sogenannten Sorgeerklärung, für die wiederum die Zustimmung der Mutter erforderlich ist.

Für die Schweiz gilt: Kinder stehen solange sie unmündig sind unter elterlicher Sorge. Die elterliche Sorge steht der Mutter allein zu, falls die Eltern nie verheiratet waren.

Während der Ehe üben die Eltern die elterliche Sorge gemeinsam aus. Sind die Eltern geschieden, kann das Gericht die elterliche Sorge einem Ehegatten oder beiden gemeinsam zuteilen. Haben sich aber die unverheirateten Eltern in einer durch die Vormundschaftsbehörde zu genehmigenden Vereinbarung über ihre Anteile an der Betreuung des Kindes und die Verteilung der Unterhaltskosten verständigt, kann beiden das gemeinsame Sorgerecht übertragen werden.

In jedem Fall sind das Wohl des Kindes und die Meinung des Kindes angemessen zu berücksichtigen. Auch derjenige Elternteil, dem die elterliche Sorge oder Obhut nicht zusteht hat, wie auch das unmündige Kind einen gegenseitigen Anspruch auf einen angemessenen persönlichen Verkehr.

Für Österreich: Die Eltern üben – wie in der Schweiz – während der Ehe die Obsorge gemeinsam aus. Ist die Ehe geschieden, können sich die Eltern über die künftige Ausgestaltung der Obsorge einigen, andernfalls entscheidet das Gericht.

Leben nichtverheiratete Eltern zusammen in häuslicher Gemeinschaft, können sie vereinbaren, dass sie die Obsorge auch gemeinsam ausüben. Das Gericht genehmigt eine solche Vereinbarung, wenn sie dem Wohl des Kindes entspricht.

Ist die allein lebende Mutter nicht verheiratet, hat sie die alleinige Obsorge.

### Wann gibt es Barunterhalt?

Der sogenannte Barunterhaltsanspruch bezeichnet den Unterhaltsanspruch des Kindes gegenüber demjenigen Elternteil (meist dem Vater), der keinen Betreuungsunterhalt leistet. Dieser Anspruch kann erst im Moment der räumlichen Trennung der Eltern geltend gemacht werden. Die Kindesmutter hat ebenfalls einen Anspruch. Wenn sie mit dem Vater nicht verheiratet ist, ist ihr Unterhaltsanspruch in der Regel auf die ersten drei Jahre nach Geburt des Kindes begrenzt. Grundvoraussetzung für die Unterhaltsansprüche ist, dass die Vaterschaft auch im Rechtssinne besteht ( ➤ «Wer ist denn der Vater?»).

### Die Düsseldorfer Tabelle

Diese Aufstellung wird von den Familiensenaten des Oberlandesgerichtes Düsseldorf herausgegeben. Sie dient als Richtlinie für die Bemessung von Unterhaltsbeiträgen. Es ist eine Empfehlung für Juristen und Gerichte ohne gerichtliche Bindung, welche die monatlichen Unterhaltssätze des Kindes auflistet. Die nächste Anpassung wird im Juli 2005 vorliegen (www.olg-duesseldorf.nrw.de). Für bestimmte Gebiete von Berlin und für die neuen Bundesländer wird im gleichen Sinne die sogenannte «Berliner Tabelle» verwendet.

### Muss er denn wirklich zahlen?

Wenn ein Mann nicht mit der Mutter verheiratet ist, keine Vaterschaftsanerkennung und keine gerichtliche Vaterschaftsfeststellung vorliegt, besteht keine rechtliche Vaterschaft – und damit auch keine gesetzliche Unterhaltspflicht. Die gesetzliche Unterhaltspflicht wird erst dann ausgelöst, wenn die Vaterschaft auch im Rechtssinne besteht.

### Eine unwirksame Vereinbarung

Eine Übereinkunft zwischen Mutter und leiblichem Vater, dass dieser keinerlei Ansprüche auf das Kind erhebt und im Gegenzug auch keinerlei finanzielle Unterstützung leisten muss ist nach deutschem Recht sittenwidrig und damit unwirksam.

### Der Regressanspruch des Scheinvaters

Ein Scheinvater, der rechtlich als der Vater galt und die Vaterpflichten inklusive Unterhalt übernahm, hat einen Regressanspruch gegen den Erzeuger des Kindes. Voraussetzung ist, dass ein Statuswechsel herbeigeführt wurde: Die rechtliche Vaterschaft des Scheinvaters muss beseitigt und die rechtliche Vaterschaft des leiblichen Vaters herbeigeführt worden sein.

In der Schweiz kann unter bestimmten Voraussetzungen ein Regressanspruch im Sinne einer «ungerechtfertigten Bereicherung» vom sogenannten Registervater gegen den leiblichen Vater angegangen werden.

Nach österreichischem Recht kann der Scheinvater – wie in Deutschland – seine aufgewändeten Unterhaltsbeträge vom biologischen Vater zurückverlangen; vorausgesetzt, der biologische Vater wurde auch Vater im Rechtssinne.

### Der heimliche Abstammungstest

Heimliche Abstammungstests, ohne Wissen und Einwilligung direkt Betroffener durchgeführt, liegen in einer rechtlichen Grauzone. Hier fehlt noch die gesetzliche Regelung. Die Beschaffung genetisch verwertbaren Materials für den Test ist nicht direkt strafbar. Umstritten ist die rechtliche Verwertung eines derart entstandenen Tests. Derzeit wägen die Gerichte ab, ob das Recht auf Kenntnis der Vaterschaft oder das Recht des Kindes auf informationelle Selbstbestimmung überwiegt.

In der Schweiz ist ein solcher Abstammungstest grundsätzlich unrechtmäßig. Er darf juristisch nicht weiterverwertet werden und ist unter Umständen strafbar. Heimliche Vaterschaftstests verletzen insbesondere die Persönlichkeitsrechte des betroffenen Kindes und des nicht informierten Partners erheblich.

In Österreich sind heimliche Tests möglich, jedoch juristisch noch nicht ausdiskutiert.

### Vaterschaftstest schon vor der Geburt?

Die Klärung der Vaterschaft schon vor der Geburt ist medizinisch-biologisch möglich und auch rechtlich erlaubt. Auch die rechtliche Vaterzuordnung kann bereits vor der Geburt erfolgen.

In der Schweiz sind außergerichtliche Vaterschaftstests nur

mit Zustimmung aller Beteiligten möglich; und nur so rechtlich erlaubt.

### Ein Vaterschaftstest ohne rechtliche Konsequenzen

Ein privater Vaterschaftstest allein hat keine rechtlichen Folgen, selbst wenn der Erzeuger eines «Kuckuckskindes» dadurch zum ersten Mal von seinem Kind erfährt und er dieses von sich aus auch gern als sein Kind ansehen würde.

Auch wenn sich durch einen Vaterschaftstest ergibt, dass weitere Kinder zu Halbgeschwistern werden, so besteht rechtlich gesehen solange keine Verwandtschaft, bis ein rechtlich gültiger Statuswechsel herbeigeführt wurde.

Ist bei erwachsenen Kindern der rechtliche Vater und auch die Mutter bereits verstorben, so hat nur noch das erwachsene Kind die Möglichkeit zu einer Statusänderung durch eine Vaterschaftsanfechtung.

In der Schweiz gilt grundsätzlich die gleiche Regelung. Hier hat das erwachsene Kind die Klage auf Anfechtung der Vaterschaft spätestens bis zu seinem 19. Geburtstag einzureichen, außer es kann wichtige Gründe für die Verspätung anbringen.

In Österreich kann die Vaterschaft eines ehelichen Kindes weder durch die Mutter noch durch das Kind angefochten werden. Als österreichische Besonderheit hat jedoch der Staatsanwalt ein eigenes Anfechtungsrecht.

### Mami, wer ist mein Vater?

Das Kind hat rechtlich gesehen einen Anspruch darauf, dass ihm die Mutter den leiblichen Vater benennt. Wenn dies auch für die Mutter nicht klar ist, hat das Kind ein Recht darauf, dass ihm die Mutter die Namen aller als Erzeuger in Frage kommenden Männer nennt.

In der Schweiz ist das Recht des Kindes auf Kenntnis der eigenen Abstammung grundsätzlich unbestritten. Es hat einen Grundrechtsanspruch auf Kenntnis der Abstammung, wobei auch die Wahrung des Familienfriedens und der Schutz der Persönlichkeit der Eltern beachtet wird.

Verweigert die Mutter die Auskunft, was nicht überprüft werden kann und ihrem Gewissen überlassen ist, steht dem Kind zur Zeit (noch) kein (einklagbares) Auskunftsrecht zu. Unter Umständen könnte es auf Einsicht in die Akten klagen, wenn überhaupt welche vorhanden sind. Der schweizerische Gesetzgeber ist in diesem Punkt gefragt. Er wird unter Berücksichtigung der betroffenen und kollidierenden Persönlichkeitsrechte in nächster Zukunft eine befriedigendere Lösung finden müssen.

In Österreich ist die Mutter nicht verpflichtet, den Namen des Erzeugers zu nennen.

### Die Abtreibung

In Deutschland kann bis zur 12. Woche nach erfolgter Beratung und Vorlage der Beratungsbescheinigung straflos abgetrieben werden. Zwischen der Beratung und der Abtreibung muss eine Frist von mindestens drei Tagen eingehalten werden.

In der Schweiz gilt seit dem 1. Oktober 2002 ebenfalls die Fristenregelung. Die Schwangere darf in den ersten 12 Wochen die Schwangerschaft straflos abbrechen.

Auch in Österreich gilt die Fristenregelung: die Schwangere kann in den ersten zwölf Wochen der Schwangerschaft – nach medizinischer Beratung – straflos abtreiben.

### Was hat der mögliche Vater zur Abtreibung zu sagen?

Die Entscheidung über eine mögliche Abtreibung trifft alleine die schwangere Frau. Der (potientelle) Vater hat kein Mitspracherecht. Er hat nicht einmal einen Anspruch darauf, über die Schwangerschaft informiert zu werden.

### Vätertauschverfahren

Ein (nicht ausdrücklich im Gesetz enthaltener) Begriff des österreichischen Rechts aufgrund des Familien- und Erbrechts-Änderungsgesetzes 2005. Er bezeichnet die erleichterte Beseitigung einer bestehenden Vaterschaft und Begründung einer neuen ohne gerichtliches Verfahren.

### Ich hab's ja geahnt

«Nachher ist man immer klüger», heißt ein Sprichwort. Tatsächlich ist man aber oft schon während einer Beziehung «wissend». Besonders wenn es um belastende Geheimnisse geht. Auf einer tieferen Ebene sind solche Familiengeheimnisse unausgesprochen wirksam. Zwischen uns Menschen strömt ein viel größeres «Wissen», als nur jene Informationen, die durch Worte vermittelt werden.

### Wenn alles bisher «gut» gegangen ist

Aussagen, in der Art von «es hat sich ja bisher alles gut gefügt» als Ausrede zu brauchen, um sich dem Familiengeheimnis nicht oder nicht mehr stellen zu müssen, sind fatal. Was wissen wir, wie sich das Kind fühlt? Was wissen wir darüber, wie das Kind als Erwachsener leben wird, welche Muster, Verhaltensweisen und Ängste es seinen Kindern weiter geben wird? In der therapeutischen Praxis tauchen diese Fragen dann wieder auf. Buchtipp: «Die verbotene Tür».

### Bewusstes Verschweigen

Wenn sich aus einem Geheimnis ein nächstes ergibt, das auch verschwiegen wird, so werden es immer mehr Knoten. Bei der Arbeit mit Familienaufstellungen (➤ Familienaufstellung) ist es jedes Mal aufs Neue verblüffend, welch heilende Wirkung eine Auflösung von Verstrickungen haben kann. Das ist ein wesentlicher Beitrag für körperliches und seelisches Wohlbefinden.

### Das Kind verlieren

Die Angst, die Beziehung zu einem Kind zu verlieren, kann sehr blockierend sein. Wenn aber alle wissen, «wer wer ist», und jeder die Funktion des anderen auch anerkennt – der «Ziehvater» den leiblichen Vater, das Kind den leiblichen und den «Ziehvater», die Mutter beide Väter, erst dann ist es möglich, klare Beziehungen zueinander aufzubauen und zu pflegen. Wenn in diesem Zusammenhang auch die bisher erbrachten

Unterstützungen und Leistungen gewürdigt werden, ist die Grundlage für ein liebevolles Verhältnis geschaffen.

### Wenn die Mutter-Kind-Beziehung gespannt ist

Vielfach zeigt sich in der therapeutischen Arbeit, wie kontraproduktiv die Formel «Ich will ja nur dein Bestes» ist, wenn – ehrlich berachtet – viel eher «das Beste» für die Eltern oder einen Elternteil gemeint ist. Ein getrübtes oder zerrüttetes Verhältnis zur Mutter oder zum Vater sind dann nicht selten.

### Innerlich einsam

Jemand, der ein Familiengeheimnis trägt, ist in seiner Seele immer auch ein Stück einsam. Das wirkt sich unweigerlich (stumm!) auf die Kommunikation in der Partnerbeziehung aus, da ihr ein wichtiges Thema vorenthalten bleibt.

### Wie die «richtige» Frage stellen?

Wenn wir nach Aufklärung in den Paar- und Familienbeziehungen suchen, dann kommt man weiter, wenn man nicht als Fordernder, sondern als Suchender kommt. Wer aus dieser Haltung Fragen stellt, bekommt in der Regel klare Antworten, auch wenn sie nicht immer sofort kommen. Denn auch der Gefragte braucht Zeit, um sich mit der neuen Situation der Wirklichkeit zurecht zu finden.

### Das überforderte Kind?

Meistens ist nicht das Kind überfordert! Es liegt bei den Erwachsenen, dass sie selbst nicht zur Wirklichkeit stehen und Verantwortung dafür nehmen. Dieses «Dazu-Stehen» ist jenseits von Schuld oder Nichtschuld.

Es ist immer etwas Großes, wenn man für das eigene Tun Verantwortung übernimmt.

### Dem Vater nichts Wert sein

Neben dem Geheimnis an sich kommt bei Kuckuckskindern noch ein weiterer schmerzhafter Aspekt hinzu: Sie empfinden sich in ihrer kindlichen Seele, in ihrem Selbstwertgefühl gemindert. Egal, welche Gründe es in «der Welt der Großen» hatte, ein Kind bezieht die Tatsache, dass sich ein Vater nicht für es interessiert, unbewusst auf sich selbst. Aus den Augen des Kindes hat es der Vater nicht für Wert befunden, es anzunehmen.

### Die familiären Wurzeln

Manchmal wird das Kind, besonders in Trennungs- und Scheidungsdiskussionen, unbewusst oder bewusst wie ein Besitztum angesehen. In der Regel meint man es gut mit dem Kind. Aber was «gut gemeint» ist, hat in der Realität oft keine guten Wirkungen:

Wenn ein Kind von einem Elternteil abgetrennt ist, dann ist es auch von 50% seiner Wurzeln abgetrennt. Das bedeutet mehr als «nur» ohne Mutter oder Vater zu leben. Für unsere seelische und körperliche Gesundheit ist es bedeutungsvoll, in welcher Verbindung wir zu unseren leiblichen Ahnen – zu Halbgeschwistern, Tanten, Onkeln, Großeltern und anderen Verwandten. – stehen.

### Die Wut – und Angst des Kindes

Eine häufige Folge im Verhältnis vom Kind zur Mutter, die es «gut meinte» und den Vater vor dem Kind verschwieg, sind ambivalente Emotionen. Einerseits ist da die Wut auf die Mutter, die das Kind aus seiner Wahrnehmung heraus «belogen» hat. Andererseits besteht die Angst, diese Aggressionen offen zu zeigen, weil darin die Gefahr gesehen wird, auch noch die Zuneigung der Mutter zu verlieren.

### Oh meine Ahnen!

Das ist der Titel eines Buches, in welchem die Bedeutungen der Familienbeziehungen – auch über den Tod hinaus – dargelegt werden. In der Familienaufstellung taucht dieses Phänomen immer wieder auf: Eltern ist es wichtig, dass es den Kindern gut geht; selbst wenn dazu Schritte unternommen werden müssen, die die Eltern selber zu Lebzeiten gescheut haben. Für den, der «Gewissensbisse» hat, kann es entlastend sein, wenn er ein Geheimnis offen legt.

### Die Beziehung zur Großmutter

Sehr viele Menschen kennen das: die Beziehung zur Großmutter, oder zu den Großeltern allgemein, läßt mehr zu, als die Beziehung zu den Eltern. Es fällt bei Großeltern-Enkel-Beziehungen leichter, sein Herz auszuschütten oder über «heikle Dinge» zu sprechen.

### «Es» endlich sagen können

Aus der psychotherapeutischen Arbeit heraus – und sicher für die meisten aus eigener Lebenserfahrung – ist stets Erleichterung zu sehen, wenn die Wahrheit gesagt werden kann. Auch wenn dann ein ordentliches Stück «Beziehungsarbeit» ansteht.

### Und plötzlich trennt sich der Partner...

Immer wieder kommt es vor, dass ein Partner sich vom anderen trennt, auch wenn weder Beweise noch ein Geständnis über einen Seitensprung vorliegen. Die Arbeit in der Familienaufstellung (➤ Was ist eine Familienaufstellung) zeigt, dass es auch hier ein «Wissen» jenseits des Verstandes gibt. Die Seele (oder das Unbewusste) «weiss» das Wesentliche. Und so können Beziehungen auseinander gehen, obwohl sie/er doch «keine Ahnung davon» hatte.

### Fremdgehen, weil der Partner nicht «da» ist

Es ist entscheidend, ob man wirklich in seinem ganzen Innersten «in der Beziehung» steht. Wenn das Unbewusste oder «das Herz» bei einem anderen Partner (z. B. dem früheren) weilt, dann ist es manchmal nur eine Frage der Zeit, bis es zum «Fremdgehen» des anderen Partners kommt.

### Im Kind den Liebhaber sehen

Die griechischen Katharsis-Dramen sind voll davon: im Sohn wird eigentlich der Liebhaber gesehen, das Kind wird unbewußt zu dessen «Stellvertreter». Es darf nicht richtig Kind sein. Ein Resultat im späteren Leben eines Jungen kann dann sein, dass er sich lange nicht klar für eine eigene Partnerin entscheiden kann, weil er beispielsweise noch immer an die Mutter gebunden ist.

### Mit Zwillingen verheiratet

Heiratet man einen Zwilling, bedeutet dies, dass man den anderen Zwilling «mit heiratet». Beide sind in der Tiefe ihrer Seele untrennbar mit einander verbunden. In der Arbeit mit Familienaufstellungen (➤ Familienaufstellung) gibt es zu dieser Verbundenheit immer wieder Hinweise. Sogar dann, wenn nur ein Zwilling lebensfähig zur Welt kommt (diese Thematik gilt analog natürlich für alle Mehrlinge!).

### Wie der Vater so der Sohn

Kinder sollten, ja müssen wissen, wer der Vater ist. Es gibt zahlreiche Fälle, in denen das Kind später ein unerklärliches, «ver-rücktes» Verhalten zeigt.

Ein Beispiel aus der therapeutischen Arbeit in der Familienaufstellung: Ein Junge wächst behütet und umsorgt bei seiner Mutter auf. Vom Vater hat sie sich schon früh getrennt, weil er Alkoholiker ist. Dem Sohn gegenüber hat sie nie gesagt, wer sein Vater ist.

Nun fängt der Junge plötzlich in der Pubertät an zu trinken. Niemand in seiner Umgebung versteht es, ist er doch in «guten Familienverhältnissen» aufgewachsen. Die Kinderseele identifiziert sich aber unbewusst mit dem Vater, sie ist ihm auf ihre Art «treu».

Kinder lieben immer beide Eltern. Je offener sie das auch tun dürfen, desto freier werden sie sich entwickeln. Hat beispielsweise die Mutter keine Achtung vor dem Vater, redet schlecht über ihn vor dem Kind, so wird das Kind gezwungen, die Liebe zum Vater zu verleugnen. Die Folge kann sein, dass es durch unbewusstes – häufig eben auch ungesundes – Verhalten auf seine Weise zum Vater steht.

## Das Unbewusste «sucht» den Vater

Wenn ein Kuckuckskind im Glauben aufwächst, der Ziehvater sei sein leiblicher Vater, so gibt es aus der therapeutischen
Praxis viele Fälle dafür, dass dieser Mensch im späteren Leben
unbewusst auf die Suche geht.

Der oder die Betroffene trifft beispielsweise die Entscheidung für eine Weltreise, zieht immer wieder um und sucht
förmlich seine Wurzeln in dieser Welt, sucht den Vater.

Häufig kommt der Anstoß, auf die Suche zu gehen, durch
den Tod eines Elternteils (der Mutter oder dem Ziehvater): das
Unbewußte fühlt sich jetzt «frei». Erst im Rückblick, wenn das
Geheimnis aufgedeckt ist, erkennen diese Menschen dann ihre
«merkwürdigen» Entscheidungen.

## Das Kuckuckskind adoptieren

Auch eine Adoption ist keine Lösung, wenn dadurch das
Familiengeheimnis weiter zementiert wird. Jeder Mensch ist
zunächst tief erschüttert, wenn er in tragenden Beziehungen –
meist durch Zufall – eine große Familienlüge aufdeckt. Aber
auf Dauer kann mit der klaren Wirklichkeit jeweils besser umgegangen werden: man will wissen, «woran man ist».

## Kinder, die ausreissen

Häufig sind Kuckuckskinder, die ausreissen, mit diesem
Verhalten unbewusst auf der Suche nach dem anderen Elternteil. Das Tragische dabei ist, dass die Kinder damit oft den
Stempel «verhaltensauffällig» bekommen. Aus diesem Muster
können sie sich allein jedoch nicht befreien. Das Verhalten
kann aufhören, wenn der Zugang zu der bisher unbekannten
«Wurzel» gefunden wird.

## Tatsachen, die verbinden

Für manche Menschen ist die wirkliche Partner-Bindung
eine seelische, geistige – oder wenn man will platonische. Für
sie ist alles andere «nur» Sexualität. Doch tatsächlich bewirkt
Sexualität echte Bindung, weil sie neue Tatsachen schafft:

neues Leben (zumindest ist diese Möglichkeit darin begründet). «Bindung» ist nicht in jedem Fall gleich zu setzen mit «Liebe» und Sexualität kann auch ohne Liebe stattfinden. Doch sobald daraus ein Kind entsteht, besteht zwischen den Partnern eine Bindung (in der gemeinsamen Elternschaft). Wie immer die Elternschaft dann auch gelebt wird, es bleibt eine Bindung.

### Jenseits von Schuld

Was immer passiert, Schuldgefühle sollen nicht im Wege stehen, um die eigene Verantwortung zu spüren. Wenn ein Kind auf die Welt kommen und sich frei entwickeln soll, dann braucht es das bedingungslose «Ja» zu seiner Existenz.

### Die Wurzeln lassen sich nicht kappen

Wie sehr wir uns das «der Einfachheit halber» auch manchmal wünschen: unsere eigene biographische Vergangenheit lässt sich nicht verleugnen. Die psychotherapeutische Erfahrung zeigt, dass unsere Herkunftswurzeln uns überall hin begleiten, egal wohin wir auch «flüchten».

### Was ist eine Familienaufstellung?

Familienaufstellung ist eine «systemisch-phänomenologische» Arbeitsweise. Primär wird sie in der Psychotherapie angewandt. Sie gewinnt aber auch zunehmend in anderen Bereichen wie in der Pädagogik, der Sozialarbeit oder der Wirtschaftsberatung (hier in Form von «Organisationsaufstellungen») an Bedeutung.

In der Familienaufstellung wird sichtbar, wo der einzelne Mensch an seine Familie gebunden ist. Dabei ist nicht nur die persönliche Biographie entscheidend, sondern auch der Blick auf die früheren Generationen seiner Herkunftsfamilie. Die «Herkunftsfamilie» (Vater, Mutter, Geschwister, Großeltern, Onkel, Tanten usw.) wird unterschieden von der «Gegenwartsfamilie» (Partner und gegebenenfalls Kinder).

Nach Bert Hellinger, dem Begründer der Familienaufstellung, liegt jeder Familie eine «seelische Ordnung» zugrunde (archaische Grundstruktur). Diese lässt es nicht zu, dass einzelne Familienmitglieder ausgeklammert oder vergessen werden. Und hierbei ist es wesentlich, dass es keinen Unterschied macht, ob diese Menschen noch leben oder bereits gestorben sind.

Familienaufstellungen finden überwiegend in Gruppenseminaren statt: Die anwesenden Teilnehmer stellen sich gegenseitig als Stellvertreter für die einzelnen Familienmitglieder in den Aufstellungen zur Verfügung. Der Klient, der seine Familie aufstellt, wählt aus dem Kreis der Teilnehmer die Stellvertreter aus und führt sie an ihren Platz.

Auch für sich selbst wählt der Klient einen Stellvertreter aus. Dann setzt er sich, und er ist im weiteren Verlauf Beobachter des Geschehens. Ohne irgendwelche Informationen über die Person, die man vertritt (nicht spielt!) zu haben, stellen sich in den Stellvertretern Gefühle und Körperempfindungen ein, die für die «echte» Person authentisch sind.

Dies wird immer wieder durch die anwesenden Klienten während der Familienaufstellungen bestätigt. Es ist ein wesentlicher Kern der Arbeitsweise: Ein fremder Mensch verfügt in einer bestimmten Situation (d.h. während der Aufstellung) über ein Wissen von einem anderen Menschen.

Warum das so ist, dazu gibt es verschiedenste Erklärungsversuche, aber noch keine Antwort. Für das Gelingen der Arbeit ist die Tatsache, dass es so wirkt, ausreichend. Alles weitere bleibt bei dieser immer noch jungen Methode Aufgabe der Forschung.

Zu Beginn einer Aufstellung wird die bestehende Ordnung (oder eben «Un-Ordnung») einer Familie sichtbar. Im daraus beginnenden Prozess, durch den der Aufstellungsleiter die einzelnen Stellvertreter achtsam begleitet, sehen und erfahren wir (phänomenologisch!), wo und wie unbewusste Verstrickungen mit einzelnen Familienmitgliedern unser Leben im Fühlen, Denken und Handeln beeinflussen. Dies kann sich sowohl in psychischen wie auch körperlichen Symptomen (Erkrankungen) äußern. Das Ziel des weiteren Verlaufs der Aufstellung besteht im Finden der notwendigen Schritte, die unbewusste Verstrickungen lösen. In der Folge kann dann der Einzelne (und oftmals mitbetroffene Familienmitglieder, ohne dass sie von der Aufstellung wissen!) mit neuer Kraft auf sein eigenes Leben schauen.

In jedem Fall soll eine Familienaufstellung gut vorbereitet sein. Es soll geklärt werden, ob im konkreten Fall eine Aufstellung die geeignete Methode ist. Wenn ja, wird zur Vorbereitung in der Regel ein Stammbaum erstellt.

Zu achten ist ferner darauf, dass nach der Teilnahme an einem Aufstellungsseminar die Möglichkeit der Nachbearbeitung besteht. Das kann im Einzelfall zur weiteren Klärung eines Anliegens notwendig sein. Ist die Familienaufstellung in eine Psychotherapie integriert, so ist das in jedem Fall gegeben.

### Keine Ansprüche an den Vater

In der Geschichte von der jungen Mutter («Egal, von wem es ist») zeigt sie sich als «starke Frau», die mit dem Vater kühl vereinbart, dass er keinerlei Ansprüche auf das Kind haben darf und im Gegensatz auch keine Unterhaltsbeiträge zahlen muss. Was hier so «klar geregelt» scheint, macht nachdenklich: über das Kind wird verhandelt, als wäre es eine Ware. Es wird bewusst oder unbewusst später selbst seine Ansprüche geltend machen.

So manche Entscheidung würde anders getroffen, würde das Leben eines Neugeborenen mehr aus der «Kinderperspektive» und weniger aus der «Mutterperspektive» betrachtet. Die «Entmystifizierung» der Mutterrolle ist hierfür eine Notwendigkeit.

### Geheimnisse setzen sich fort

Die Welt ist nicht statisch, sie existiert nicht nur in unserer derzeitigen, persönlichen Generation. Die Menschheit lebt aus dem Fortgang einer Generation in die nächste. Aus dem Geheimnis eines Vaters wird in der nächsten Generation das Geheimnis eines Großvaters und so weiter.

Lange sind die Kinder, selbst wenn sie längst erwachsen sind, durch ihre innere Solidarität an den einen oder anderen Elternteil gebunden und geraten in große Gewissenskonflikte, wenn sie der Wahrheit auf die Spur kommen wollen.

Nicht selten sind es dann die betroffenen Enkel, die sich auf den Weg machen, um die Wahrheit zu suchen. Oft tun sie das auch nicht freiwillig, sondern werden durch unerklärliche körperliche Symptome zu den «alten Familiengeschichten» geführt.

Es wäre gut, wenn Mütter und Väter im Falle von unklarer Vaterschaft sich fragen würden, wie es ihnen selbst erginge, wenn sie von einer Lebenslüge erführen.

### Nicht vor dem Klären sterben können

Kurz vor dem Tod haben die meisten Menschen das Bedürfnis, «reinen Tisch» zu machen. Menschen, die in der Sterbebegleitung arbeiten, berichten immer wieder davon, wie lange es manchmal dauern kann, bis jemand bereit ist zu sterben, obschon aus rein medizinischen Gründen der Tod längst eingetreten sein müsste. Es fällt den Sterbenden schwer zu gehen, bevor sie ihr Geheimnis jemandem mitgeteilt haben.

### Ein Wort an die «helfenden Berufsleute»

Auch wenn die Wahrheit anfangs oft schmerzlich ist, so wirkt sie sich in der Folge immer befreiend aus. Ein solcher Prozess braucht allerdings manchmal eine angemessene Begleitung. Gerade aber in helfenden Berufen wird heute noch zu oft immer nach der Methode «lieber Zu- als Aufdecken» gehandelt. Es wird hilfreich und heilend sein, wenn sich das Bewusstsein um die existentielle Bedeutung der familiären Wurzeln wieder mehr verbreitet. Dabei geht es keinesfalls um «Be- oder Verurteilung» von früher getroffenen Entscheidungen – ganz gleich welcher Generation. Es geht um die Entdeckung von Tatsachen im Interesse der nachfolgenden Generationen.

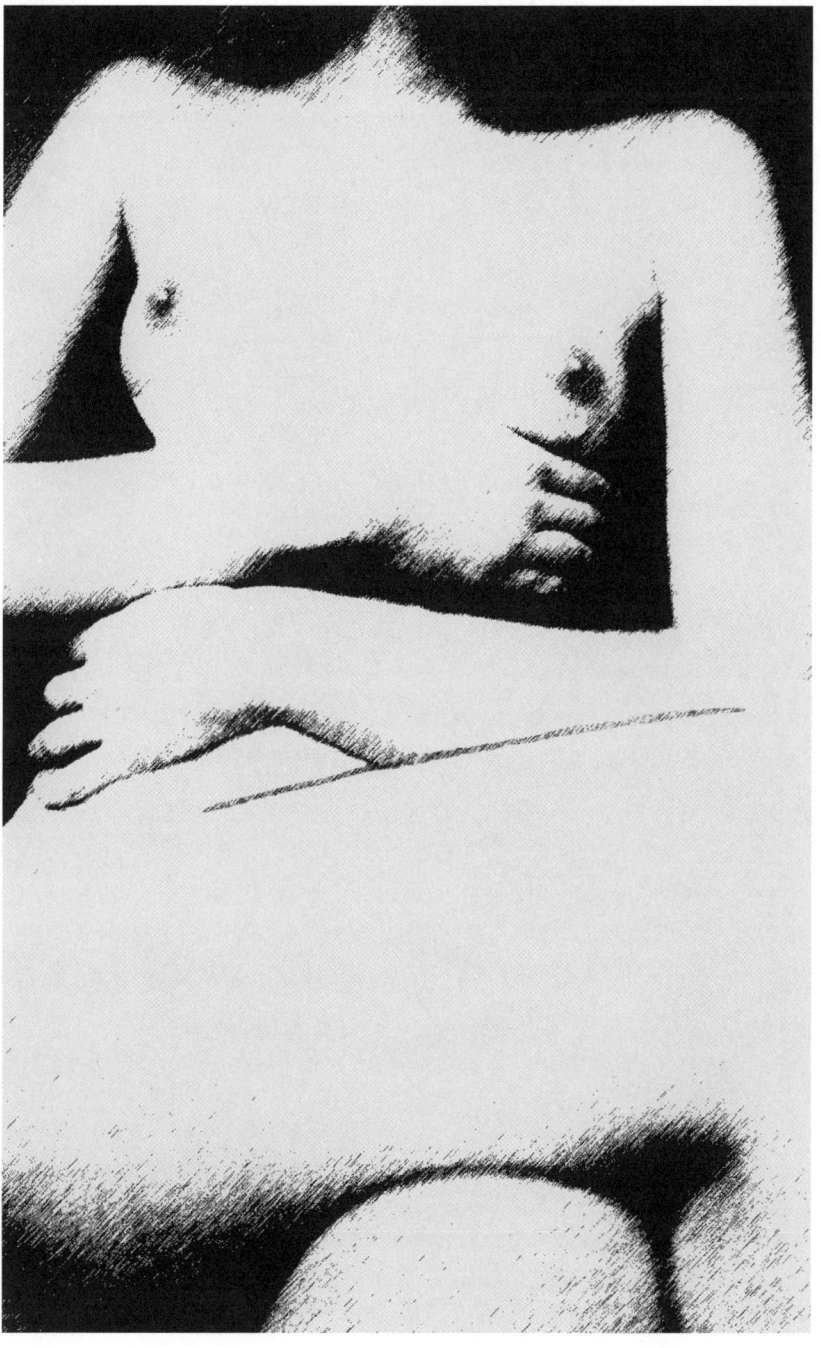

# Literaturverzeichnis

**Zu Kapitel 1: Macht die DNA-Analyse alles klar?**

Alfred, A. (2000):
Zeit, Liebe, Erinnerung – Auf der Suche nach den
Ursprüngen des Verhaltens.
Berlin, Knopf Siedler Verlag.

Alfred, J. (2002):
Flagging non-paternity.
Nature Reviews Genetics, 3, 161.

Anderson, K. G. (2004):
How well does paternity confidence match actual paternity?
Evidence from worldwide nonpaternity rates.
Current Anthropology, under review, April 7, Version 1.2

American Association of Blood Banks (2004):
Guidance for Standards for Parentage Testing Laboratories.
6 th edition.
Basel, S. Karger Verlag.

Baker, R. (1999):
Krieg der Spermien.
Bergisch-Gladbach, Bastei Lübbe Verlag.

Ballantyne, J., Sensabaugh, G. & Witkowski, J. (1989):
DNA technology and forensic science.
New York, NY, Cold Spring Harbor.

Bundesärztekammer (2002):
Richtlinien für die Erstattung von Abstammungsgutachten.
Deutsches Ärzteblatt 99, 10, A-665 / B-541 / C-509.


Butler, J. M. (2001):
Forensic DNA Typing: Biology and Technology
behind STR Markers.
London, UK, Academic Press.


Burke, T., Gaudenz, D. & Jeffreys, A. J. (1989):
DNA Fingerprinting: Approaches and Applications.
Basel, Birkhäuser Verlag.


Cervino, A. C. L. & Hill, A. V. S. (2000):
Comparison of Tests for Association and Linkage in Incomplete
Families.
American Journal of Human Genetics, 67, 120-132.


Committee on DNA Technology in Forensic Science, Board
on Biology, Commission on Life Sciences & National Research
Council (1992):
DNA technology in forensic science.
Washington, D.C., National Academy.


Editorial (2002):
International recommendations for paternity testing standards.
Forensic Science International, 129, 147.


Hrdy, S. B. (2000):
Mutter Natur. Die weibliche Seite der Evolution.
Berlin, Berlin Verlag.


Krawczak, M. & Schmidtke, J. (1994):
DNA-Fingerprinting.
Heidelberg, Spektrum Akademischer Verlag.

Leitner, T. (1995):
Skandal bei Hof – Frauenschicksale an europäischen
Königshöfen.
München, Piper Verlag.

Marplan Forschungsgesellschaft mbH (2003):
Unverzeihliche Verhaltensweisen beim Partner.
Befragung von 2519 Frauen und Männern in Deutschland
Offenbach

Milinski, M. & Wedekind, C. (2001):
Evidence for MHC-correlated perfume preferences in humans.
Behavioral Ecology, 12, 2, 140-149.

Miller,G.F. (2001):
Die sexuelle Evolution – Partnerwahl und die Entstehung
des Geistes.
Berlin, Spektrum Akademischer Verlag.

Morling, N., Allen, R. W., Carracedo, A., Geada, H., Guidet, F.,
Hallenberg, C., Martin, W., Mayr, W. R., Olaisen, B., Pascali, V. L.
& Schneider, P. M. (2002):
Paternity Testing Commission of the International Society of
Forensic Genetics; recommendations on genetic investigations
in paternity cases.
Forensic Science International, 129, 148-157.

Oberlandesgericht München (2000):
Urteil vom 19.01.2000 - 26 UF 1453/99.

Oberlandesgericht Celle (2003):
Urteil vom 29.10.2003 – 15 UF 84/03
FamRZ – Zeitschrift für das ganze Familienrecht,
2004, 6, 481-482.

Pease, A. & Pease, B. (2002):
Warum Männer nicht zuhören und Frauen schlecht einparken.
München, Ullstein.


Pena, S. D. J., Chakraborty, R. & Epplen, J. T. (1997):
DNA-Fingerprinting, State of the Science.
Basel, Birkhäuser Verlag.


Ratey, J. J. (2001):
Das menschliche Gehirn – Eine Gebrauchsanleitung.
Düsseldorf, Walter Verlag.


Sheindlin, G. (1996):
Genetic Fingerprinting: The Law and Science of DNA.
Netsource Dist Services.


Spitzer, M. (2004):
Selbstbestimmen. Gehirnforschung und die Frage:
Was sollen wir tun?
Berlin, Spektrum Akademischer Verlag.


Stewart, A. D. (1989):
Sreening for cystic fibrosis.
Nature, 341, 696.


Thoma, H. (1999):
Liebe, Macht, Intrige. Königinnen und ihre Liebhaber.
München, Piper Verlag.


Zeising, M. E. (2003):
Pränatale Vaterschaftsdiagnostik aus zivilrechtlicher Sicht:
Medgen 15, 4, 402-408.

## Zu Kapitel 2: Genspur aus der Steinzeit

[1]   Pinker, S. (2003):
Das unbeschriebene Blatt. Die moderne Leugnung
der menschlichen Natur.
Berlin, Berlin Verlag.
[orig.: The blank slate: the modern denial of human nature.
New York, NY, Penguin Putnam Inc., 2002].

[2]   Judson, O. (2003):
Die raffinierten Sexpraktiken der Tiere.
München, Heyne Verlag.
[orig.: Dr. Tatiana's sex advice to all creation.
New York, NY, Metropolitan Books, 2002].

[3]   Buss, D. M. (1994):
Die Evolution des Begehrens. Geheimnisse der Partnerwahl.
Hamburg, Kabel Verlag.
[The evolution of desire: Strategies of human mating,
New York, NY, Basic, 1994; 2nd, revised ed. 2003].

[4]   Alexander, R. D. (1988):
Über die Interessen der Menschen und die Evolution
von Lebensläufen. In H. Meier (Hg.):
Die Herausforderung der Evolutionsbiologie (S. 129-171).
München, Piper Verlag

[5]   Miller, G. F. (2001):
Die sexuelle Evolution. Partnerwahl und die Entstehung
des Geistes.
Heidelberg, Spektrum Verlag.
[orig.: The mating mind. How sexual choice shaped the
evolution of human nature.
New York, NY, Doubleday, 2000].

[6] Haldane, J. B. S. (1955):
Population genetics.
New Biology, 18, 34-51.

[7] McCullough, J. M. & Barton, E. Y. (1991):
Relatedness and mortality risk during a crisis year:
Plymouth colony, 1620-1621.
Ethology and Sociobiology, 12, 195-209.

[8] Grayson, D. K. (1993):
Differential mortality and the Donner Party disaster.
Evolutionary Anthropology, 2, 151-159.

[9] Hawkes, K., O'Connell, J. F. & Blurton-Jones, N. G. (1997):
Hadza women's time allocation, offspring provisioning,
and the evolution of postmenopausal life spans.
Current Anthropology, 38, 551-577.

[10] Euler, H. A. & Weitzel, B. (1996):
Discriminative grandparental solicitude
as reproductive strategy.
Human Nature, 7, 39-59.

[11] Euler, H. A., Hoier, S. & Pölitz, E. (1998):
Kin investment of aunts and uncles: Why is the matrilateral
bias stronger in women? Paper presented at the 21th Annual
Meeting of the European Sociobiological Society (ESS)
at the Russian State University for the Humanities.
Institute of Cultural Anthropology,
Russia, May 31 to June 3, 1998.

[12] Buss, D. M. (2001):
Wo warst Du?
Jena, Diederichs Verlag.
[orig.: The dangerous passion. Why jealousy is as necessary
as love or sex. London, Bloomsbury, 2000.].

[13] Salmon, C. A. & Daly, M. (1996):
On the importance of kin relations to Canadian women and men.
Ethology and Sociobiology, 17, 289-297.

[14] Macintyre, S. & Sooman, A. (1991):
Non-paternity and prenatal genetic screening.
The Lancet, 338, 869-871.

[15] Sykes, B. & Irven, C. (2000):
Surnames and the Y chromosome.
American Journal of Human Genetics, 66, 1417-1419.

[16] Brock, D. J. H. & Shrimpton, A. E. (1991):
Non-paternity and prenatal screening.
The Lancet, 338, 1151.

[17] Sasse, G., Müller, H., Chakraborty, R. & Ott, J. (1994):
Estimating the frequency of nonpaternity in Switzerland.
Human Heredity, 44, 337-343.

[18] Le Roux, M.-G., Pascal, O., Andre, M. T., Herbert, O.,
David, A. & Moisan, J.-P. (1992):
Non-paternity and genetic counselling.
The Lancet, 340, 607.

[19] Cerda-Flores, R. M., Barton, S. A., Marty-Gonzalez, L. F,
Rivas, F. & Chakraborty, R. (1999):
Estimation of nonpaternity in the Mexican population of
Nuevo Leon: A validation study with blood group markers.
American Journal of Physical Anthropology, 109, 281-293.

[20] Peñaloza, R., Nuñez, C., Alatorre, S., Lagunes, R.,
Garcia Escobar, B., Salamanca, F., et al. (1986):
Frecuencia de paternidad extraconyugal en una muestra de la
poblacion Mexicana. Revista de Investigacion Clinica.
Organo del Hospital de Enfermedades de la Nutricion, 38, 287-
291.

[21] Boster, J. S., Hudson, R. R. & Gaulin, S. J. C. (1998):
High paternity certainties of Jewish priests.
American Anthropologist, 100, 967-971.

[22] siehe 10)

[23] Barash, D. P. & Lipton, J. E. (2001):
The myth of monogamy: fidelity and infidelity in animals
and people.
New York, NY, W. H. Freeman and Company.

[24] Lack, D. (1968):
Ecological adaptations for breeding in birds.
London, UK, Methuen.

[25] Birkhead, T. R. (2000):
Promiscuity. An evolutionary history of sperm competition.
Cambridge, MA, Harvard University Press.

[26] Murdock, G. P. (1967):
Ethnographic atlas.
Pittsburgh, PA, University of Pittsburgh Press.

[27] Green, Lee & Lustig (1974):
zitiert in Buss 2000, S. 133, siehe 12)

[28] Spanier, G. B. & Margolis, R. L. (1983):
Marital separation and extramarital sexual behavior.
Journal of Sex Research, 19, 23-48.

[29] siehe 28)

[30] siehe 3)

[31] Daly, M. & Wilson, M. (1998):
The truth about Cinderella. A Darwinian view of parental love.
New Haven, CT, Yale University Press.

[32] Schacht, L. E. & Gershowitz, H. (1963):
Frequency of extra-marital children as determined
by blood groups.
In Gedda, L. (Ed.), Proceedings of the Second International
Congress of Human Genetics (pp. 894-897).
Rome, Italy, G. Mendel.

[33] siehe 3)

[34] Buss, D. M., Larsen, R., Westen, D. & Semmelroth, J. (1992):
Sex differences in jealousy: Evolution, physiology and psychology.
Psychological Science, 3, 251-255.

[35] Shackelford, T. K. & Buss, D. M. (1997):
Cues to infidelity.
Personality and Social Psychology Bulletin, 23, 1034-1045.

[36] Paul, L., Foss, M. A. & Galloway, J. (1993):
Sexual jealousy in young women and men: Aggressive
responsiveness to partner and rival.
Aggressive Behavior, 19, 401-420.

[37] Short, R. V. (1980):
The origins of human sexuality.
In C. R. Austin & R. V. Short (Eds.), Reproduction in animals:
Book 8. Human sexuality (pp. 1-33).
Cambridge, UK, Cambridge University Press.

[38] Smith, R. L. (1984):
Sperm competition and the evolution of animal mating systems.
New York, NY, Academic Press.

[39] Baker, R. R. & Bellis, M. A. (1995):
Human sperm competition. Copulation, masturbation
and infidelity.
London, UK, Chapman & Hall.

[40] Gallup, G. G. Jr., Burch, R. L., Zappiere, M. L., Parvez, R. A.,
Stockwell, M. L. & Davis, J. A. (2003):
The human penis as a semen displacement device.
Evolution and Human Behavior, 24, 277-289.

[41] siehe 39)

[42] Shackelford, T. K., LeBlanc, G. J., Weekes-Shackelford, V. A.,
Euler, H. A., Hoier, S. & Bleske, A. L. (2002):
Psychological adaptation to human sperm competition.
Evolution and Human Behavior, 23, 123-138.

[43] siehe 40)

[44] Pound, N. (2002):
Male interest in visual cues of sperm competition risk.
Evolution and Human Behavior, 23, 443-466.

[45] Bellis, M. A. & Baker, R. R. (1990):
Do females promote sperm competition? Data for humans.
Animal Behaviour, 40, 997-999.

[46] Sommer, V. (1996):
Heilige Egoisten: die Soziobiologie indischer Tempelaffen.
München, C. H. Beck Verlag.

[47] Anderson, K. G., Kaplan, H. & Lancaster, J. B. (1999a):
Paternal care by genetic fathers and stepfathers I: Reports from
Albuquerque men.
Evolution and Human Behavior, 20, 405-431.

[48] Anderson, K. G., Kaplan, H. & Lancaster, J. B. (1999b):
Paternity confidence and fitness outcomes: Abortion, divorce,
and paternal investment.
Paper presented at The Annual Meeting of the Human Behavior
Evolution Society,
June 2-6, Salt Lake City, Utah.

[49] Daly, M. & Wilson, M. (1988):
Homicide.
Hawthorne, NY, Aldine de Gruyter.

[50] siehe 31)

[51] Duberman, L. (1975):
The reconstituted family: A study of remarried couples and their
children.
Chicago, IL, Nelson-Hall.

[52] Flinn, M. V. & England, B. G. (1995):
Childhood stress and family environment.
Current Anthropology, 36, 854-866.

[53] Burch, R. L. & Gallup, G. G., Jr. (2000):
Perceptions of paternal resemblance predict family violence.
Evolution and Human Behavior, 21, 429-435.

[54] Segal, N. L. (1999):
Entwined lives. Twins and what they tell us about
human behavior.
New York, NY, Dutton.

## Zu Kapitel 4: Alles, was recht ist / Deutsches Recht

Gerhardt, P., v. Heintschel-Heinegg, B. & Klein, M. (2002):
Handbuch des Fachanwalts Familienrecht. 4. Auflage
Neuwied, Luchterhand Verlag.


Grün, K. J. (2003):
Vaterschaftsfeststellung und -anfechtung.
Berlin, Erich Schmidt Verlag.


Höfelmann, E. (2004):
Das neue Gesetz zur Änderung der Vorschriften
über die Anfechtung der Vaterschaft und das Umgangsrecht
von Bezugspersonen des Kindes.
Zeitschrift für das gesamte Familienrecht, 10, 745-751.


Huber, C. (2004):
Der Unterhaltsregress des Scheinvaters.
Zeitschrift für das gesamte Familienrecht, 3, 145-148.


Landgericht München I,
Urteil vom 22.05.2003 – 7 HKO 344/03.
Zeitschrift für das gesamte Familienrecht, 2003, 20, 1580-1582.


Oberlandesgericht Celle,
Urteil vom 29.10.2003 – 15 UF 84/03.
Zeitschrift für das ganze Familienrecht, 2004, 6, 481-482.


Rebmann, K., Rixecker, R. & Säcker, F. J. (2002):
Münchener Kommentar zum BGB.
Bd. 8, §§ 1589 - 1921, SGB VIII, 4. Auflage
München, C. H. Beck Verlag.


Palandt, O. (2003):
Bürgerliches Gesetzbuch. 63. Auflage
München, C. H. Beck Verlag.

Rauscher, T. (2001):
Familienrecht.
Heidelberg, C. F. Müller Verlag.

Schlüter, W. (2003):
BGB-Familienrecht. 10. Auflage
Heidelberg, C. F. Müller Verlag.

Schwab, D. (2003):
Familienrecht. 12. Auflage
München, C. H. Beck Verlag.

v. Staudinger, J. & Rauscher, T. (2000)
Kommentar zum BGB. Buch 4, 14. Bearbeitung
Berlin, Sellier Verlag.

## Zu Kapitel 4: Alles, was recht ist / Schweizer Recht

Bär, W. & Kratzer, A. (1992):
Die Leistungsfähigkeit des DNA-Gutachten in der
Vaterschaftsvermutung.
Aktuelle Juristische Praxis, 3, 357-362.


Breitschmid, P. (2002):
Basler Kommentar.
Schweizerisches Zivilgesetzbuch I, Art. 264-269c. 2. Auflage.
Basel, Helbling & Lichtenhahn Verlag.


Hegnauer, C. (1999):
Grundriss des Kindesrechts und des übrigen
Verwandtschaftsrechts. 5. Auflage.
Bern, Stämpfli Verlag.


Hegnauer, C. (1997):
Die außergerichtliche Abstammungsuntersuchung
und das Persönlichkeitsrecht.
Zeitschrift für Vormundschaftswesen, 124 ff.


Reusser, R. & Schweizer, R. J. (2000):
Das Recht auf Kenntnis der Abstammung aus
völker- und landesrechtlicher Sicht.
Zeitschrift des bernischen Juristenvereins, 136, 605-636.


Schwenzer, I. (1994):
Basler Kommentar.
Schweiz. Zivilgesetzbuch I, Art. 252-263. 2. Auflage 2002
Basel, Helbling & Lichtenhahn Verlag.


Schwenzer, I. (1994):
Die UN-Kinderrechtskonvention und
das schweizerische Kindesrecht.
Aktuelle Juristische Praxis, 817-824.

Tuor, P., Schnyder, B., Schmid, J. & Rumo-Jungo, A. (2002):
Das Schweizerische Zivilgesetzbuch. 12. Auflage.
Zürich, Schulthess Verlag.


**Zu Kapitel 4: Alles, was recht ist / Österreichisches Recht**

Dittrich, R., & Tades, H. (2003):
Das Allgemeine Bürgerliche Gesetzbuch.
Wien, Manzsche Verlags- und Universitätsbuchhandlung.

Koziol, H., & Welser, R. (2001):
Grundriß des bürgerlichen Rechts. Band I und II, 12. Auflage.
Wien, Manzsche Verlags- und Universitätsbuchhandlung.

Rummel, P. (2004):
Kommentar zum Allgemeinen Bürgerlichen Gesetzbuch.
3. Auflage, 2 Bände
Wien, Manzsche Verlags- und Universitätsbuchhandlung.

## Zu Kapitel 5: Das Klopfen am Stammbaum

Dykstra, I. (2002):
Wenn Kinder Schicksal tragen.
Kindliches Verhalten aus systemischer Sicht verstehen.
München, Kösel Verlag.

Franke, U. (2002):
Wenn ich die Augen schließe, kann ich dich sehen.
Familien-Stellen in der Einzeltherapie und -beratung.
Heidelberg, Carl-Auer-Systeme Verlag.

Petri, H. (2002):
Das Drama der Vaterentbehrung.
Freiburg, Herder Verlag.

Schützenberger, A. A. (2003):
Oh, meine Ahnen! Wie das Leben unserer Vorfahren
in uns wiederkehrt.
Heidelberg, Carl-Auer-Systeme Verlag.

Tisseron, S. (2001):
Die verbotene Tür. Familiengeheimnisse
und wie man mit ihnen umgeht.
Hamburg, Rowohlt Verlag.

Ulsamer, B. (1999):
Ohne Wurzeln keine Flügel.
Die systemische Therapie von Bert Hellinger.
Leipzig, Goldmann Verlag.

Ulsamer, B. (2001):
Das Handwerk des Familienstellens.
Leipzig, Goldmann Verlag.

Die Anlaufstellen für die Schweiz beginnen ab Seite 343, diejenigen für Österreich ab Seite 345.

# Anlaufstellenverzeichnis

## Kinder/Jugendliche (Deutschland)

Aktionsgemeinschaft zur Verwirklichung
der Rechte des Kindes
Klunzinger Straße 2, D-74363 Güglingen
Tel.: +49 7135/34 67, Fax: +49 7135/34 67
www.avrk.de

UNICEF Deutschland
Höninger Weg 104, D-50969 Köln
Tel.: +49 221/93 65 00, Fax: +49 221/93 65 02 79
www.unicef.de

Deutsches Kinderhilfswerk e. V.
Leipzigerstraße 116-118, D-10117 Berlin
Tel.: +49 30/30 86 93-0, Fax: +49 30/279 56 34
www.dkhw.de

Deutscher Kinderschutzbund
Bundesverband e. V.
Schiffgraben 29, D-30159 Hannover
Tel.: +49 511/30 48 50, Fax: +49 511/30 48 549
www.dksb.de

Kinder haben Rechte e. V.
Hüfferstr. 27, D-48149 Münster
Tel.: +49 251/83 65 816
www.kinderrechte.de

Kinderland e. V.
Wollankstr. 133, D-13187 Berlin
Tel.: +49 30/48 54 637
www.kind-familie.de

Terre des hommes Bundesrepublik Deutschland e. V.
Ruppenkampstr. 11a, D-49084 Osnabrück
Tel.: +49 541/710 10, Fax: +49 541/79 72 33
www.tdh.de

Kinder brauchen ihre Väter e. V.
Haierbäumchen 167, D-41169 Mönchengladbach
Tel.: +49 2161/47 78 12
www.vaeterinitiative.de

## Männer/Väter (Deutschland)

Bund der Zahlväter
Postfach 5409, D-30054 Hannover
Tel.: +49 171/841 27 63
www.zahlvater.de

Informationszentrum für Männerfragen e. V.
Sandweg 49, D-60316 Frankfurt/M.
Tel.: +49 69/4950 446, Fax: +49 69/9494 8564
www.maennerfragen.de

Pappa.com e. V.
Kiautschoustr. 17, D-13353 Berlin
Tel.: +49 30/86421211
www.pappa.com

Vater sein
Elisabethstr. 54, D-24143 Kiel

Tel.: +49 431/73 999 51
www.vatersein.de

Väteraufbruch für Kinder e.V., Bundesgeschäftsstelle
Palmental 3, D-99817 Eisenach
Tel.: +49 700/82 83 77 83, Fax: +49 700/82 83 73 29
www.vafk.de

Väterinitiative München e.V.
Ligsalzstr. 24, D-80339 München
Tel.: +49 89/50009595 Fax: +49 89/50009597
www.vaeterinitiative-muenchen.de

Väter für Kinder e.V.
Postfach 12 28, D-85730 Ismaning
www.vaeterfuerkinder.de

Väterzentrum Hamburg e.V.
Rothestr. 36, D-22765 Hamburg
Tel.: +49 40/39 90 85 39, Fax: +49 40/39 90 84 72
www.vaeter.de

Kinder brauchen ihre Väter e.V.
Haierbäumchen 167, D-41169 Mönchengladbach
Tel.: +49 2161/47 78 12
www.vaeterinitiative.de

## Frauen/Schwangere/Mütter (Deutschland)

Bundeszentrale für gesundheitliche Aufklärung
Abteilung Sexualaufklärung, Verhütung, Familienplanung
Ostmerheimer Str. 220, D-51109 Köln
Tel.: +49 221/89 92 0, Fax: +49 221/8992 300
www.bzga.de

donum vitae e.V.
Breite Str. 27, D-53111 Bonn
Tel.: +49 228/3 86 73 43, Fax: +49 228/3 86 73 44
www.donumvitae.de

Terre des femmes e.V.
Postfach 2565, D-72015 Tübingen
Tel.: +49 7071/79 73-0, Fax: +49 7071/79 73 22
www.terredesfemmes.de

pro familia Deutsche Gesellschaft für Familienplanung,
Sexualpädagogik und Sexualberatung e.V., Bundesverband
Stresemannallee 3, D-60596 Frankfurt/Main
Tel.: +49 69/63 90 02, Fax: +49 69/63 98 52
www.profamilia.de

## Eltern/Familie (Deutschland)

Bundesarbeitsgemeinschaft Elterninitiativen BAGE e.V.
Einsteinstr. 111 , D- 81675 München
Tel.:+49 89/470 65 03
www.bage.de

Eltern für aktive Vaterschaft EFAV e.V.
Friedrich-August-Platz 2, D-26121 Oldenburg
Tel.: +49 441/81 134, Fax: +49 441/81 165
www.efav.de.vu

Staatsinstitut für Frühpädagogik
Fakultät für Bildungswissenschaften
Winzererstr. 9, D-80797 München
Tel.: +49 89/99825 1900, Fax: +49 89/99825 1919
www.ifp-bayern.de

Integrierte Mediation e.V.
Im Mühlberg 39, D-57610 Altenkirchen
Tel.: +49 2681/986257, Fax: +49 2681/986275
www.integrierte-mediation.de

Scheidungsfamilie.de
Textorstr. 24, D-60594 Frankfurt
Tel.: +49 160/200 222 8
www.scheidungsfamilie.de

Treffpunkt Eltern
Holsatenallee 17c, D-24576 Bad Bramstedt
Tel.: +49 4192/8191129
www.treffpunkteltern.de

**Großeltern (Deutschland)**

Bundesverband Graue Panther e.V.
Greifswalder Str. 4, D-10405 Berlin
Tel.: +49 30/204 12 29, Fax: +49 30/42 80 27 40
www.bv-graue-panther.de

Initiative der Grosseltern von Trennung und Scheidung
betroffener Kinder
Abteistr. 1, D-45239 Essen
Tel.: +49 201/49 33 20, Fax: +49 201/49 33 20
www.grosseltern-initiative.de

**Ministerien und Gerichte (Deutschland)**

Bundesministerium für Familie, Senioren, Frauen und Jugend
Alexanderplatz 6, D-10117 Berlin
Tel.: +49 1 88 8/555 0, Fax: +49 1 88 8/555 41 03
www.bmfsfj.de

Bundesministerium der Justiz (BMJ)
Mohrenstr. 37, D-10117 Berlin
Tel.: +49 1888-580-0, Fax: +49 1888-580-9525
Tel.: +49 30/202570, Fax: +49 30/20259525
www.bmj.bund.de

Bundesverfassungsgericht
Schloßbezirk 3, D-76131 Karlsruhe
Tel.: +49 721/91010-0
www.bundesverfassungsgericht.de

## Kinder/Jugendliche (Schweiz)

Schweizerisches Komitee für UNICEF
Baumackerstrasse 24, CH-8050 Zürich
Tel.: +41 44/317 22 66, Fax: +41 44/317 22 77
www.unicef.ch

Terre des hommes Schweiz
Laufenstr. 12, Postfach, CH-4018 Basel
Tel.: +41 61/338 91 38, Fax: +41 61/338 91 39
www.terredeshommes.ch

## Männer/Väter (Schweiz)

Männerbüro Bern: MUMM
Holligenstr. 70, CH-3000 Bern
Tel.: +41 31/37 27 672
www.mumm.ch

Männerbüro Luzern
Tribschenstr. 78, CH-6003 Luzern
Tel.: +41 41/361 20 30
www.manne.ch

Mannebüro Züri
Hohlstr. 36, CH-8004 Zürich
Tel.: +41 1/242 08 88, Fax: +41 1/01 242 03 81
www.mannebuero.ch

Verantwortungsvoll erziehende Väter
Postfach, CH-8026 Zürich
Tel.: +41 1/363 19 78
www.vev.ch

## Frauen/Schwangere/Mütter (Schweiz)

Bundesamt für Sozialversicherung
Effingerstr. 20, CH 3003 Bern
Tel.: +41 31/322 90 11, Fax: +41 31/322 78 80
www.bsv.admin.ch

Dachverband Pro Familia
Laupenstr. 45, CH-3001 Bern
Tel.: +41 31/381 90 30, Fax: +41 31/381 91 31
www.profamilia.ch

Schweizerischer Verband der Mütterberaterinnen SVM
Elisabethenstr. 16, CH-8036 Zürich
Tel.: +41 1/382 30 33, Fax: +41 1/1 382 30 35
www.muetterberatung.ch

## Ministerien und Gerichte (Schweiz)

Bundesamt für Justiz
Eidgenössisches Justiz- und Polizeidepartment
CH-3003 Bern
Tel.: +41 31/322 4143, Fax: +41 31/322 7879
www.ofj.admin.ch

Bundesstrafgericht
Postfach 2720, CH-6501 Bellinzona
Tel: +41 91/822 62 62, Fax: +41 91/822 62 42
www.bstger.ch

Eidgenössischer Datenschutzbeauftragter
Feldeggweg 1, CH-3003 Bern
Tel.: +41 31/322 4395, Fax: +41 31/325 9996
www.edsb.ch

## Kinder/Jugendliche (Österreich)

Dialog für Kinder
Volksfeststr. 32, A-4020 Linz
Tel.: +43 732/772293
www.dialogfuerkinder.at

Die Kinderfreunde
Bundesorganisation
Rauhensteingasse 5/5, A-1010 Wien
Tel.: +43 1/512 12 98, Fax: +43 1/512 12 98 62
www.kinderfreunde.at

UNICEF Österreich
Hietzinger Hauptstrasse 55, A-1130 Wien
Tel.: +43 1/879 21 91, Fax: +43 1/879 21 919
www.unicef.at

## Männer/Väter (Österreich)

Männerberatung Graz
Bischofsplatz I/1, A-8020 Graz
Tel.: +43 316/831414, Fax: +43 316/83 14 14
www.maennerberatung.at

Männerberatung und Informationsstelle für Männer Wien
Erlachgasse 95, A-1100 Wien
Tel.: +43 1/603 28 28, Fax: +43 1/603 28 28 11
www.maenner.at

Männerberatung Linz der familientherapeutischen
Beratungsstelle des Landes Oberösterreich
Figulystr. 27, A-4020 Linz
Tel.: +43 732/60 38 00, Fax: +43 732/60 38 00 - 18
www.gewaltberatung.org

Die Kinderfreunde, Bundesorganisation
Rauhensteingasse 5/5, A-1010 Wien
Tel.: +43 1/512 12 98, Fax: +43 1/512 12 98 62
www.kinderfreunde.at

Geschlechtssensible Jugendarbeit
Erlachgasse 95, A-1100 Wien
Tel.: +43 1/603 28 28
www.maenner.at

## Frauen/Schwangere/Mütter (Österreich)

Die Österreichische Gesellschaft für Familienplanung
Postfach 65, A-1183 Wien
Tel.: + 43 1/4785242, Fax: + 43 1/4708970
www.oegf.at

## Eltern/Familie (Österreich)

Institut für Ehe und Familie (IEF)
Spiegelgasse 3/8, A-1010 Wien
Tel.: +43 1/515 52 3651, Fax: +43 1/513 89 58
www.ief.at

Österreichischer Familienbund Generalsekretariat
Heßstr. 2, A-3100 St. Pölten
Tel.: +43 2742/77 304, Fax: +43 2742/77 304 20
www.familienbund.at

VKH - Verein Kinderherzen (Eltern von Trennungskindern)
c/o Lothar Gisinger
Dorf 8, A-6942 Krumbach
Tel.: +43 664/1659837
www.kinderherzen.at

Verein für Unterstützung und Hilfe, Alleinstehende Elternteile
und Patchwork-Familien
Rudolf-Zeller-Gasse 11/18/38
Tel.: +43 1/971 54 50
www.vfu.at

Wiener Familienbund
Neubaug. 66, A-1070 Wien
Tel.: +43 1/526 82 19
www.wiener-familienbund.at

**Ministerien und Gerichte (Österreich)**

Bundesministerium für Gesundheit und Frauen
Radetzkystr. 2, A-1030 Wien
Tel.: +43 1/711 00-0, Fax: +43 1/711 0014300
www.bmgf.gv.at

Bundesministerium für Justiz
Museumstr. 7, A-1070 Wien
Tel.: +43 1/52 1 52-0
www.bmj.gv.at

Bundesministerium für soziale Sicherheit,
Generationen und Konsumentenschutz
Stubenring 1, A-1010 Wien
Tel.: +43 1/71100-0
www.bmsg.gv.at

Verfassungsgerichtshof
Judenplatz 11, A-1010 Wien
Tel.: +43 1/531 22 0, Fax: +43 1/531 22 499
www.vfgh.gv.at